Markus Bauder, Volker Holzer, Gerhard Kühn, Karl Lutz, Thomas Paaß,
Ulrich Patzig, Christian Seifritz

Holzer Stofftelegramme Kauffrau/-mann im Einzelhandel und Verkäufer/-in

Gestreckte Abschlussprüfung Teil 1
Prüfungsfächer:
Verkauf und Marketing
Warenwirtschaft und Rechnungswesen
Wirtschafts- und Sozialkunde
Gemeinschaftskunde

Baden-Württemberg

Lösungen

4. Auflage

Bestellnummer 00609

Bildungsverlag EINS

Die in diesem Produkt gemachten Angaben zu Unternehmen (Namen, Internet- und E-Mail-Adressen, Handelsregistereintragungen, Bankverbindungen, Steuer-, Telefon- und Faxnummern und alle weiteren Angaben) sind i.d.R. fiktiv, d.h., sie stehen in keinem Zusammenhang mit einem real existierenden Unternehmen in der dargestellten oder einer ähnlichen Form. Dies gilt auch für alle Kunden, Lieferanten und sonstigen Geschäftspartner der Unternehmen wie z.B. Kreditinstitute, Versicherungsunternehmen und andere Dienstleistungsunternehmen. Ausschließlich zum Zwecke der Authentizität werden die Namen real existierender Unternehmen und z.B. im Fall von Kreditinstituten auch deren IBANs und BICs verwendet.

Die in diesem Werk aufgeführten Internetadressen sind auf dem Stand zum Zeitpunkt der Drucklegung. Die ständige Aktualität der Adressen kann vonseiten des Verlages nicht gewährleistet werden. Darüber hinaus übernimmt der Verlag keine Verantwortung für die Inhalte dieser Seiten.

service@bv-1.de
www.bildungsverlag1.de

Bildungsverlag EINS GmbH
Ettore-Bugatti-Straße 6-14, 51149 Köln

ISBN 978-3-427-**00609**-1

Inhaltsverzeichnis

Schwerpunkt Betriebswirtschaft
Prüfungsfach: Verkauf und Marketing

Lernfeld 4: Waren präsentieren

Lernfeld 5: Durch Werbung den Verkauf fördern

Lernfeld 6: Besondere Verkaufssituationen bewältigen

Lernfeld 7: Waren beschaffen, annehmen und lagern (Teil 1)

Schwerpunkt Steuerung und Kontrolle
Prüfungsfach: Warenwirtschaft und Rechnungswesen

Lernfeld 11: Geschäftsprozesse erfassen und kontrollieren

Lernfeld 12: Beschaffung, Kalkulation und Lagerung

Lernfeld 15: Ausbildung und Beruf

Lernfeld 16: Soziale Marktwirtschaft & Co. (Teil 1)

Prüfungsfach: Gemeinschaftskunde Verkäufer/Verkäuferin Komplette Abschlussprüfungen ab Sommer 2011

Komplette Abschlussprüfung Sommer 2015

1 Ziele, Leistungen und Organisation des Einzelhandelsunternehmens

1.1 Leistungen und Betriebsformen des Einzelhandels

1. Der Handel ist nicht unnütz, denn er sorgt dafür, dass der Kunde seinen Bedarf vor Ort sofort decken kann. Beratung und Kundendienst von Millionen Kunden können die Hersteller alleine nicht leisten. Der Handel ist das Ergebnis einer Arbeitsteilung auf den verschiedenen Wirtschaftsstufen. Der Einzelhandel sorgt für die flächendeckende Versorgung der Bevölkerung.

2. **Sortimentierung:** Der Einzelhändler bietet Produkte verschiedener Hersteller in unterschiedlicher Qualität, Größe, Ausführung usw. an.
Lagerhaltung/mengenmäßiger Ausgleich: Der Einzelhändler kauft die Waren in größeren Mengen ein und gibt kleine Mengen an den Endverbraucher ab.
Information und Beratung: Der Einzelhändler berät als Fachmann die Kundschaft im persönlichen Gespräch über Verwendungseigenschaften, Handhabung, Herkunft, Pflege und Zusammensetzung der Ware. Dadurch kennt er die Wünsche der Kunden und gibt diese an die Lieferer weiter.
Kundendienst: Betreuung des Kunden während und nach dem Verkauf. Er bietet sowohl *kostenlose Leistungen,* z. B. Ausmessen beim Teppichkauf, Probefahrt beim Autokauf, als auch *Dienstleistungen gegen Entgelt,* wie z. B. Änderungsdienst, Reparaturservice, Ersatzteilservice, Transportservice, Reinigungsdienst.
Absatz/Produktwerbung: Der Einzelhandel übernimmt für den Hersteller bzw. Importeur den Verkauf der Ware, indem er Verkaufsstellen in der Nähe des Verbrauchers unterhält. In diesen Verkaufsstellen präsentiert er die Waren und führt seinen Kunden Neuheiten vor. In Prospekten macht der Einzelhandel auf Sonderangebote aufmerksam und bewirbt dadurch die Waren.
Kreditgewährung/Finanzierungsfunktion: Durch Verkauf gegen Ratenzahlung erleichtert der Einzelhandel den Kunden den Kauf teurer Waren.

3. a) **Fachgeschäft:** Kleinbetrieb mit Fremdbedienung
Kaufhaus: Großbetrieb mit Vorwahlsystem
b) **Gemischtwarengeschäft:** Kleinbetrieb mit Fremdbedienung in Nachbarschaftslage
Warenhaus: Großbetrieb mit Vorwahlsystem in Citylage
c) **Fachmarkt:** Spezialbedarf, Selbstbedienung in Randlagen
Warenhaus: breites und flaches Sortiment, Vorwahlsystem in Citylage
d) **Verbrauchermarkt:** großflächig (1.000 – 1.500 m^2), in Randlage
Supermarkt: mittelgroße Fläche (ca. 400 m^2), in Nachbarschaftslage

4. a) und b)

Betriebsform	Vorteile	Nachteile
stationärer Einzelhandel	Gute Beratung durch Fachkräfte, Kunde kann Ware ausprobieren und sofort mitnehmen, Kundendienstleistungen	Öffnungszeiten, Anfahrtswege (Zeit, Kosten, Parkproblem), Schwellenangst, Transport der Ware
nicht stationärer Einzelhandel	Kunde kann die Ware zu Hause in Ruhe auswählen (keine Parkplatzsuche, keine Ladenschlusszeiten), Warenzustellung bis an die Haustür, großzügiges Umtauschrecht	Kunde kann Ware nicht im Original sehen und probieren, Wartezeit bis zur Zustellung, Beratung und Kundendienst sind eingeschränkt

5. **Klassischer Versandhandel:** Ware wird in Katalogen angepriesen und kann mit einer Bestellkarte bzw. per Anruf bestellt werden (z. B. Otto-Versand).
Teleshop (TV-Shop): Auf einem Fernsehkanal präsentiert ein Moderator die Vorzüge eines Produkts. Während oder nach der Vorführung werden Bestell- und Rufnummer sowie Zahlungs- und Lieferungsbedingungen eingeblendet (z. B. QVC, HSE 24).
Onlineshop (Webshop): Handel mit Waren im Internet mit Öffnungszeiten rund um die Uhr, ohne Einkaufsstress, mit schneller Bestellabwicklung und weltweiter Auswahl

6. **Aus der Sicht der Einzelhändler:** Kleinbetriebe werden durch Großbetriebe aufgekauft. Sie verlieren ihre Selbstständigkeit oder müssen sich der Marktmacht der Großen beugen (z. B. durch Betriebsaufgabe, Preisdiktate).
Aus der Sicht der Hersteller: Sie sehen sich einer wachsenden Nachfragemacht gegenüber. Große Verbrauchermärkte diktieren die Konditionen. Vor allem kleine Hersteller können oft nicht mehr mithalten.
Aus der Sicht der Verbraucher: Kleinere Läden in Nachbarschaftslage sind meist nicht überlebensfähig. Die Verbrauchernähe des Einzelhandels geht verloren. Nicht mobile Verbraucher (z. B. Alte, Kranke) können sich nur mühsam versorgen.
Aus der Sicht der Arbeitnehmer: Sie verlieren ihre Arbeitsplätze. Großbetriebe des Einzelhandels sind meist stark automatisiert und haben Selbstbedienung. Der Weg zum Arbeitsplatz wird länger (Randlagen) und beschwerlicher (Auto ist ein Muss).

1.2 Sortimentsstruktur

1. Sortimentspyramide am Beispiel von Elektrowaren

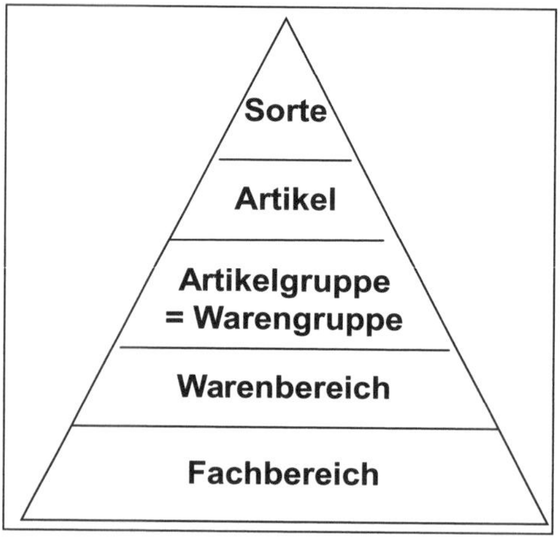

Sorte	kaufbares Produkt, spezielle Ausführung eines Artikels, z. B. Surround-Lautsprechersystem 5.1, Marke Sony, AC-3
Artikel	Teil einer Artikelgruppe, z. B. Surround-Lautsprechersysteme
Artikelgruppe = Warengruppe	Teil eines Warenbereichs, z. B. Lautsprecher
Warenbereich	Teil eines Fachbereichs, z. B. Unterhaltungselektronik
Fachbereich	Branche, z. B. Elektrowaren

2. **Breites Sortiment:** Es gibt viele verschiedene Warenbereiche, z. B. Unterhaltungselektronik („braune Ware"), Computer und Zubehör, Kommunikationselektronik, Foto- und Videoelektronik, Haushaltselektronik („weiße Ware"), CDs, DVDs usw.
Flaches Sortiment: Von einem Warenbereich gibt es nur wenige Ausführungen, z. B. werden in der Unterhaltungselektronik nur zwei Marken angeboten.
Schmales Sortiment: Es gibt nur wenige verschiedene Warenbereiche, z. B. Unterhaltungselektronik („braune Ware") und Küchengeräte („weiße Ware").
Tiefes Sortiment: Von einem Warenbereich gibt es sehr viele Ausführungen, z. B. Unterhaltungselektronik, es werden alle bedeutenden Marken angeboten.

1.3 Aufbau- und Ablauforganisation

1. Unter **Organisation** versteht man den Zusammenschluss mehrerer Personen, die ein gemeinsames Ziel erreichen wollen, wobei die einzelnen Aufgaben systematisch und dauerhaft geregelt sind.

2. Die **Aufbauorganisation** geht von der Zielsetzung der Unternehmung aus und
   - gliedert die Unternehmung in *funktionsfähige Teileinheiten* (Stellen, Abteilungen),
   - regelt die *dauerhaften Beziehungen* dieser Teileinheiten,
   - schafft ein System von *Weisungsbefugnissen und Kommunikationswegen.*

3. Aufbauorganisation nach dem **Funktionsprinzip** ist nach Aufgaben (Funktionen) gegliedert, z. B. Einkauf, Herstellung, Verkauf.
   Aufbauorganisation nach dem **Objektprinzip** ist nach den Arbeitsgegenständen gegliedert, z. B. Tischmöbel, Schränke, Sitzmöbel.

4. Schülerabhängige Antwort

5. **Stelle:** kleinste Organisationseinheit = Aufgabenbereich einer Arbeitsperson
   Abteilung: mehrere zusammengehörende Stellen
   Instanz: Stelle, die einer anderen Stelle Anweisungen erteilen darf
   Instanzenweg: vertikale Linie im Organigramm (Dienstweg)
   Befehlsweg: vertikale Linie von *oben nach unten* (Befehle sind bindend)
   Meldeweg: vertikale Linie von *unten nach oben* (Meldungen sind informativ)

6. a) **Einliniensystem:** Jede Stelle bekommt nur *von einer einzigen Stelle Anweisungen.* Es gibt *nur vertikale Verbindungen* (Befehls- und Meldewege). Gleichrangige Stellen können nur über die vorgesetzte Stelle kommunizieren.
   Vorteile: eindeutige Kompetenzen, einfache Kontrolle
   Nachteile: Überlastung der Instanzen (da keine horizontale Kommunikation), Gefahr von Fehlentscheidungen

   b) **Stabliniensystem:** siehe Einliniensystem. Einige Instanzen bekommen Stäbe (im Organigramm als Kreise oder Dreiecke dargestellt) zur Seite gestellt. *Stäbe beraten und entlasten die Instanzen.* Sie sind Experten *ohne Weisungsbefugnisse.*
   Vorteile: eindeutige Kompetenzen, Entlastung der Instanzen
   Nachteile: Entkopplung von Entscheidung und Verantwortung, Stab-Linien-Konflikt

   c) **Projektorganisation:** Schwierige *abteilungs- und aufgabenübergreifende Aufgaben* (Projekte) werden Arbeitsgruppen (Projektteams) übertragen. Projektteams werden *für eine bestimmte Zeit* zusammengestellt und setzen sich aus Mitarbeitern der für das Projekt bedeutsamen Abteilungen zusammen.
   Vorteile: Fachwissen der verschiedensten Fachgebiete verbessert die Problemlösung, Abteilungsegoismus wird verhindert, Aufstiegschancen für Mitarbeiter außerhalb der festgefahrenen Hierarchie, Entlastung der Instanzen
   Nachteile: Projektteam schlägt eine Problemlösung vor, die Verantwortung liegt aber bei den Instanzen (Entscheidung und Verantwortung sind entkoppelt).

   d) **Matrixorganisation:** Die Matrixorganisation ist eine *Kombination aus Funktions- und Objektprinzip.* Die Leitung der Sparte Lebensmittel ist für ihren Bereich gegenüber dem Einkauf, der Verwaltung und dem Verkauf weisungsberechtigt. Die Einkaufsleitung ist in Einkaufsfragen über alle Sparten hinweg weisungsbefugt.
   Vorteile: Es gibt sachgerechte Teamentscheidungen und Problemlösungen, Abteilungsegoismus ist ausgeschlossen, Konflikt durch Kompetenzkreuzungen fördert die Kreativität, die Zusammenarbeit und den Zwang zur Problemlösung.
   Nachteile: Abstimmungsaufwand verzögert Entscheidungen bzw. Kompromisslösungen. Wer die Verantwortung hat, ist unklar (Wer hat das letzte Wort?).

7. **Aufgaben der Ablauforganisation:** Sie
   - fügt einzelne *logisch zusammengehörige Teilaufgaben zu einem Vorgang* zusammen,
   - bringt die einzelnen Teilaufgaben in eine *zeitliche und räumliche Reihenfolge,*
   - sorgt für eine *reibungslose Aufgabenerfüllung.*

   Ziele der Ablauforganisation:
   - Erreichung einer *möglichst kurzen Durchlaufzeit* der Objekte und Informationen
   - bei *möglichst guter Auslastung* der Arbeitskräfte und Arbeitsmittel
   - unter *möglichst humanen Arbeitsbedingungen.*

8. Zwischen den Zielen der Ablauforganisation bestehen Zielkonflikte, sie können daher niemals zugleich voll erreicht werden (**Dilemma der Ablauforganisation**). Soll z. B. die Wartezeit (Durchlaufzeit) der Kunden an der Kasse minimiert werden, dann müsste das Kassierpersonal ständig bereit sein, den Kassiervorgang sofort aufzunehmen, wenn der Kunde an der Kasse eintrifft. Das Kassierpersonal wäre dann aber nicht genügend ausgelastet.

9. Die **Aufbauorganisation** legt die Struktur einer Unternehmung fest. Diese bleibt langfristig unverändert (dauerhaft) → Straßennetz.
   Die **Ablauforganisation** legt die Prozesse (Abläufe) innerhalb der Struktur einer Unternehmung fest. Die Abläufe können kurzfristig verändert werden → Verkehrsführung.

10. Ablauf an der Kasse (Kassieranweisung)

    1. **Preis bzw. Balkencode** (d. h. Artikelnummer) der verkauften Artikel eingeben bzw. erfassen. Bei Tippfehler eine Aufsichtsperson rufen
    2. **Gesamtbetrag über die Kasse berechnen** und dem Kunden mitteilen. Ggf. eine Kundenkarte durch das Lesegerät ziehen, um Bonuspunkte/Rabatte zu berücksichtigen
    3. **Geldbetrag des Kunden entgegennehmen** und laut sagen. Das Geld auf die Geldablage legen und den Wert in die Kasse eintippen
    4. **Rückgeld aus der Kasse nehmen** und dem Kunden vorzählen. Grundsatz: erst Zahlung abwickeln, dann Ware herausgeben
    5. **Geld von der Geldablage** geordnet in die Kasse legen.
    6. **Kassenbon und Artikel dem Kunden übergeben**. Bei falschen Beträgen und Monierung des Kunden eine Aufsichtsperson rufen

11. Der **Geschäftsprozess** ist eine Folge von Aktivitäten, die sachlogisch zusammengehören und einem übergeordneten Ziel dienen. Geschäftsprozesse erbringen immer einen Beitrag zur Wertschöpfung.
    Wertschöpfung entsteht durch die Leistungserstellung, wenn der wertmäßige Output (Leistungsverwertung, z. B. verkaufte Ware) höher ist als der wertmäßige Input (Vorleistung bzw. eingekaufte Ware).

12. **Kernprozesse** haben entweder eine *direkte Schnittstelle zum außerbetrieblichen Kunden* und leisten damit einen unmittelbaren Beitrag zur Wertschöpfung (kundenorientierte Leistung) oder sie tragen *wesentlich zur Wertschöpfung* bei (wertschöpfungsintensive Leistung).
    Unterstützungsprozesse haben *keine direkte Schnittstelle* zum außerbetrieblichen Kunden, erbringen jedoch als *Verwaltungs- und Serviceprozesse* einen Nutzen (Wertschöpfung) für die Kernprozesse (innerbetriebliche Kunden).

13. Die **gesamtwirtschaftliche Wertschöpfungskette** beginnt in der Wirtschaftsstufe *Urerzeugung*, geht über die *Weiterverarbeitung* zur *Verteilung* der erstellten Güter.

1.4 Prüfungsaufgaben

Prüfungsaufgaben Winter 2008/2009 (Aufgabe 1, Verkauf und Marketing)

1.1 Vergleich Fachgeschäft und Fachmarkt

Kriterien	Fachgeschäft	Fachmarkt
Sortiment	wenig unterschiedliche Waren, aber mit großer Auswahl (schmal und tief)	viele unterschiedliche Waren, mit großer Auswahl (breit und tief) innerhalb einer Branche
Betriebsgröße	klein bis mittel	groß
Preisniveau	verschiedene Preislagen, insgesamt relativ hoch	niedrig bis mittel

1.2.1 Z. B.
Die hochwertigen Musikinstrumente müssen in Vollbedienung verkauft werden, da sie sehr beratungsintensiv sind. Bei der Vollbedienung steht der Kunde während der gesamten Verkaufsverhandlung mit dem Verkäufer in Kontakt, sodass auch die Gefahr des Diebstahls bei den hochwertigen Musikinstrumenten relativ gering ist. Die Tonträger, wie z. B. CDs, sollten in Vorwahl verkauft werden, da sich der Kunde hier gerne einen Überblick über das Sortiment verschaffen möchte. Hier ist nur bei Bedarf eine Beratung nötig.

1.2.2 Z. B.

Vorteile der Vorwahl:
- geringe Personalkosten, da auch ungelerntes Personal und wenige Fachkräfte beschäftigt werden können
- Umsatzsteigerung durch Impulskäufe
- geringe Wartezeiten für die Kunden
- Kunde fühlt sich ungestört

Nachteile der Vorwahl:
- evtl. Orientierungslosigkeit des Kunden
- Beratungswunsch des Kunden wird vielleicht nicht erkannt
- höhere Diebstahlgefahr, da der Kunde sich unbeaufsichtigt fühlt

Vorteile der Vollbedienung:
- Persönlicher Kontakt schafft Kundenbindung.
- Gute Beratung führt oft zum Verkaufserfolg.
- geringe Diebstahlgefahr, da der Verkäufer ständig präsent ist
- Zusatzverkäufe sind gut möglich.

Nachteile der Vollbedienung:
- hohe Personalkosten, da eine Fachkraft meist nur einen Kunden betreut
- evtl. Wartezeiten für den Kunden

Prüfungsaufgaben Winter 2008/2009 (Aufgabe 1, Kaufmännische Handelstätigkeit)

1.2.1

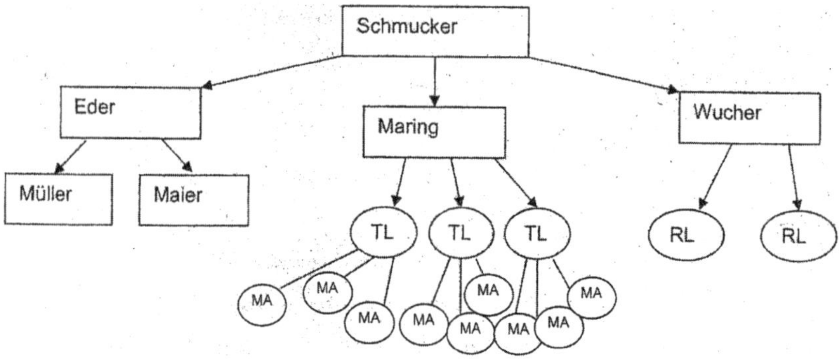

1.2.2
- Beim Einliniensystem kann jede Anweisung an eine Stelle nur von der übergeordneten Stelle veranlasst werden.
- Eine exakte Abstufung der Leitungsebenen und den damit verbundenen Unterstellungsverhältnissen ist möglich.
- genaue Kompetenzabgrenzung und klare Übersicht über die Gliederung der Organisation

1.2.3 Z. B. Mehrliniensystem, Matrixorganisation, Projektorganisation, Stabliniensystem

Prüfungsaufgaben Winter 2008/2009 (Aufgabe 2, Einzelhandelsprozesse)

2.7 **Chancen:**
- Größere Reichweite: Rossner erreicht auf diese Art Kunden, die sonst nicht in den Laden kämen, weil sie z. B. zu weit entfernt wohnen.
- Warensortiment kann sehr übersichtlich und ansprechend präsentiert werden (Musik, Animationen, Zoom, technische Details der Ware usw.).
- Rossner erhält bei Bestellung Namen und Anschrift der Kunden, wodurch für die Zukunft die Möglichkeit der Direktwerbung bzw. des CRM (Customer Relationship Management) entsteht.

Risiken:
- Ware kann nicht ausprobiert, angefasst werden, was evtl. vom Kauf abhält oder zu Fehlkäufen führt.
- Keine Beratung möglich, dadurch weniger Möglichkeiten zur Kundenbindung; evtl. auch höhere Fehlkaufquoten mit entsprechendem Umtausch oder Rückgabe.
- 14-tägiges Widerrufsrecht des Kunden beim Fernabsatz, Rücknahmen sind zeitintensiv in der Bearbeitung und verursachen Kosten.
- Pflege der Homepage ist zeitintensiv und teuer; evtl. muss diese Dienstleistung eingekauft werden.

Prüfungsaufgaben Sommer 2009 (Aufgabe 1, Kaufmännische Handelstätigkeit)

1.1.4 Schülerabhängige Antwort

Vorwahl:

- Der Kunde hat freien Zugang zur Ware und kann sich so zunächst selbst einen Überblick über die verschiedenen Produkte verschaffen.
- Der Kunde wird beraten, sobald er dies wünscht.
- Der Kunde fühlt sich nicht bedrängt.
- Personaleinsparung gegenüber der Vollbedienung

Vollbedienung:

- teure und erklärungsbedürftige Waren
- Der Verkäufer argumentiert, berät und unterstützt den Kunden bei der Kaufentscheidung.
- Diebstahl von Maschinen ist nicht möglich.

Prüfungsaufgaben Winter 2009/2010 (Aufgabe 1, Kaufmännische Handelstätigkeit)

1.1 Warenhaus: Waren aus fast allen Branchen, mittleres Preisniveau
Sortiment: breit und tief
Fachgeschäft: eine Warengruppe mit vorwiegend hohem Preisniveau
Sortiment: schmal und tief

1.2 Vorwiegend Vorwahlsystem, auch Selbstbedienung, selten Vollbedienung

1.3 Schülerabhängige Antwort

Prüfungsaufgaben Sommer 2012 (Aufgabe 2)

2.1

Kriterien	Warenhaus „All in one e. K."	Feinkostgeschäft
Sortiment	breit und tief, d. h. viele Warenbereiche mit großer Auswahl	schmal und tief, d. h. ein Warenbereich in vielen Ausführungen
Betriebsgröße	groß	klein bis mittel
Preis	mittleres Preisniveau	hohes Preisniveau
Verkaufsform	Beratung, Vorwahl, SB	Beratung, Vorwahl

2.2.1

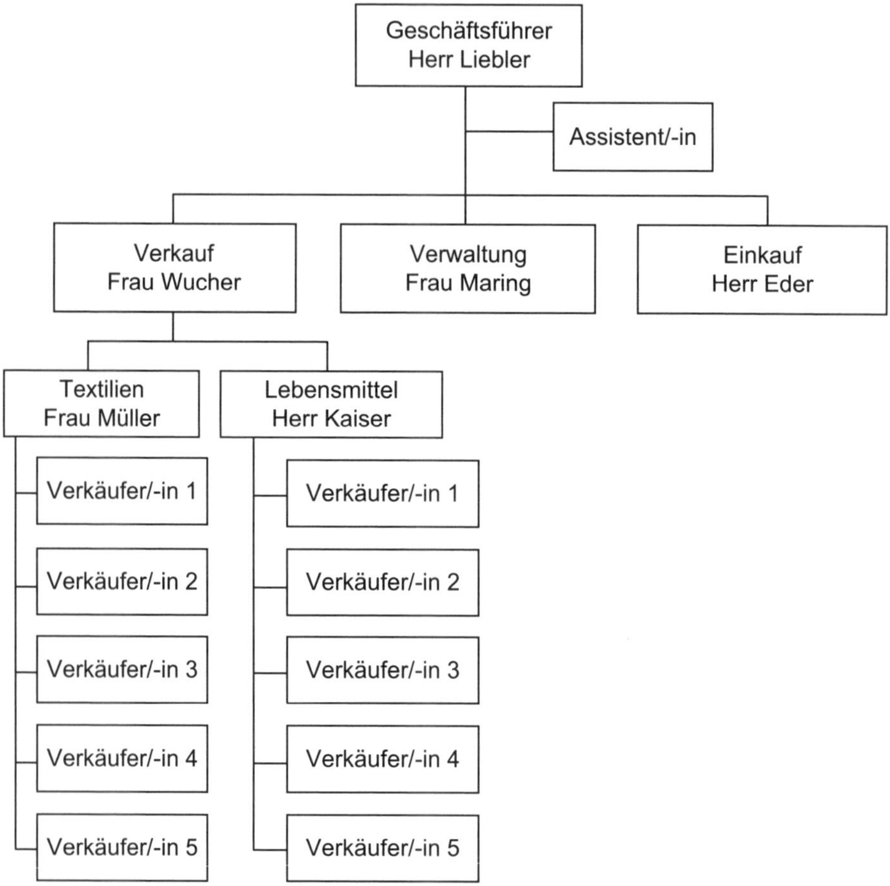

2.2.2 Aus der Organisationsstruktur geht hervor, dass Entscheidungs- und Informationswege sehr lang sind. Dadurch besteht die Gefahr einer zu langsamen Reaktion z. B. auf die Konkurrenz oder veränderte Kundenwünsche. Zu den weiteren Nachteilen zählen Überlastungen der Entscheidungsinstanzen, Gefahr von Fehlentscheidungen, Demotivation der Mitarbeiter.

2.2.3 Z. B. Spartenorganisation
Begründung: Die einzelnen Sparten erhalten eigene Kompetenzen, dadurch werden übergeordnete Entscheidungsinstanzen entlastet. Entscheidungen können schneller getroffen werden. Die Mitarbeiter haben andere Aufstiegsmöglichkeiten, können eigene Ideen besser einbringen und sind dadurch motivierter.

2.3 Z. B.
1. Kunden freundlich behandeln und Verständnis zeigen
2. sich für die Unannehmlichkeiten entschuldigen
3. Kundendaten und Sachverhalt auf einem entsprechenden Formblatt festhalten
4. sofern möglich, dem Kunden eine kulante Lösung anbieten
5. Weiterleitung der Reklamation an die nächste Entscheidungsinstanz

Prüfungsaufgaben Sommer 2014 (Aufgabe 2, teilweise)

2.1

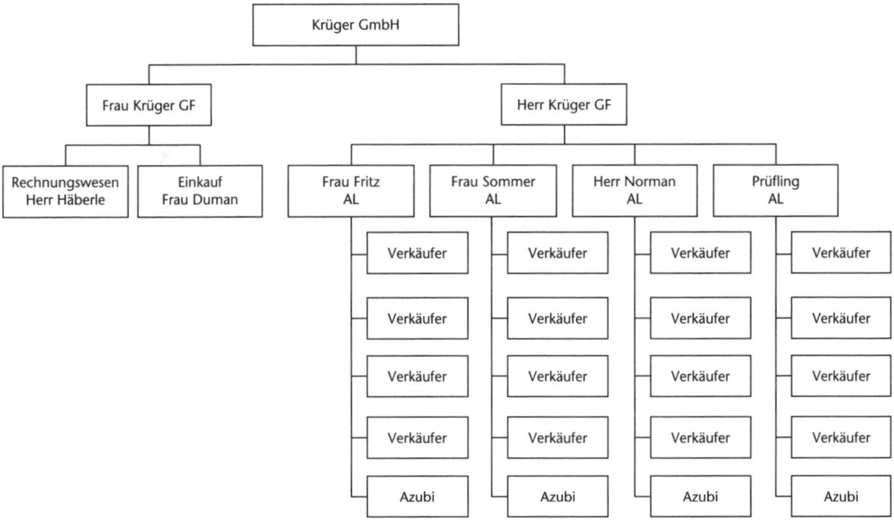

2.2 Schülerabhängige Antwort

Einliniensystem		Mehrliniensystem	
Vorteile	**Nachteile**	**Vorteile**	**Nachteile**
klare Weisungsbefugnisse	starre, lange Dienstwege	kurze Dienstwege	unübersichtlich
kein Kompetenzgerangel	starke Belastung der Vorgesetzten	erhöhte Flexibilität	schlechte Kontrolle

2 Verkaufsgespräche kundenorientiert führen

2.1 Kundenorientierung

1. a) Unter Kundenorientierung versteht man, dass der Einzelhändler seine unternehmerischen Aktivitäten an den individuellen Wünschen und Erwartungen der Kunden ausrichtet.
   b) Der Kunde ist unzufrieden, von den Leistungen enttäuscht und bleibt weg: Umsatz- und Gewinnminderung.

2. a) Ansprechende äußere Erscheinung, gepflegte Kleidung, Körperpflege, gute Umgangsformen, konfliktfreie und verkaufsfördernde Sprache, individuelle Beratung
   b) Bedarfsorientiertes Sortiment, attraktive Warenpräsentation, verlässliche Informationen, qualifizierte Beratung, nützlicher Service
   c) Hoher Gebrauchswert inkl. umweltfreundliche Ware, hoher Geschmackswert, gutes Preis-Leistungs-Verhältnis, schönes Aussehen

3. Fachkompetenz durch Waren-, Sortiments- und Menschenkenntnisse; Fähigkeit, qualifiziert und individuell zu beraten, problemlösendes Denken

4. a) **Gebrauchswert:** alle nützlichen Eigenschaften einer Ware
   Geltungswert: Eigenschaften wie schönes Aussehen, die Geltung, Ansehen und Prestige bewirken.
   b) Schülerabhängige Antwort

5. a) Schülerabhängige Antwort
   b) Kunden sind enttäuscht, meiden dieses Geschäft, erzählen anderen darüber.

2.2 Waren-, Produktkenntnisse und Warenbeschreibungen

1. Verkaufsberater mit guten Warenkenntnissen können überzeugend argumentieren und dem Kunden Entscheidungshilfen geben. Gute Warenkenntnisse sind Voraussetzung für Fachkompetenz. Sie geben dem Verkaufsberater Sicherheit und Selbstvertrauen.

2. **Innerbetrieblich:**
   - Produktinformationen, Prospekte, Kataloge, Verpackungsaufschriften, Gebrauchs-
   - Bedienungsanweisungen
   - Schulungen, Seminare, Gespräche mit Fachkollegen
   - aktiver Umgang mit der Ware

   Außerbetrieblich:
   - Besuch von Messen, Ausstellungen, Berufs- und Berufsfachschulen
   - Fachbücher, Fachzeitschriften, Gesetze, Verordnungen
   - überbetriebliche Fort- und Weiterbildung, Seminare, Lehrgänge bei Herstellern

3. Produktbeschreibungen fördern das Fachwissen. Sie helfen uns, Produkte rasch kennenzulernen. Für Verkaufsgespräche können gezielt Verkaufsargumente abgeleitet werden.

4. Unter Qualität versteht man eine Vielzahl nützlicher Eigenschaften eines Produkts, die sich in einem hohen Gebrauchs- oder Geltungsnutzen ausdrückt.

5. Alle nützlichen Eigenschaften eines Produkts für einen bestimmten Einsatzbereich bilden dessen Gebrauchsnutzen. Eine Kamera kann beispielsweise vielfältig einsetzbar, einfach zu bedienen, leicht und handlich sein.
   Zielen die Eigenschaften eines Produkts auf Ansehen, Geltung, schönes Aussehen oder wecken sie Emotionen, bilden diese Eigenschaften den Geltungsnutzen.

6. Zertifizierte Qualität signalisiert dem Kunden, dass er es mit einem qualifizierten Fachgeschäft, kompetenten Verkaufsberatern und einem leistungsstarken Geschäft zu tun hat. Nur hochwertige, ökologisch einwandfreie Produkte werden angeboten. Kunden kaufen gerne in solchen Geschäften.

2.3 Verkaufsformen im Einzelhandel

1.
- **Bedienung:** meist flaches und tiefes Sortiment, Qualitäts- und Luxusprodukte, tendenziell hohes Preisniveau, selten Zugang zur Ware
- **Vorwahl:** meist flaches und tiefes Sortiment, häufig mittleres Genre, hohes bis mittleres Preisniveau, Zugang zur Ware
- **SB:** breites und flaches Sortiment, Qualitätsware und weniger hochwertige Ware, mittleres bis niedriges Preisniveau, Zugang zur Ware

2.
a) Ware auspacken, kontrollieren, auszeichnen, auffüllen, ordern, pflegen, erfassen, kassieren, Abfälle sammeln/entsorgen u. Ä.
b) Hauptsächlich beraten: Von der Begrüßung bis zur Verabschiedung sind alle Stufen eines Verkaufsgesprächs möglich.

3.
a) Vorwahl vereinigt die Vorteile der Bedienung und der Selbstbedienung
b)
- Kunde kann sich selbst in Ruhe und ohne Beeinflussung des Verkäufers über die Ware informieren.
- Auf Wunsch ist Beratung möglich.

4.
a) Erklärungsbedürftige Produkte, z. B. Hightechprodukte, Brautkleid
b) Z. B. problemlose Produkte des täglichen Bedarfs wie Schreibwaren, Strümpfe, Haushaltswaren

5.
a) Begrüßung, Bedarfsermittlung, Waren vorlegen/vorzeigen/vorführen, Argumentation, Einwände beantworten, bei Kaufbereitschaft auf Abschluss hinwirken
b) Alle in a) genannten Stufen

6.
- bedienen = aushändigen, evtl. verbunden mit Beratung
- beraten = individuell und situationsgerecht auf den Kunden eingehen, Problemlösungen vorschlagen

7.
a) Herkömmliche Betriebsformen sind z. B. Fachgeschäft, Spezialgeschäft, Warenhaus, Kaufhaus, Supermarkt, Gemischtwarengeschäft.
b) Neuere Betriebsformen sind z. B. Fachmarkt, Discounter, Verbrauchermarkt, SB-Warenhaus, Einkaufszentrum, Factory-Outlet.

2.4 Sprache

1. Kommen Menschen miteinander ins Gespräch, führen sie die Gespräche immer auf zwei Ebenen:
- der Sachebene, die Sachinformationen vermittelt, z. B. über Eigenschaften eines Produkts usw., und
- der emotionalen Ebene, die Auskunft über Gefühle und Empfindungen gibt.

Ziel: im Verkaufsgespräch beide Ebenen positiv gestalten, um eine angenehme Gesprächsatmosphäre zu erreichen

2. a) Schülerabhängige Antwort
   b) • **Gesprächsstörer** sind Aussagen, welche das Verkaufsgespräch erschweren/abwürgen, z. B. Killerphrasen, Befehle, Überreden, Vorwürfe machen.
   • **Gesprächsförderer** sind Aussagen/Verhaltensweisen, die dem Kunden signalisieren: Bitte reden Sie ausführlicher über Ihre Wünsche/Vorstellungen, um Sie gut beraten zu können; z. B. Zuhören, Zustimmen, Nachfragen, Denkanstöße geben und die kundenorientierte Sprache (Sie-Stil, Vorteilsformulierungen).

3. Beispiele:
   - „Kennen Sie schon die neue …?“
   - „Dieser Fotoapparat besteht aus Leichtmetall, dadurch ist er bruchsicher, leicht …“
   - „Diese Creme glättet Ihre Haut!“

2.5 Körpersprache

1. Der Körper sendet stumme Signale/Botschaften aus, die etwas sagen wollen.

2. a) Schülerabhängige Antwort
   b) • Mimik = Gesichtsausdruck
   • Gestik = Ausdrucksbewegung des Kopfes, des Armes, der Hände
   • Mimik, z. B. freundliches Gesicht, Lächeln, Mundwinkel nach oben
   • Gestik, z. B. Kopf hin und her bewegen, Kopfnicken, Schultern hochziehen

3. Im Verkaufsgespräch entsprechend reagieren, z. B. bei Zustimmung, Ablehnung, Unentschlossenheit

4. a) Zustimmung:
   - Mimik: Mundwinkel nach oben, Lächeln
   - Blick: weit geöffnete, leuchtende Augen

   b) Unsicherheit/Unentschlossenheit:
   - Mimik: Stirnfalten
   - Blick: wandernder Blick

   c) Ablehnung:
   - Mimik: Mundwinkel nach unten
   - Blick: wegsehen

2.6 Fragetechnik

1. Beispiele:
   - Bedarfsermittlung: „Was sollte Ihr Computer können?“
   - Warenvorführung: „Gefällt Ihnen die Jacke?“
   - Einwandbehandlung: „Bitte nennen Sie Ihre Bedenken!“

2. a) Geschlossene Frage b) Alternativfrage
   c) Offene Frage d) Positive Suggestivfrage

3. a) • Geschlossene Frage: Fragesteller erwartet knappe Antwort.
   • Alternativfrage: Verkäufer will die Entscheidung vorbereiten.
   • offene Frage: bringt Informationen zu Wünschen, Vorstellungen, Meinungen, Einwände des Kunden
   • Positive Suggestivfrage: VK will Kunden positiv = verkaufsfördernd beeinflussen.

   b) Schülerabhängige Antwort

2.7 Kontakt mit Kunden aufnehmen

1. Der gute Kontakt ermöglicht eine angenehme Gesprächsatmosphäre, baut Misstrauen ab und fördert das Vertrauen.

2. a) Kontaktfördernd: rasche Hinwendung zum Kunden, freundliche Begrüßung, aktiv zuhören, zustimmen, auf Interessen des Kunden eingehen
   b) Kontaktstörend: umgekehrt

3. a) Augenkontakt herstellen, ohne Kunden anzustarren = kontaktfördernd
   b) • intime Distanz: ca. 50 cm, z. B. bei Ehepartner
      • persönliche Distanz: ca. 120 cm, z. B. bei Freunden, Bekannten und Kunden
      • gesellschaftliche Distanz: ca. 1–2 m, z. B. bei Kunden
   Distanzzonen nicht verletzen!

4. a) Beispiel: „Jaa“, „Ahhh“, Augenkontakt
   b) Signalisiert Zuwendung, Interesse, Zustimmung

5. a) Er schaut sich suchend um bzw. geht auf den Verkäufer zu.
   b) „Was darf ich Ihnen zeigen?“, „Was kann ich für Sie tun?“, Augenkontakt mit dem Kunden aufnehmen

6. a) Kunde beschäftigt sich bereits intensiv mit der Ware.
   b) • „Diese müssten Ihnen passen, bitte überzeugen Sie sich von der Passform und schlüpfen Sie hinein.“
      • „Das ist die neue Schuhform dieser Saison!“

7. a) Kunde möchte sich alleine/selbstständig über die Ware informieren und wünscht keine Beratung.
   b) Dies dem Käufer ermöglichen, z. B.: „Bitte, gerne, wenn Sie Fragen haben, stehe ich Ihnen zur Verfügung!“
   c) Tipps, z. B. zu Sonderpreisen, Aktionsplatzierungen, weiteren gleichen oder ähnlichen Artikeln geben

8. Schülerabhängige Antwort

2.8 Bedarfsermittlung

1. a) Angenehme, verkaufsfördernde Atmosphäre schaffen
   b) • „Durch unsere große Auswahl sind wir auf solche Wünsche gut vorbereitet.“
      • „Bei dieser Auswahl finden wir bestimmt das Richtige für Sie!“

2. a) • Direkte Bedarfsermittlung: verwendet offene Fragen; Vorteil: individuelle Wünsche werden ermittelt.
      • Indirekte Bedarfsermittlung wendet wenige/kaum Fragen an, legt ein „Testangebot“ vor und wartet die Reaktion des Kunden ab; Vorteil: kein „Ausfragen“, Interesse des Kunden wird sofort auf die Ware gelenkt.
   b) Die bei der individuellen Bedarfsermittlung vorgelegte Ware. Daraus zieht der Verkäufer Rückschlüsse auf die gewünschten Eigenschaften der Ware.

3. Weil diese vom Kunden eine Entscheidung verlangt, zu der er noch nicht in der Lage ist bzw. weil diese Fragen einengen

2.9 Kaufmotive

1. a) Kaufmotiv gibt Auskunft, was den Kunden zum Kauf bewegt.
   b) Jede Ware hat die Fähigkeit, Nutzen zu spenden. Daran ist der Kunde interessiert.
   c) Erkennt der Verkäufer Kaufmotive, kann er leichter ein kundenorientiertes Warenangebot unterbreiten, gezielter die Ware zeigen, vorführen und argumentieren.

2. a) Erlebnis, Neugierde, Entdeckung
   b) Ansehen, Geltung, Prestige
   c) Bequemlichkeit
   d) Sparsamkeit
   e) Sicherheit, Garantie, Zuverlässigkeit

3. Beispiele:
   - „Safariurlaube sind ein ganz besonderes Erlebnis; Wildnis, ungezähmte Tiere …"
   - „Dieses Kleid ist ein Modellkleid, ganz exklusiv von …"
   - „Ein elektrisch gesteuerter Ruhesessel, bequemer geht's nicht!"
   - „Diese Woche sind Thüringer Würste im Angebot!"
   - „Dieses Zertifikat des Schweizer Uhrenherstellers garantiert Ihnen …"

   Gefühlsbetont: Ansehen, Geltung, Prestige, Neugierde, Entdeckung

2.10 Warenvorführung

1. Weckt Aufmerksamkeit, steigert Besitzwunsch, erleichtert Kaufentscheidung

2. Damit dem Kunden die Auswahl leichter fällt

3. a) Kunde verliert die Übersicht und kann sich nicht entscheiden.
   b) Kleine Auswahl wirkt uninteressant.

4. Schülerabhängige Antwort

2.11 Verkaufsargumente

1. - Argument = Begründung, Beweis, Vorteil der Ware, um den Kunden zu überzeugen
   - Argumentation = Art und Weise, wie man Kunden am besten überzeugt

2. Schülerabhängige Antwort

3. a) Argumente, die etwas über die Ware, ihre Eigenschaften, Merkmale, Einsatz und Preis aussagen
   b) Für Kunden ohne Warenkenntnisse wenig sinnvoll

4. Schülerabhängige Antwort

5. Beispiele:
   - „Die Bestandteile dieses Reinigungsmittels sind abbaubar und deshalb umweltschonend!"
   - „Das Verpackungsgewicht beträgt nur drei Gramm und ist somit umweltgerecht!"

6. Argumentation:
   - waren- und kundenbezogene Argumente
   - Ware zeigen/vorführen
   - Kunden so aktivieren, dass sie sich selbst überzeugen können

7. Kontrollfragen stellen, z. B.: „Sind Sie überzeugt, dass dieses Handy mit dem Tarif XY für Sie das Richtige ist?"

2.12 Preisgespräche

1. Rohstoff, Material, Verarbeitung, Ausführung, Lieferpreis, Kosten u. Ä.

2.
- Der Preis ist im Verhältnis zum Produkt zu hoch.
- Der Preis ist im Verhältnis zum Produkt günstig.
- Der Preis ist im Verhältnis zum Produkt angemessen.

3. a) Preis in Kundennutzen „verpacken"
b) Schülerabhängige Antwort

4. Beispiele
- „Gerät B kostet nur 10,00 EUR mehr als Gerät A und besitzt mehr Vorteile als ..."
- „Im Vergleich zu diesem teuren Fön hier ist der von Ihnen gewählte recht günstig und enthält doch ... "
- „Der Computer hier kostet 1.098,00 EUR, der Monitor 298,00 EUR, der Drucker 198,00 EUR, die Software ..."
- „Die Monatskarte kostet zwar 30,00 EUR, doch können Sie fahren, sooft Sie wollen. Die tägliche Fahrt kostet dann nur ... EUR."

5. a) Auf Aktionspreis/Produkte mit kleinen Fehlern hinweisen, starke Argumente verwenden
b) Qualitätsmerkmale der Ware erläutern, eventuell Vorteile im Vergleich zu anderen Waren nennen, nur Markenqualität vorlegen

2.13 Zusatzangebote

1. Unter Zusatzangeboten versteht man Empfehlungen von Produkten, die zu einem Hauptartikel passen, diesen sinnvoll ergänzen, aufwerten, einsatzfähig machen, seine Einsatz- und Verwendungsmöglichkeiten erweitern oder erhalten.

2.1 Vorteile für den Kunden:
spart Zeit, Geld, Hauptartikel kann eingesetzt gepflegt, gewartet werden
Vorteile für das Geschäft:
Umsatzsteigerung, hohes Image als Fachgeschäft

3.1 Notwendiges Zubehör zur Kamera: Batterien, Ladegerät, Netzkabel, CD-Rom
3.2 Nützliches Zubehör zur Kamera: Bereitschaftstasche, Trageriemen, Stativ

4. Kunden können durch
- vorteilhafte Formulierungen,
- verständliche Argumente,
- anschauliche Warenpräsentation,
- überzeugende Warendemonstration,

für ein Zusatzangebot interessiert werden.

2.14 Alternativangebote

1. Ein Alternativangebot wird unterbreitet, wenn der vom Kunden verlangte Artikel nicht vorrätig ist und auch nicht beschafft werden kann. Das Alternativangebot sollte in seinen Eigenschaften, Verwendungsmöglichkeiten, seiner Verarbeitung, Bedienungsfreundlichkeit, Haltbarkeit ebenso gut sein wie der vom Kunden zunächst verlangte Artikel.

2. a) Vorteile für den Kunden: Kaufwunsch geht in Erfüllung, kein weiterer Aufwand
b) Vorteile für das Geschäft: kein Umsatzverlust, keine Imageeinbußen

3. Beispiel für Alternativangebot:
   Der Kunde wünscht einen Tintenstrahldrucker. Sie empfehlen als Alternative einen Laserdrucker.

4. Durch überzeugende Argumente und geschickte Warenpräsentation

5. a) Das Alternativangebot wird herabgesetzt durch die Aussage: „Da kann ich Ihnen höchstens noch … "
   Die Aussage „Der kostet aber … " erweckt beim Kunden den Eindruck, dass der Verkäufer den Preis für zu hoch hält oder die Zahlungsfähigkeit des Kunden anzweifelt.
   b) Die Formulierung zeigt, dass der Verkäufer wenig Interesse an den Wünschen und Problemen des Kunden hat. Das zaghafte „Vielleicht etwas anderes" ist nicht geeignet, den Kunden für ein Alternativangebot zu begeistern.

2.15 Prüfungsaufgaben

Prüfungsaufgaben Sommer 2010 (Aufgabe 2)

2.1 Gut ist, dass die Verkäuferin die Kundin begrüßt.
Die Frage ist schlecht. Es handelt sich um eine geschlossene Frage, die die Kundin mit Ja oder Nein beantworten kann. Dadurch erfährt die Verkäuferin nicht sehr viel. Da die Kundin sich schon mit der Ware beschäftigt, wäre eine warenbezogene Kontaktaufnahme viel sinnvoller, z. B.: „Guten Tag! Das ist der iPod nano. Auf dem können Sie sehr viele Lieder und sogar Filme speichern."

2.2 Z. B.
- Prestige (Ansehen):
  Die Mutter möchte ein Geschenk für den Sohn. Das soll beim Sohn gut ankommen.
- Nachahmungstrieb:
  Prominente benutzen ein iPod.
- Schönheitsempfinden:
  iPod sieht gut aus.

Kaufmotive sind wichtig, damit der Verkäufer die richtige Ware heraussuchen und kundengerecht argumentieren kann.

2.3.1 Pos. 3:
Sehr schlecht; die Verkäuferin nennt hauptsächlich Produktmerkmale (großes Farbdisplay, 16 GB), ohne Vorteil und Nutzen.
Pos. 5:
Verkäuferin bemüht sich, der Kundin Produktvorteile und Produktnutzen zu nennen, aber erst auf Nachfrage der Kundin. Außerdem spricht sie die Kundin nicht persönlich an, sondern benutzt das Wörtchen „man".
Verbesserungsvorschlag:
„16 GB, das bedeutet eine hohe Speicherkapazität. Da kann Ihr Sohn sehr viele Lieder speichern. Außerdem kann Ihr Sohn auch Videos und Fotos auf dem iPod speichern. Je größer das Farbdisplay, desto bequemer können Sie dann die Filme und Fotos anschauen."

2.3.2 Die Preisnennung in Pos. 8 ist nicht so gut, weil der Preis nicht richtig verpackt wird.
Verbesserungsvorschlag:
„Mit dem iPod können Sie bis zu 30 Stunden Musik hören, ohne das Gerät aufzuladen. Er kommt auf 169,00 EUR. Schauen Sie hier: Wenn Sie den iPod drehen, können Sie jederzeit vom Hochformat ins Querformat wechseln. Da macht das Bilderanschauen richtig Spaß."

2.4.1 Die Verkäuferin interpretiert die Aussage der Kundin in Pos. 9 falsch. Entscheidend ist das Wörtchen „eigentlich". Wer so etwas sagt, hatte zwar ursprünglich vor, weniger Geld auszugeben, ist inzwischen aber bereit, mehr Geld auszugeben. In einer solchen Situation hat es Sinn, mit einer passenden Methode auf den Einwand der Kundin einzugehen.

2.4.2 Z. B.
„Das kann ich gut verstehen. Die iPods sind etwas teurer als andere MP3-Player. Dafür hätten Sie aber ein Gerät, das Ihren Sohn optimal begeistern würde. Das wäre eine große Überraschung für ihn.

2.5.1 Z. B.
- jugendliche Musikhörer
- ältere Junggebliebene, die hip sein wollen
- Musikliebhaber, die viel unterwegs sind

mit schülerabhängiger Begründung

2.5.2 Z. B.
- Lautsprecherdurchsagen
- Gewinnspiele
- Displays
- Stand zum Probehören
- Mitarbeiter im iPod-nano-Kostüm

mit schülerabhängiger Begründung

2.5.3 Z. B. iPod nano in verschiedenen Farben mit Musikladestation am Computer, Zubehör, wie Taschen, Kopfhörer, Kabel

Prüfungsaufgaben Winter 2011/2012 (Aufgabe 1)

Trainingsvorlage: Elektro LUZ GmbH
Thema: Fehler im Verkaufsgespräch
Datum: 05.10.2011

	Wörtliche Aussage aus dem Verkaufsgespräch	Beurteilung unter Verwendung der Fachsprache	Verbesserungsvorschlag in wörtlicher Rede
1	„Hi. Na, alles klar?" (Zeile 1)	nicht zielgruppengerechte Ansprache (älteres Ehepaar), seriöser ansprechen	„Guten Tag."
2	„Kann man helfen?" (Zeile 1)	Eine warenbezogene Kontaktaufnahme mit offener Fragestellung wäre besser.	„Ich sehe, Sie interessieren sich für Handys. Wie kann ich Ihnen helfen?"
3	„Bevorzugen Sie denn eher die classic-Version oder die slide-Version zum Aufschieben der Tastatur?" (Zeile 4)	Kunden sind mit den Fachbegriffen völlig überfordert. Sie können ohne Kenntnisse keine Entscheidung fällen, welches Handy infrage kommt.	„Wir führen schöne Modelle von Nokia. Darf ich Ihnen einmal zwei davon vorstellen?"

	Wörtliche Aussage aus dem Verkaufsgespräch	Beurteilung unter Verwendung der Fachsprache	Verbesserungsvorschlag in wörtlicher Rede
4	„Welche Funktion soll denn das Handy haben?" (Zeile 6)	Die Frage überfordert die Kunden (siehe auch 3).	„Mit dem Handy können Sie telefonieren, Bilder aufnehmen und verschicken …"
5	„Schon klar!" (Zeile 8)	Kein passender Umgangston	„Selbstverständlich können Sie mit dem Handy telefonieren, aber auch noch vieles andere mehr."
6	„Zum Beispiel bei diesem Handy, dem Samsung S 5350, haben Sie eine 3,2-Megapixel-Kamera mit einem Speicherslot für micro SD-Cards …" (Zeile 10)	Die Kunden verstehen die Fachsprache nicht.	„Die eingebaute Kamera funktioniert wie eine herkömmliche Kamera. Bitte sehen Sie."
7	„Das Handy verfügt nämlich über einen Stereo-Bluetooth sowie über einen USB-Anschluss …" (Zeile 12)	Der Nutzen der unterschiedlichen Funktionen muss herausgestellt werden.	„Die aufgenommenen Bilder können Sie direkt bearbeiten, ausdrucken oder verschicken." „Ich zeige Ihnen einmal …"
8	„Na, dann muss es wohl doch ein Seniorenhandy werden …" (Zeile 16)	Beleidigende Aussage. Es fehlt die nötige Sensibilität im Umgang mit älteren Kunden.	„Dieses Handy hat etwas größere Tasten und auch ein größeres Display. Bitte probieren Sie es doch einmal aus."

Prüfungsaufgaben Winter 2011/2012 (Aufgabe 2)

2.1 Abschnitt 1:
Es ist schlecht, dass die Azubi den Namen falsch nennt, weil das bei Stammkunden einen schlechten Eindruck hinterlässt.
Abschnitt 3:
Es ist gut, dass sie sich entschuldigt; allerdings fällt die Entschuldigung etwas knapp aus. Die W-Frage ist gut, da es sich um eine offene Frage handelt, bei der der Kunde einen weiten Antwortspielraum hat.

2.2 Die Frage ist in dieser Situation nicht gut, da die Kundin offensichtlich Stammkundin ist. Die Größe des Mannes sollte bekannt sein.

2.3 Diese Aussage ist gut. Es handelt sich um einen Vertrauensauslöser. Dadurch entsteht eine angenehme Verkaufsatmosphäre. Außerdem wird die Neugierde der Kundin geweckt.

2.4 Die Vorlage von drei Pullovern ist gut. Bei drei Teilen verliert die Kundin nicht den Überblick.Trotzdem entsteht der Eindruck, das Geschäft habe eine große Auswahl.
Es ist aber falsch, Pullover in auffälligen Farben vorzulegen, da die Kundin in Abschnitt 8 sagt, dass es nicht zu modisch für ihren Mann sein soll.

2.5 Die Preisnennung ist schlecht. Die Verkäuferin hat den Preis „nackt“ genannt, obwohl sie zu diesem Zeitpunkt noch nicht argumentieren konnte.
Verbesserungsvorschlag: „Das ist ein Kaschmirpullover von März. Er kommt auf 180,00 EUR. Durch die Farbe und die hochwertige Verarbeitung sieht der Pullover besonders edel aus.“

2.6 Dieser Teil des Verkaufsgesprächs ist sehr schlecht. Die Auszubildende hat nicht die körpersprachlichen Signale (betrachtet Pullover liebevoll) erkannt, die erkennen lassen, dass die Kundin dem Pullover sehr zugeneigt ist.
Bei der Aussage in Abschnitt 18 handelt es sich um einen Gesprächskiller, der bei der Kundin den Eindruck erweckt, dass es keine Lösung gibt. Die Auszubildende lenkt mit ihren Aussagen endgültig von dem blauen Pullover für 180,00 EUR ab.

2.7 Christina: „Ja, ich verstehe Ihre Bedenken. Kaschmir ist eine der wertvollsten Naturfasern. Der Pullover ist sehr dünn und trotzdem extrem wärmend.“

Kundin: „Ja, ich nehme den Pullover.“

2.8 „Der Pullover wird Ihrem Mann gefallen. Das ist ein sehr schönes Geburtstagsgeschenk.“

Prüfungsaufgaben Sommer 2012 (Aufgabe 1)

1.1.1 „Hallo“ zur Begrüßung ist in Ordnung, da es sich um ein junges Paar handelt. Ungeschickt ist die geschlossene Frage zur Kontaktaufnahme. Die Kundin kann die Frage verneinen, dann ist das Gespräch schon wieder beendet.
Optimal wäre in diesem Fall auch eine warenbezogene Kontaktaufnahme, da die Kunden bereits ein Kaffeeservice betrachten.

1.1.2 Z. B.
„Hallo, was darf ich Ihnen zeigen?“
„Hallo, dieses Geschirr, das Sie in der Hand halten, ist ganz aktuell.“

1.1.3 Ein Vertrauensauslöser ist vorhanden, dieser gibt der Kundin das Gefühl, hier richtig zu sein. Ungünstig wirkt aber die Frage nach der Preislage. Die Verkäuferin schränkt dadurch ihr Angebot ein. Bei Geschenkkäufen ist jedoch die Frage nach der Preisvorstellung möglich.

1.1.4 Z. B.
„Dieses komplette Geschirr vom bekannten Markenhersteller Royalty für 249,99 EUR ist für sechs Personen inklusive passendem Milchkännchen und Zuckerdose.“

1.1.5 Z. B.
„Welchen Stil bevorzugt Ihre Schwiegermutter bei Porzellan?“
„Auf was legt Ihre Schwiegermutter bei einem Kaffeeservice wert?“

1.1.6 Die Auszubildende kann dem Begleiter der Kundin verschiedene Möglichkeiten zur Verkürzung der Wartezeit anbieten, z. B. Sitzgelegenheit, Getränke und Zeitschriften, damit er das Verkaufsgespräch nicht stört.
Eine weitere Möglichkeit wäre es, zu versuchen, die Begleitperson in das Verkaufsgespräch mit einzubeziehen. In diesem Fall handelt es sich ja um ein Geschenk für die Mutter der Begleitperson.

1.2.1 Ein Zusatzangebot kann zusammen mit dem Hauptkauf, spätestens auf dem Weg zur bzw. an der Kasse gemacht werden.

1.2.2 Zusatzangebote bringen dem Unternehmen Zusatzumsatz, erhöhen die Kundenzufriedenheit und die Kundenbindung.

Prüfungsaufgaben Winter 2012/2013 (Aufgabe 1)

1.1 Begrüßung vorhanden. „Hallo“ ist auch bei einer älteren Kundin heutzutage möglich. Verkäuferin stellt eine offene Frage; das ist gut, weil dadurch ein Gespräch zustande kommen kann. Allerdings beschäftigt sich die Kundin bereits mit der Ware, sodass eine warenbezogene Kontaktaufnahme noch besser wäre.

1.2 Abschnitt 3:
Die Verkäuferin verwendet einen Vertrauensauslöser, dadurch bekommt die Kundin das Gefühl, hier genau richtig zu sein.

Die anschließende Frage ist nicht gut formuliert. Es besteht die Gefahr, dass die Kundin eine Marke verlangt, die nicht geführt wird.

Abschnitt 5:
Eine Alternativfrage ist an dieser Stelle nicht sinnvoll. Die Verkäuferin sollte zuerst die Erwartungen der Kundin an die Ware herausfinden.

1.3 Beispiel:
„Für den Urlaub empfehle ich Ihnen eine Digitalkamera. Diese Kameras sind leicht und kompakt. Außerdem sind sie schnell und unkompliziert zu bedienen und damit ideal für Spontanaufnahmen.“

1.4 Die Verkäuferin zählt lediglich Merkmale der Kamera auf. Es fehlen Vorteile und Nutzen der Kamera. Die Argumentation ist ungeeignet.

1.5 Beispiel:
„Die Kamera wiegt nur 144 g. Sie ist also extrem leicht. Sie können sie im Urlaub überall mitnehmen und verpassen kein Fotomotiv.“

1.6 Die Einwandbehandlung ist gelungen. Die Verkäuferin zeigt Verständnis für den Einwand und räumt diesen aus.

1.7 Beispiel:
„Sie haben gut gewählt, viel Spaß mit der neuen Kamera. Vielen Dank und auf Wiedersehen!“

1.8 Beispiele:
Tasche zur Digicam, Speicherkarte, Ersatzakku, Stativ

Prüfungsaufgaben Sommer 2013 (Aufgabe 1)

1.1 + 1.2 Die Punkteverteilung kann sehr frei gewählt werden, empfehlenswert ist eine Verteilung von jeweils maximal 2 Punkten pro Beurteilungspunkt und pro Verbesserungsvorschlag bis zur Höchstgrenze von 20 Punkten insgesamt.

Phase	Beurteilung mit Begründung	Verbesserungsvorschlag: z. B. andere Schülerlösungen möglich
Kontaktaufnahme	Die Kontaktaufnahme war nicht gelungen, da die Begrüßung fehlt, allgemeine Kontaktaufnahme mit geschlossener Frage, warenbezogene Kontaktaufnahme wäre besser gewesen.	„Guten Tag, dieses Kleid haben wir ganz neu hereinbekommen, es liegt diesen Sommer sehr im Trend. Falls Sie es anprobieren möchten, zeige ich Ihnen gerne, wo die Umkleidekabinen sind.“
Bedarfsermittlung (auch Feedback und Vertrauensauslöser)	Sie macht keine Bedarfsermittlung, sondern reagiert nur auf die Äußerungen der Kundin, dadurch gibt sie die Führung des Verkaufsgesprächs aus ihrer Hand. Feedback vorhanden, in Zeile 5, aber dadurch, dass Sabine keine Bedarfsermittlung macht, kann sie erst spät und dann auch nur ein oberflächliches Feedback geben. Vertrauensauslöser vorhanden, in Zeile 3 am Anfang. Dies ist gut gelungen, da sie auf die große Auswahl an neuen Modellen hinweist.	„Für welchen Anlass suchen Sie das Kleid?“ „Worauf legen Sie Wert bei Geschäftskleidung?“ Feedback nach Zeile 4: „Falls Sie das Kleid im Geschäft tragen wollen, ist es sehr gut dafür geeignet, da es aufgrund seines Materials nicht knittert und sehr angenehm auf der Haut zu tragen ist und Sie sehen auch nach einem langen Bürotag noch gepflegt darin aus.“
Verkaufsargumentation Zeile 3 und 7	In Zeile 3 zählt die Verkäuferin fast nur Merkmale auf. Vorteile und Kundennutzen fehlen. In Zeile 7 formuliert sie zwar einen guten Kundennutzen, wobei die Formulierung „ohne dass Sie schwitzen“ negativ ist.	„Das Kleid besteht aus 97 % Baumwolle und 3 % Elastan, dadurch können Sie es problemlos in der Waschmaschine waschen und sparen sich die Reinigungskosten.“
Einwandbehandlung Zeile 6	Den Preiseinwand in Zeile 6 behandelt sie geschickt und passend mit der Bumerangmethode.	

Phase	Beurteilung mit Begründung	Verbesserungsvorschlag: z. B. andere Schülerlösungen möglich
Preisgespräch	Die Kundin wollte vorerst nur den Preis für das Kleid wissen, den Preis auch noch für die Jacke zu nennen, ist übereilt. Sie nennt den Preis ohne weiteren Kundennutzen, und die Kundin reagiert darauf mit einem Preisschock. Besser wäre es gewesen, sie hätte die Sandwichmethode zur Preisnennung verwendet.	„Dieses aktuelle Sommerkleid von Texx, bei dem Sie sicher sein können, dass es in hervorragender Qualität verarbeitet ist, kostet 149,00 EUR und es könnte zu einem echten Lieblingsstück in Ihrer Garderobe werden, da es je nach Anlass – ob Büro, Stadtbummel oder Sommerparty – vielseitig kombinierbar ist, mit Strickjacke, Blazer oder Seidenbluse."
Kaufabschluss/ Verabschiedung Zeile 8 bis 11	In Zeile 8 signalisiert die Kundin, dass sie zwar Interesse an dem Kleid hat, aber noch eine Entscheidungshilfe benötigt. Sabine macht der Kundin Kaufdruck, indem sie ihr empfiehlt, sich schnell zu entscheiden, anstatt eine geeignete Abschlussmethode einzusetzen. Sabine wünscht der Kundin zwar einen schönen Tag, wirkt jedoch sehr unpersönlich. Sie hätte ihr anbieten sollen, das Kleid zurückzulegen.	„Probieren Sie das Kleid doch einfach mal an." „Ja, schauen Sie gerne mal zu Hause in Ihrem Kleiderschrank nach, Sie werden sicher einige schöne Teile zum Kombinieren finden, da weiß und das dezente Blumenmuster zu fast allen Farben passen. Und solange kann ich das Kleid ja für Sie reservieren."

Prüfungsaufgaben Winter 2013/2014 (Aufgabe 1)

1.1 Die Ansprache von hinten ist nicht geeignet, da sich die Kundin erschrecken kann. Die Begrüßung ist vorhanden, allerdings fehlt eine weitere Aussage oder Frage der Verkäuferin, um ein Verkaufsgespräch beginnen zu können.
Die Frau begutachtet eine Pfanne. Hier wäre eine warenbezogene Kontaktaufnahme sinnvoll.

1.2 Eine geschlossene Frage ist für die Bedarfsermittlung ungeeignet. Besser wäre eine offene Frage oder ein Vertrauensauslöser wie in Zeile 05.

1.3 Schülerabhängige Antwort, z. B.
- „Welche Lebensmittel wollen Sie in Ihrer Pfanne zubereiten?"
- „Worauf legen Sie bei einer Pfanne wert?"

1.4 Es werden nur Warenmerkmale aufgezählt. Die Verbindung mit konkretem Kundennutzen fehlt. Die Argumentation berücksichtigt nicht die Bedürfnisse des Kunden (Pfanne zum Anbraten für Fleisch).

1.5 Schülerabhängige Antwort, z. B.

- „Die Pfanne besitzt eine PTFE-freie Antihaftversiegelung. Das ermöglicht eine Temperatur von über 350 Grad Celsius. Gerade Fleisch können Sie damit prima anbraten."
- „Die Pfanne besteht aus Edelstahl und ermöglicht somit eine bessere Wärmespeicherung. Damit können Sie das Fleisch besser schmoren."
- „Aufgrund der speziellen Antihaftversiegelung bleiben keine Essensreste in der Pfanne kleben. Sie müssen die Pfanne also nicht mehr per Hand reinigen."
- „Die Außenoberfläche ist aus Keramik. Dadurch ist die Pfanne kratzbeständig, rostfrei und behält ihren Glanz. Sie haben also sehr lange eine schöne Pfanne."

1.6 Die Preisnennung erfolgt ohne Verbindung mit Vorteilen und Nutzen.
Dadurch wirkt der Preis zu hoch. Die Anwendung einer Preisnennungsmethode (bspw. Sandwichmethode) wäre hier sinnvoll.

1.7 Schülerabhängige Antwort, z. B. „Die antihaftbeschichtete Pfanne kostet nur 99,00 EUR. Sie ist kratzbeständig und rostfrei."

1.8 Schülerabhängige Antwort, z. B. „Das mag auf den ersten Blick so aussehen. Dafür erhalten Sie eine Pfanne mit einer hochwertigen Keramikbeschichtung, die Ihre Pfanne unverwüstlich macht."

1.9 Z. B.

- „Sie haben eine gute Wahl getroffen."
- „An Ihrer hochwertigen Pfanne werden Sie lange Freude haben."

Prüfungsaufgaben Winter 2013/2014 (Aufgabe 2)

2.1.1 Sortiment: breit und eher tief
Preisniveau: mittleres

2.1.2 Schmuck/Uhren:
hochwertige Ware, die meist erklärungsbedürftig/beratungsintensiv ist; in der Regel kein direkter Zugang zur Ware
Lebensmittel:
Ware, die nicht erklärungsbedürftig/wenig beratungsintensiv ist, bzw.
Ware wird in der Regel verkaufsfertig angeboten; direkter Zugang zur Ware

2.1.3 Mengenangabe falsch: Verkaufseinheit wurde nicht angegeben (z. B. 1,5 kg) Preisangabe falsch: Endpreis fehlt, Preis muss inklusive Mehrwertsteuer ausgewiesen werden.
Grundpreis fehlt: Neben dem Endpreis muss der Preis je Mengeneinheit angegeben werden, die Mengeneinheit ist hier üblicherweise in Kilogramm anzugeben.

2.2.1 Z. B.
„La Dolce Vita bei Tesch"
„Jetzt schon Urlaub in Italien – bei Tesch"

2.2.2 Z. B.
Italienischer Kaffee, Balsamiko, Olivenöl, Pasta, Wein, Grappa, italienisches Kochbuch

2.2.3 Z. B.
Kochvorführung, bei der mit den Produkten unserer Aktionswoche live gekocht wird. Verkostung von Wein, Käse oder Oliven: Aufbau z. B. eines kleinen Marktstandes in italienischen Farben, an dem diese Verkostung stattfindet. Preisausschreiben, bei dem die Kunden italienische Produkte gewinnen können

2.3.1 Visual Merchandising ist ein Konzept für die Verkaufsraumgestaltung, bei dem möglichst viele Kundensinne angesprochen werden sollen.

2.3.2 Schülerabhängige Antwort, z. B.
Beleuchtung: grüne und rote Spots über dem Obst und Gemüse, Waren zur Verköstigung anbieten, Musik im Hintergrund

Prüfungsaufgaben Sommer 2014 (Aufgabe 1)

Schülerabhängige Antworten, z. B.

	Beurteilung	Ggf. Verbesserungsvorschlag
1.1	Aussage Nr. 1 (Kontaktaufnahme) Die Kontaktaufnahme ist sehr gelungen. Der Verkäufer begrüßt die Kundin angemessen und steigt gleich warenbezogen in das Gespräch ein, da sich die Kundin bereits mit einem bestimmten Gerät beschäftigt. Empfehlenswert wäre allerdings noch eine offene Frage, um die Kundin noch stärker zu aktivieren.	„Welche Informationen kann ich Ihnen noch zu diesem Handy geben?"
1.2	Aussage Nr. 3 (Verkaufsargumentation) Hier ist die Verkaufsargumentation sehr schlecht, da der Verkäufer ausschließlich Fachbegriffe und Produktmerkmale verwendet. Weder Vorteile noch Kundennutzen werden der Kundin erklärt. Wenn die Kundin mit den Begrifflichkeiten nichts anfangen kann, ist eine Überzeugung im Verkaufsgespräch nicht möglich.	„Es ist LTE-fähig, das bedeutet, dass es dem neuen europäischen Standard für Datenübertragung entspricht und mit hoher Geschwindigkeit Daten übertragen werden können. Das heißt, auch wenn Sie von unterwegs sehr große E-Mails versenden wollen, geht das in Sekundenschnelle."
1.3	Aussage Nr. 8 (Einwandbehandlung) Die Einwandbehandlung ist nicht gelungen. Der Verkäufer geht nicht auf den Einwand ein und versucht nicht, ihn zu entkräften. Stattdessen schmettert er den Einwand ab, indem er die Begleitperson mit seiner Aussage herabsetzt.	„Ja, von dem Test habe ich gehört. Dieser ist tatsächlich wenig schmeichelhaft. Er ist allerdings schon etwas älter. Mittlerweile hat der Anbieter nachgebessert und die Schwachstellen beseitigt."

	Beurteilung	Ggf. Verbesserungsvorschlag
1.4	Aussage Nr. 10 (Bedarfsermittlung) Die Bedarfsermittlung ist nicht sehr gelungen, da der Verkäufer lediglich eine geschlossene Frage zu verschiedenen Produktmerkmalen stellt. Hier wäre entweder eine offene Frage oder eventuell eine indirekte Bedarfsermittlung sinnvoller gewesen.	„Worauf legen Sie besonderen Wert bei einem neuen Handy?"
1.5	Aussage Nr. 12 (Verkaufsargumentation) Die Verkaufsargumentation war sehr gut. Der Verkäufer hat sich an das Merkmal-Vorteil-Nutzen-Schema gehalten.	—
1.6	Aussage Nr. 14 (Preisnennung) Schlecht, da der Preis nicht in Vorteile des Produkts eingebettet wird. Der Preis wird „nackt" genannt, so bekommt die Kundin eventuell einen Preisschock. Besser wäre die Verwendung der Sandwich-Methode.	„Dieses sehr leichte Handy kostet 329,00 EUR und ist in drei verschiedenen Farben erhältlich."

Prüfungsaufgaben Winter 2014/2015 (Aufgabe 1)

Phase des Verkaufsgesprächs	Beurteilung	Verbesserungsvorschlag, ggf. in wörtlicher Rede
Kontaktaufnahme	„Hi" ist als Begrüßung bei einer Dame ungeeignet. Die Kundin betrachtet bereits die Mountainbikes, deshalb ist eine warenbezogene Kontaktaufnahme besser als eine offene Frage.	„Guten Tag, ich sehe, Sie interessieren sich für Mountainbikes. Dieses Bike mit der neuen Laufradgröße 29 Zoll …"
Bedarfsermittlung	Die Mitarbeiterin setzt zwar Vertrauensauslöser, durch ihre Empfehlung überfordert sie aber die Kundin, die darauf sehr unsicher reagiert.	„Worauf legen Sie besonderen Wert?" „In welchem Gelände wollen Sie vorwiegend fahren?"
Warenvorlage	Die Verkäuferin präsentiert lediglich ein Bike. Die Kundin hat keine Wahlmöglichkeit und wird auch nicht zum Probefahren aktiviert.	Die Verkäuferin sollte zwei bis drei verschiedene Bikes zeigen und die Kundin jeweils zu einer Proberunde animieren.

Phase des Verkaufsgesprächs	Beurteilung	Verbesserungsvorschlag, ggf. in wörtlicher Rede
Verkaufsargumentation (Zeile 9)	Die Verkäuferin zählt nur Merkmale auf, ohne die Vorteile und deren Nutzen für die Kundin zu nennen.	„Mit den 29-Zoll-Rädern ist das Bike sehr spurstabil. Damit sind Sie auch als Anfängerin auf steinigem Gelände sicher unterwegs."
Preisnennung	Der Preis wird nicht in Vorteile, Nutzen verpackt (Sandwichmethode). Die Kundin könnte vom Preis abgeschreckt werden.	„Dieses hochwertige Alu-Mountainbike mit den 29-Zoll-Rädern erhalten Sie schon für 999,00 EUR."
Einwandbehandlung (Zeile 13)	Die Verkäuferin geht nicht auf den Einwand der Kundin ein.	„Bitte sagen Sie mir, was Ihnen an dem Bike nicht gefällt, damit wir zusammen für Sie das richtige Rad finden."

3 Rechtsgrundlagen und Zahlungsarten

3.1 Rechtsgrundlagen beim Verkauf

3.1.1 Rechts- und Geschäftsfähigkeit

1. **Natürliche Personen:** Das sind alle Menschen.
   Juristische Personen: Personenvereinigungen/Vermögensmassen

2. Juristische Personen: a), b), d), e)

3. **Rechtsfähigkeit:** Fähigkeit, Träger von Rechten und Pflichten zu sein
   Beginn und Ende:
   - natürliche Personen: von der Geburt bis zum Tod
   - juristische Personen: von der Eintragung in ein öffentliches Register (z. B. Vereins-, Handelsregister) bis zur Austragung

4. Stufen der Geschäftsfähigkeit bei natürlichen Personen

Stufen	Umfang der Geschäftsfähigkeit
Geschäftsunfähigkeit nach § 104 BGB:	• Personen, die das 7. Lebensjahr noch nicht vollendet haben • Personen, deren Geistestätigkeit auf Dauer krankhaft gestört ist Geschäftsunfähige können keine rechtswirksamen Erklärungen abgeben. Ihre Willenserklärungen sind nichtig. Für sie handeln die gesetzlichen Vertreter (z. B. Eltern) bzw. Betreuer.
beschränkte Geschäftsfähigkeit nach § 106 BGB:	Minderjährige, die das 7. Lebensjahr vollendet haben Beschränkt Geschäftsfähige können rechtswirksame Erklärungen nur abgeben mit • Einwilligung (vorherige Zustimmung) oder • Genehmigung (nachträgliche Zustimmung) des gesetzlichen Vertreters. Schließt der Minderjährige einen Vertrag ohne die Einwilligung des gesetzlichen Vertreters, dann hängt die Wirksamkeit von der Genehmigung des Vertreters ab, das Rechtsgeschäft ist so lange schwebend unwirksam (§ 108 BGB).
unbeschränkte Geschäftsfähigkeit	Personen, die das 18. Lebensjahr vollendet haben Erklärungen von unbeschränkt Geschäftsfähigen sind rechtlich voll wirksam.

5.
   - Minderjährige benötigen *keine Zustimmung* des gesetzlichen Vertreters, wenn sie mit dem Rechtsgeschäft einen **rechtlichen Vorteil** erlangen (z. B. Schenkungsannahme).
   - Minderjährige benötigen *keine* Zustimmung des gesetzlichen Vertreters, wenn sie die geschäftliche Leistung mit ihrem **Taschengeld** bewirken.
   - Minderjährige können Rechtsgeschäfte **innerhalb eines selbstständigen Erwerbsgeschäftes bzw. Dienst- oder Arbeitsverhältnisses** abschließen, wenn der gesetzliche Vertreter hierzu die *Ermächtigung* erteilt hat.

3.1.2 Willenserklärungen und Rechtsgeschäfte

1. Rechtswirksame Äußerung einer Person

2.
   - ausdrückliche Äußerung: mündlich, schriftlich
   - Stillschweigen: bedeutet bei einer Privatperson Ablehnung
   - schlüssiges Handeln: Heranwinken eines Taxis

3.
   - Einseitige Rechtsgeschäfte entstehen durch nur eine Willenserklärung.
   - Mehrseitige Rechtsgeschäfte entstehen durch mindestens zwei Willenserklärungen, die inhaltlich übereinstimmen.

4. a) Einseitiges Rechtsgeschäft (empfangsbedürftige Willenserklärung)
   b) Einseitiges Rechtsgeschäft (einseitig verpflichtend)
   c) Zweiseitiges Rechtsgeschäft (zweiseitig verpflichtend)
   d) Zweiseitiges Rechtsgeschäft (zweiseitig verpflichtend)
   e) Zweiseitiges Rechtsgeschäft (zweiseitig verpflichtend)
   f) Zweiseitiges Rechtsgeschäft (zweiseitig verpflichtend)
   g) Zweiseitiges Rechtsgeschäft (zweiseitig verpflichtend)
   h) Einseitiges Rechtsgeschäft (einseitig verpflichtend, nicht empfangsbedürftig)
   i) Einseitiges Rechtsgeschäft (empfangsbedürftige Willenserklärung)

3.1.3 Vertragsfreiheit und Formvorschriften

1. Gesichtspunkte der Vertragsfreiheit:
   Abschlussfreiheit: Jeder kann frei entscheiden, ob, wann und mit wem er Verträge abschließen möchte.
   Gestaltungsfreiheit: Form und Inhalte der Verträge sind frei (hier gibt es Ausnahmen zum Schutz der Vertragspartner und Dritter).
   Auflösungsfreiheit: Jeder kann frei entscheiden, ob und wann er einen Vertrag wieder auflösen möchte (auch hier gibt es Einschränkungen, z. B. Kündigungsfristen).

2. Gesetzliche Formvorschriften sollen die Erklärenden vor übereilten und unüberlegten Vertragsabschlüssen schützen.

3. **Öffentliche Beglaubigung:** Erklärung muss schriftlich abgefasst und die *Unterschrift* des Erklärenden von einem Notar beglaubigt werden. Der Notar überprüft die Identität des Unterzeichners anhand des Personalausweises.
   Notarielle Beurkundung: Die Erklärungen der Vertragspartner werden *von einem Notar schriftlich abgefasst* und die *Unterschrift* der Erklärenden vom Notar beglaubigt. Der Notar überprüft die Identität des Unterzeichners sowie Echtheit und Inhalt der Urkunde.

4. **Textform:** Dem Schriftstück fehlt die eigenhändige Unterschrift. Die Person des Erklärenden ist genannt und die Unterschrift nachgebildet.
   Elektronische Form: Der Erklärende muss dem elektronischen Dokument seinen Namen hinzufügen und das Dokument mit einer qualifizierten elektronischen Signatur nach dem Signaturgesetz versehen. Bei einem Vertrag müssen beide Vertragspartner elektronisch signieren.

5. a) Öffentliche Beglaubigung
   b) Notarielle Beurkundung
   c) Schriftform
   d) Notarielle Beurkundung
   e) Schriftform
   f) Keine Formvorschrift

3.1.4 Nichtigkeit und Anfechtbarkeit

1. **Nichtigkeit:** Nichtige Rechtsgeschäfte sind von Anfang an ungültig.
Anfechtbarkeit: Rechtsgeschäft ist zunächst gültig und wird nach erfolgreicher Anfechtung nachträglich von Anfang an ungültig.

2. **Anfechtungsgründe:**

Irrtum	• Irrtum *in der Erklärung*, z. B.: Schreibfehler, Sprechfehler • Irrtum *bei der Übermittlung* der Willenserklärung, z. B. Leitungsstörung bei einem Telefongespräch, ein Bote richtet etwas falsch aus • Irrtum über wesentliche *Eigenschaften einer Person oder Sache*
arglistige Täuschung	Sie liegt vor, wenn falsche Tatsachen vorsätzlich vorgespiegelt werden, z. B. ein Unfallwagen wird als unfallfrei verkauft, der Käufer weiß nicht, dass es ein Unfallwagen ist.
widerrechtliche Drohung	wenn das Rechtsgeschäft durch mittelbare oder unmittelbare Bedrohung eines Vertragspartners zustande kommt

3. **Anfechtungsfristen:**

Irrtum	unverzüglich nach Entdeckung des Irrtums (nach 10 Jahren ist die Anfechtung ausgeschlossen)
arglistige Täuschung	innerhalb eines Jahres nach Kenntnis der Täuschung (nach 10 Jahren ist die Anfechtung ausgeschlossen)
widerrechtliche Drohung	innerhalb eines Jahres nach Ende der Drohung (nach 10 Jahren ist die Anfechtung ausgeschlossen)

4. a) Nichtiges Rechtsgeschäft, da Einwilligung der gesetzlichen Vertreter fehlt
b) Nichtiges Rechtsgeschäft, Verstoß gegen Formvorschrift (notarielle Beurkundung)
c) Anfechtbares Rechtsgeschäft, da arglistige Täuschung vorliegt
d) Nichtiges Rechtsgeschäft, da Verstoß gegen Waffengesetz
e) Nichtiges Rechtsgeschäft, wegen Geschäftsunfähigkeit der Sechsjährigen
f) Motivirrtum ist kein Anfechtungsgrund
g) Anfechtbares Rechtsgeschäft (Irrtum bei der Übermittlung der Willenserklärung)
h) Nichtiges Rechtsgeschäft (Verstoß gegen die guten Sitten, Wucher)
i) Nichtiges Rechtsgeschäft (Scherzgeschäft oder Verstoß gegen die guten Sitten)
j) Nichtiges Rechtsgeschäft (Scheingeschäft)
k) Anfechtbares Rechtsgeschäft (widerrechtliche Drohung)

3.1.5 Allgemeine Geschäftsbedingungen (AGB)

1. AGB sind für eine Vielzahl von Verträgen vorformulierte Vertragsbedingungen.

2. **Voraussetzungen für die Gültigkeit von AGB:**
   - Verwender muss ausdrücklich auf AGB hinweisen.
   - Vertragspartner muss vom Inhalt in zumutbarer Weise Kenntnis erlangen können.
   - Vertragspartner muss mit der Geltung der AGB einverstanden sein.

3. **Unwirksame AGB-Klauseln:**
   - *überraschende* (ungewöhnliche) und mehrdeutige Klauseln
   - Klauseln, die den Käufer *unangemessen benachteiligen*

- *Preiserhöhung* für Waren/Leistungen, die *innerhalb von vier Monaten* nach Vertragsschluss geliefert/erbracht werden
- *Einschränkung/Ausschluss von Verbraucherrechten* bei Schlechtleistung sowie Verkürzung von Verjährungsfristen

4. a) Ungültig: Verkürzung von Verjährungsfristen (zwei Jahre bei Schlechtleistung)
   b) Zulässige Klausel (keine einseitige Benachteiligung)
   c) Ungültig: *Preiserhöhung* für Waren, die *innerhalb von vier Monaten* nach Vertragsschluss geliefert werden
   d) Ungültig: *Einschränkung/Ausschluss von Verbraucherrechten* bei Schlechtleistung
   e) Ungültig: *überraschende* (ungewöhnliche) Klausel
   f) Zulässige Klausel (keine einseitige Benachteiligung)

3.1.6 Kaufvertrag und Eigentumsübertragung

1. **Verpflichtungsgeschäft:** entsteht durch die Willenserklärungen Antrag und Annahme, in denen Käufer und Verkäufer Verpflichtungen eingehen (erster Teil des Kaufvertrags).
   Erfüllungsgeschäft: Jetzt erfüllen Käufer und Verkäufer ihre Verpflichtungen durch Taten (zweiter Teil des Kaufvertrags).

2. - Kauf unter Anwesenden, z. B. im Supermarkt
   - Fahrt mit einem öffentlichen Verkehrsmittel
   - Bezahlung unbestellter Ware nach deren Zustellung

3. a) Anfrage ist unverbindlich (kein Antrag, kein Verpflichtungsgeschäft).
   b) Antrag des Verkäufers (Verpflichtungsgeschäft)
   c) Annahme des Käufers (Verpflichtungsgeschäft) und gleichzeitig Erfüllungsgeschäft des Verkäufers (Übergabe der Ware)
   d) Erfüllungsgeschäft des Käufers durch Zahlung des Kaufpreises
   e) Kein Antrag des Käufers, da an keine bestimmte Person gerichtet (kein Verpflichtungsgeschäft)
   f) Antrag des Käufers (Verpflichtungsgeschäft)

4. **Besitz** ist die *tatsächliche Herrschaft* über eine Sache.
   Eigentum ist die *rechtliche Herrschaft* über eine Sache.

5. Die rechtsgeschäftliche Eigentumsübertragung erfolgt bei beweglichen Sachen durch *Einigung und Übergabe* (§ 929 BGB).

6. Eigentum kann von einem Nichtberechtigten erworben werden, wenn der Erwerber diesen *gutgläubig* für den Eigentümer hält. Der gutgläubige Erwerber muss sich über die wahren Verhältnisse informieren.

7. Die rechtsgeschäftliche Eigentumsübertragung erfolgt bei unbeweglichen Sachen durch *Auflassung und Eintragung* ins Grundbuch (Auflassung = notariell beurkundete Einigung).

8. Siehe 5.
   Kein gutgläubiger Eigentumserwerb ist möglich bei gestohlenen, verloren gegangenen und sonst abhanden gekommenen Sachen, es sei denn, es ist Geld oder eine öffentlich versteigerte Sache.

9. a) Michael wird Eigentümer mit Übergabe der DVD am 18. Januar.
   b) Der Geschäftsmann wird Eigentümer, wenn er die Verkäuferin (Lisa) gutgläubig für die Eigentümerin hält.
   c) Bernd wird nicht Eigentümer, da bei gestohlenen Sachen kein *gutgläubiger Eigentumserwerb möglich ist.*
   d) Ayse wird Eigentümerin des Geldes, obwohl es gestohlen war.
   e) Kössings Eigentum an den Kabeln ist untergegangen, da die Kabel als *Bestandteil in eine andere Sache* eingegangen sind und mit dieser untrennbar vermischt sind. Entweder erwirbt der Eigentümer der Hauptsache (Bauherr) das Alleineigentum oder alle bisherigen Eigentümer werden Miteigentümer.

3.2 Erfüllung des Kaufvertrags an der Kasse

3.2.1 Kassenarten und Kassieranweisungen

1. **Mechanische Registrierkasse:** Die eingegebenen Preise werden mechanisch addiert und mittels Druckwerk aufgezeichnet. Auf dem Kassenbon werden die Preise ausgedruckt. Auswertungen erfolgen manuell.
   Elektronische Registrierkasse: Die eingegebenen Preise werden elektronisch addiert und gespeichert. Im Kassenspeicher sind Tagesdatum, Uhrzeit, Warengruppen, Zahlungsarten und Verkäufernummern gespeichert. Diese Angaben können auf dem Kassenbon ausgedruckt werden. Auswertungen erfolgen manuell.
   Elektronische Datenkasse: Mehrere Kassen sind mit einem Zentralcomputer verbunden. Die Dateneingabe erfolgt automatisch mithilfe von Scannern oder Lesepistolen, die den auf den Artikeln angebrachten maschinenlesbaren Code erfassen.

2. a) **Ablauf des PLU-Verfahrens:**
   (1) An der Datenkasse wird die verschlüsselte Artikelnummer (z. B. EAN) mittels Scanner (engl.: scanner = Abtaster) eingelesen.
   (2) Aus dem Speicher des Zentralcomputers holt sich das System den jeweiligen Preis mit zugehörigem Klartext (z. B. Artikelbezeichnung) und überträgt die Daten an die Kasse.
   (3) Ausdruck eines *sprechenden Kassenbons* durch den Kassenbondrucker
   b) Auf dem *sprechenden Kassenbon* können neben dem Preis u. a. Artikelbezeichnung, Datum, Uhrzeit, Umsatzsteuer, Verkäufer, Werbehinweise ausgedruckt werden.

3. Beschreibung des Kassiervorgangs:
   Preis bzw. Balkencode (d. h. Artikelnummer) der verkauften Artikel eingeben bzw. erfassen; bei Tippfehler eine Aufsichtsperson rufen
   Gesamtbetrag über die Kasse berechnen und dem Kunden mitteilen; ggf. eine Kundenkarte durch das Lesegerät ziehen, um Bonuspunkte/Rabatte zu berücksichtigen
   Geldbetrag des Kunden entgegennehmen und laut sagen; das Geld auf die Geldablage legen und den Wert in die Kasse eintippen
   Rückgeld aus der Kasse nehmen und dem Kunden vorzählen; Grundsatz: erst Zahlung abwickeln, dann Ware herausgeben
   Geld von der Geldablage geordnet in die Kasse legen
   Kassenbon und Artikel dem Kunden übergeben; bei falschen Beträgen und Monierung des Kunden eine Aufsichtsperson rufen

4. a) Und 2 sind 70 und 20 sind 90 und 10 sind 89,00 EUR und 1 sind 90,00 EUR
   b) Minus 8 sind 60 und 20 sind 80 und 20 sind 89,00 EUR und 1 sind 90,00 EUR
   c) Und 2 sind 70 und 20 sind 90 und 10 sind 89,00 EUR und 1 sind 90,00 EUR und 10 sind 100,00 EUR
   d) Minus 68 sind 88,00 EUR und 2 sind 90,00 EUR und 10 sind 100,00 EUR

3.2.2 Zahlungsarten beim Verkauf

1. a) Vor- und Nachteile der Barzahlung:

Vorteile	• keine technische Ausstattung notwendig • keine Überprüfung der Identität/Bonität des Kunden nötig • Geld ist für den Zahlungsempfänger sofort verfügbar.
Nachteile	• zeitraubendes Zählen • Verluste durch Verzählen und durch Annahme von Falschgeld • Große Geldbeträge in der Kasse sind gefährlich (Überfallrisiko).

   b) Vor- und Nachteile der bargeldlosen Zahlung:

Vorteile	• kein Falschgeld- und Überfallrisiko • kein Verlustrisiko durch falsches Zählen (bei Annahme/Rückgabe) • rationelle Zahlung/kein Geldzählen nötig (schnell, bequem) • leicht automatisierbar (Abwicklung online ohne Zahlungsträger)
Nachteile	• technische Ausstattung (z. B. Lesegeräte) nötig • Überprüfung der Identität/Bonität des Kunden nötig • Geld ist für den Zahlungsempfänger u. U. nicht sofort verfügbar. • ggf. Kontoführungsgebühren/Kartengebühren/Umsatzprovision • ggf. Ausfüllen von Formularen notwendig

2. **Bestandteile einer Bar-Quittung:**
   1. Geldbetrag mit Währungsangabe mit Ausweis der Umsatzsteuer (über 150,00 EUR)
   2. Name und Adresse des Zahlers
   3. Zahlungsgrund (z. B. gekaufter Artikel)
   4. Empfangsbestätigung (... dankend erhalten)
   5. Ort und Datum der Zahlung
   6. Unterschrift, Name und Adresse des Zahlungsempfängers

3. Überweisung, Lastschriftverfahren, Onlinezahlung, Scheck, Bankkarte, Kreditkarte, Kundenkarte

4. a) Ablauf der Zahlung mittels Bankkarte im Electronic-Cash-Verfahren (online):

   1. Karte wird in den Kartenleser (Händlerterminal) eingeführt.
   2. Zahler gibt seine PIN ein.
   3. System überprüft **online** die korrekte Eingabe der PIN, ob die Karte gesperrt ist, das Konto genügend Guthaben aufweist.
   4. Zahlungsbetrag wird vom Konto des Zahlers abgebucht und dem Konto des Zahlungsempfängers gutgeschrieben.
   5. System bestätigt die Zahlung (Zahlung erfolgt).
   6. Zahler erhält eine Kassenquittung.

b) Ablauf der Zahlung mittels Girocard im GeldKarte-Verfahren:

1. Karte wird in den Kartenleser eingeführt.
2. Zahlungsbetrag durch Tastendruck bestätigen.
3. Das Terminal meldet die erfolgreiche Zahlung und zeigt das Restguthaben auf dem GeldKarte-Chip an.
4. Zahler erhält eine Kassenquittung.

c) Ablauf der Zahlung mittels Kreditkarte:

1. Karte wird in den Kartenleser (Händlerterminal) eingeführt.
2. Kreditkartenorganisation macht eine Sperrdateiabfrage bzw. prüft, ob Zahlungsbetrag innerhalb des Kreditrahmens ist, und gibt die Zahlung frei.
3. Händler erstellt den Leistungsbeleg mit Durchschlag für den Kunden.
4. Kunde unterschreibt, der Originalleistungsbeleg bleibt beim Händler.
5. Händler reicht den Leistungsbeleg bei der Kreditkartenorganisation ein und erhält meist eine Woche später die Gutschrift.
6. Kreditkartenorganisation bucht den Zahlungsbetrag (i. d. R. einmal monatlich) vom Bankkonto des Kunden ab.

d) Ablauf der Zahlung mittels Kundenkreditkarte:

1. Karte wird in den Kartenleser (Händlerterminal) eingeführt.
2. Geldinstitut macht eine Sperrdateiabfrage bzw. prüft, ob Zahlungsbetrag innerhalb des Kreditrahmens ist, und gibt die Zahlung frei.
3. Händler erstellt den Leistungsbeleg mit Durchschlag für den Kunden.
4. Kunde unterschreibt, der Originalleistungsbeleg bleibt beim Händler.
5. Händler reicht den Leistungsbeleg bei seinem Geldinstitut ein und erhält meist eine Woche später die Gutschrift.
6. Geldinstitut bucht den Zahlungsbetrag (i. d. R. einmal monatlich) vom Bankkonto des Kunden ab.

5. Ablauf der Zahlung mittels Banküberweisung:

1. Zahler reicht Überweisungsvordruck bei seinem Geldinstitut (Zahlstelle) ein.
2. Zahlstelle führt Überweisungsauftrag aus, indem es den Betrag vom Konto des Zahlers abbucht (Zahler erhält einen Kontoauszug mit der Belastung).
3. Zahlstelle veranlasst die Gutschrift beim Geldinstitut des Zahlungsempfängers (Inkassostelle). Dies geschieht durch Verrechnungskonten über das Gironetz.
4. Zahlungsempfänger erhält von seinem Geldinstitut (Inkassostelle) einen Kontoauszug mit der Gutschrift.

6. Unterschied zwischen den Lastschriftverfahren:
SEPA-Lastschriften können *nur elektronisch* eingereicht werden. Es werden zwei Formen des **SEPA-Lastschriftverfahrens** unterschieden:

SEPA-Basis-Lastschrift	Sie steht sowohl Verbrauchern als auch Unternehmen offen. Der Zahlungspflichtige erteilt dem Zahlungsempfänger ein **Lastschrift-mandat** („Einzugsermächtigung") in Textform. Es kann sich auf *wiederkehrende Zahlungen* oder auf eine *einmalige Zahlung* beziehen. Das Mandat enthält die Zustimmung des Zahlungspflichtigen gegenüber dem Zahlungsempfänger zum Einzug fälliger Forderungen mittels Lastschrift und die Weisung an seinen Zahlungsdienstleister (Zahlstelle) zur Einlösung durch Belastung seines Zahlungskontos. SEPA-Basis-Lastschriften, bei denen ein gültiges Mandat vorliegt, können bis zu *acht Wochen* nach dem Belastungstag ohne Angabe von Gründen zurückgegeben werden (fehlt das unterschriebene Mandat, verlängert sich die Frist auf 13 Monate).
SEPA-Firmen-Lastschrift	Sie ist ausschließlich für den Zahlungsverkehr mit Unternehmen (Nicht-Verbrauchern) vorgesehen. Die Zahlungspflichtigen müssen vor der ersten Zahlung ein SEPA-Firmenlastschrift-Mandat erteilen und ihre Bank darüber informieren. SEPA-Lastschriften können nicht zurückgegeben werden. Solange der Bank das Mandat vorliegt und es nicht widerrufen wird, gelten alle folgenden Zahlungen als autorisiert und *können nicht widerrufen werden.*

7. **Lastschrift:** siehe 6., *Zahlungsempfänger veranlasst* die Zahlung regelmäßig wiederkehrender Geldbeträge in *unterschiedlicher Höhe.*
Dauerauftrag: *Zahler veranlasst* die Zahlung, indem er seiner Bank die Ermächtigung gibt, *regelmäßig einen gleichbleibenden Zahlungsbetrag* an einen bestimmten Zahlungsempfänger zu überweisen.

8. Quittung: Bestandteile siehe 2.

Banküberweisung:
- Zusätzliche Angaben: Bankverbindung (IBAN) des Zahlers und des Zahlungsempfängers; IBAN des Zahlungsempfängers steht oben; IBAN des Zahlers steht unten.
- Es fehlen: Betrag in Worten, Unterschrift des ZE, Empfangsbestätigung.

3.3 Prüfungsaufgaben

Prüfungsaufgaben Winter 2009/2010 (Aufgabe 1)

1.1.1 Willenserklärungen von Geschäftsunfähigen sind nichtig, d. h., der Kauf ist von Anfang an unwirksam.

1.1.2 Der Kauf ist wirksam, da er mit Mitteln erfolgte, die ihm zur freien Verfügung (Taschengeld) gestellt wurden.

1.2 **Pflichten des Verkäufers:** die Sache, d. h. die Ware (den Hosenanzug) übergeben und das Eigentum daran verschaffen. Den Kaufpreis annehmen
Pflichten des Käufers: den Kaufpreis bezahlen und die Ware (den Hosenanzug) abnehmen

1.3 Zahlungsablauf bei den verschiedenen Abbildungen:

Electronic-Cash-Verfahren (online):

(1) Die Girocard wird in das Lesegrät (Händlerterminal) eingeführt.
(2) Der Kunde gibt seine PIN ein.
(3) Das System überprüft **online** die korrekte Eingabe der PIN, ob die Karte gesperrt ist und ob das Konto genügend Guthaben aufweist.
(4) Der Zahlungsbetrag wird vom Konto des Kunden abgebucht und dem Konto des Einzelhändlers gutgeschrieben.
(5) Das System bestätigt die Zahlung (Zahlung erfolgt).
(6) Der Kunde erhält seine Girocard und den Kassenbeleg.

1.4 **Besitz** bedeutet die tatsächliche Gewalt über eine Sache, d. h., wenn Frau Wagner den Hosenanzug in Händen hat, ist sie Besitzerin.
Eigentum bedeutet die rechtliche Gewalt über eine Sache, d. h., Frau Wagner gehört der Hosenanzug, wenn Elke Müller ihr die Einkaufstüte übergeben hat und beide sich einig sind, dass das Eigentum wechselt.

Prüfungsaufgaben Sommer 2010 (Aufgabe 3)

3.1 Das Spielwarengeschäft kann den Kaufvertrag anfechten, da es sich hierbei um einen Erklärungsirrtum handelt (sie hat sich verschrieben). Das muss aber unverzüglich geschehen. Damit wird die Willenserklärung des Anfechtenden rückwirkend nichtig.

3.2 Lena ist geschäftsunfähig, da sie noch keine sieben Jahre alt ist. Damit ist der Kaufvertrag nichtig. Das Spielwarengeschäft muss die angebrochene Tüte zurücknehmen und der Mutter das Geld zurückgeben.

3.3 Das Spielwarengeschäft ist nicht Eigentümerin des Kopierers geworden, da an gestohlenen Dingen kein gutgläubiger Erwerb möglich ist. Das Geschäft muss den Kopierer an den rechtmäßigen Eigentümer zurückgeben.

3.4 Petra ist mit ihren 15 Jahren beschränkt geschäftsfähig. Rechtsgeschäfte, die sie eingeht, bedürfen i. d. R. der Einwilligung bzw. Genehmigung der Eltern. Die Eltern sind gegen den Kauf. Der Kaufvertrag ist nichtig. Das Spielwarengeschäft muss das Computerspiel zurücknehmen und das Geld zurückgeben.

3.5 Hier wäre ein Kauf auf Abruf sinnvoll. Der Käufer schließt einen Kaufvertrag über die gesamte Menge ab und kann Teilmengen nach und nach abrufen, so wie er sie braucht.

3.6.1 Dauerauftrag, da der zu zahlende Betrag jeden Monat gleich hoch ist
3.6.2 Lastschrift, da der zu zahlende Betrag jeden Monat unterschiedlich hoch ist

Prüfungsaufgaben Winter 2010/2011 (Aufgabe 1)

1.1.1 Hannes ist geschäftsunfähig, das Rechtsgeschäft somit ungültig/nichtig.

1.1.2 Die Fahrradklingel nicht an ihn verkaufen, freundlich und kindgerecht erklären und ihn bitten mit seiner Mutter oder seinem Vater wiederzukommen. Begründung: Rechtslage;
oder
dem Jungen die Klingel verkaufen und riskieren, dass die Eltern die Klingel zurückbringen. Begründung: geringer Warenwert, geringes Risiko, zufriedener Kunde

1.2 Tim ist beschränkt geschäftsfähig, d. h., das Rechtsgeschäft ist schwebend unwirksam, bis der gesetzliche Vertreter zustimmt.

1.3.1 Das Rechtsgeschäft wurde nicht mit Taschengeld getätigt. Durch die Ablehnung des Vaters wird das Rechtsgeschäft nichtig. Der Einzelhändler muss das Tachometer zurücknehmen.

1.3.2 „Es tut uns leid. Wir sind davon ausgegangen, dass Tim das Geld von seinem Taschengeld gespart hat. Selbstverständlich nehmen wir das Tachometer zurück und Sie bekommen Ihr Geld wieder."

1.4.1 Eigentümer ist Herr Straub durch Einigung und Übergabe.

1.4.2 Nein, das ist nicht möglich, da Herr Straub rechtmäßiger Eigentümer ist und kein Eigentumsvorbehalt vereinbart wurde.

1.5.1 Es besteht keine Verpflichtung, die Ware zurückzunehmen, da es sich um mangelfreie Ware handelt.

1.5.2 Umtausch des Mountainbikes in ein passendes Fahrrad, um die Kundin nicht zu verärgern (evtl. Abschlag, wenn das Fahrrad benutzt wurde).

Prüfungsaufgaben Sommer 2011 (Aufgabe 3)

3.1 Lösungsbeispiel:

Sehr geehrter Herr Müller,

immer häufiger sind Kunden unseres Geschäftes irritiert, dass keine Kartenzahlung möglich ist. Ich bin davon überzeugt, dass die Einführung der Kartenzahlung für unsere „Spielecke" viele Vorteile mit sich bringen würde. Verluste durch die Einnahme von Falschgeld oder fehlerhaftem Rausgeld könnten vermieden werden. Vielleicht könnten wir sogar die Anzahl an Spontankäufen erhöhen, da die Kunden nicht mehr nur auf das Geld angewiesen sind, was sich in ihrem Geldbeutel befindet.
Hinzu kommt, dass wir damit sicherlich unseren Kundenservice erhöhen und vielleicht sogar unser etwas antiquiertes Image aufpolieren könnten.
Ich würde mich freuen, wenn ich Sie überzeugen konnte, und bin gespannt auf Ihre Meinung.

Mit freundlichen Grüßen

XY

3.2 Beispiel einer Kassieranweisung zum Zahlungsablauf mit Girocard
1. Zahlungsbetrag in die Kasse eingeben
2. Kunden auffordern, die Girocard in das Lesegerät zu stecken
3. Warten, bis der Geldbetrag im Lesegerät erscheint
4. Kunden bitten, den Betrag durch „Ok" zu bestätigen
5. Kunden auffordern, seine PIN einzugeben und wiederum mit „Ok" zu bestätigen
6. Warten, bis Gültigkeit und Deckung der Karte überprüft wurde
7. Warten bis zur Bestätigung der Zahlung durch die Anzeige „Zahlung erfolgt"
8. Dem Kunden den Kassenbon, den Beleg als Zahlungsnachweis und die Karte zurückgeben
9. Den Kunden verabschieden

3.3 Beispiel:
„Entschuldigen Sie bitte, das ist durchaus möglich. Ich werde umgehend einen Kassensturz veranlassen. Bitte haben Sie einen kleinen Moment Geduld."
Alternativ: Kulanz

3.4.1 Z. B.
- Geschenkverpackung
- Umtauschannahme
- Kartenzahlung

3.4.2 Z. B.
- Give-aways für die Kinder
- Kaufbekräftigung
- entsprechend freundliche Verabschiedung

Prüfungsaufgaben Winter 2012/2013 (Aufgabe 3)

3.1 „Sie müssen die Schuhe nicht zum Preis von 79,00 EUR verkaufen. Das Preisschild ist kein verbindliches Angebot, sondern eine Anpreisung, die nicht an eine bestimmte Person gerichtet ist. Rein rechtlich dürfen Sie für die Schuhe 108,00 EUR verlangen."

3.2.1
- Wasserzeichen
- Farbwechsel
- Sicherheitsfaden
- Spezialfolieneffekt (mit Erklärung)

3.2.2 Schülerabhängige Lösung, z. B.
„Am besten Sie lenken die Kundin ab, z. B. täuschen Sie einen Fehler im Kassensystem vor. Ich gebe Herrn Koch Bescheid und benachrichtige die Polizei. Bleiben Sie nett und freundlich. Wahrscheinlich weiß die Kundin selbst nicht, dass der Schein falsch ist."

3.3 „Der Junge ist beschränkt geschäftsfähig. Für einen Kauf dieses Sets benötigt er eigentlich die Einwilligung eines gesetzlichen Vertreters. Solange diese nicht zugestimmt haben, ist der Vertrag schwebend unwirksam. Es sei denn, er würde den Kauf mit seinem Taschengeld bezahlen. In dem Fall entsteht ein wirksamer Kaufvertrag. Fragen Sie den Jungen doch am besten mal, woher er das Geld hat."

Prüfungsaufgaben Sommer 2013 (Aufgabe 2)

2.1

Thema: Kassieranweisung für Barzahlung
Z.B. 1. Die vom Kunden ausgesuchte Ware wird neben die Kasse gelegt. 2. Die Ware wird eingescannt und der Gesamtkaufpreis ermittelt. Der zu zahlende Kaufpreis in Euro und Cent wird laut und deutlich genannt. 3. Das vom Kunden überreichte Geld muss sofort nachgezählt werden. Der Betrag wird laut wiederholt und in der Kasse eingegeben. 4. Soweit möglich, werden Geldscheine auf Echtheit geprüft und auf den Kassentisch gelegt. 5. Das Wechselgeld wird der Kasse entnommen und dem Kunden vorgezählt. 6. Das vom Kunden gezahlte Geld wird in der Kasse deponiert und die Kasse dann geschlossen. 7. Ware und Kassenbon werden verpackt und dem Kunden ausgehändigt bzw. der Kunde nimmt sie vom Kassentisch und verpackt sie selbst.

2.2.1
- Schaufensterauslagen sind an die Allgemeinheit gerichtet, keine Ansprache eines Kunden,
- dienen der Information und
- fordern zur Abgabe eines Antrags auf.
- Schaufensterauslagen sind Anpreisungen und kein Angebot im rechtlichen Sinne,
- die Bluse muss nicht für 37,00 EUR verkauft werden (häufig aber Kulanz).

2.2.2
- Lisa ist mit 15 Jahren beschränkt geschäftsfähig.
- Abgeschlossene Kaufverträge sind schwebend unwirksam,
- werden wirksam durch Zustimmung der Eltern oder Nichthandeln der Eltern.
- Wichtig: Alkohol fällt unter das Jugendschutzgesetz.
- Ein Verkauf des Sektes darf nicht erfolgen!
- Die Bluse darf sie mitnehmen, muss aber zurückgenommen werden, falls die Eltern den Kauf ablehnen.

2.2.3
- Tim ist mit 6 Jahren geschäftsunfähig. Diese Kaufverträge sind von vornherein nichtig.
- Hier handelt es sich aber um einen Botengang für die Mutter. Der Kaufvertrag kommt zwischen Mutter und Handelshaus Decker zustande.
- Frau Klein hätte Tim den Einkauf tätigen lassen müssen.

2.3

Quittung:		Netto EUR	65,55
		+ 19 % MwSt/EUR	12,45
Nr.: 1		gesamt EUR	78,00
EUR in Worten:	achtundsiebzig		Cent wie oben
von	Frau Mayer		
für	Arbeitskleidung		
			dankend erhalten
Mannheim, 24.04.2012		Klein, Warenhaus Decker	
Ort, Datum		Unterschrift	

Prüfungsaufgaben Winter 2013/2014 (Aufgabe 3)

3.1 Schülerindividuelle Lösung, z. B.
„Es tut uns leid, wir hätten darauf achten müssen, dass Felix erst 6 Jahre alt ist. Selbstverständlich nehmen wir die Fitnessriegel zurück und erstatten Ihnen den vollen Kaufpreis."
Begründung: Felix ist geschäftsunfähig, das Rechtsgeschäft ist nichtig.

3.2.1 Es liegt ein Sachmangel vor. Der Kunde hat ein Recht auf Nacherfüllung. Das heißt, der Kunde hat die Wahl: neue Schwimmbrille (Neulieferung) oder Reparatur der Brille (Nachbesserung).

3.2.2 Schülerindividuelle Lösung
Wichtig: Berücksichtigung der Aufgabenstellung bezüglich des Verwendungszweckes (z. B. Kaufpreisminderung nicht sinnvoll), betriebswirtschaftliche Lösung ebenfalls denkbar (Kulanz)

Z. B.

Nachricht verfassen

Absender: service@sport&spass.de
Empfänger: sturm@gmx.net
Betreff: Reklamation Ihrer Schwimmbrille

Sehr geehrter Herr Sturm,

Sie brachten heute eine Schwimmbrille in unser Geschäft, die Sie bei uns gekauft haben. Bei der Brille löst sich die Beschichtung ab, weshalb Sie diese nicht mehr zum Sport nutzen können. Dies tut uns sehr leid und wir entschuldigen uns für die Unannehmlichkeiten, die Ihnen dadurch entstanden sind.

Wir bieten Ihnen an, dass wir die alte Schwimmbrille sofort ersetzen und Sie eine neue Schwimmbrille von uns erhalten.

Bitte teilen Sie uns mit, ob Sie die Schwimmbrille bei uns im Laden abholen oder wir sie Ihnen kostenlos zusenden sollen.

Wir freuen uns, Sie bald wieder in unseren Verkaufsräumen begrüßen zu dürfen.

Mit freundlichen Grüßen

XY

3.3.1 Zeit- und Kostenersparnis: Es müssen nicht immer alle Vertragsbestandteile zwischen den Partnern ausgehandelt werden.
AGBs können im Falle eines Rechtsstreits für Klartext sorgen.

3.3.2 Aufnahme ist nicht empfehlenswert, da die genannte Bestimmung unwirksam ist. Ausschluss von Ansprüchen bei mangelhafter Ware durch Verweis auf einen Dritten, z. B. Hersteller, ist nicht möglich.

3.4 Schülerindividuelle Lösung, z. B.

Checkliste: Angebot
Das Angebot enthält folgende Inhalte:
- Angaben über die Ware (Art, Qualität, Beschaffenheit, Menge)
- Preis und Preisnachlässe
- Verpackungs- und Transportkosten
- Lieferzeit
- Zahlungsbedingungen
- Erfüllungsort und Gerichtsstand

Prüfungsaufgaben Sommer 2014 (Aufgabe 2, teilweise)

2.4 Electronic Cash online bzw. ELV sind kartengestützte bargeldlose Zahlungsarten.

EC Cash online
hohe Sicherheit durch:
- Legitimierung durch Eingabe der PIN
- Onlineüberprüfung – Kartensperrung, Kontendeckung

hohe Kosten durch:
- Gebühren
- Onlineverbindung

ELV
niedrige Sicherheit:
- Legitimierung durch Unterschrift
- höheres Ausfallrisiko, da keine Prüfung bezüglich Kartensperrung und Kontendeckung

niedrige Kosten:
- keine Onlineverbindung notwendig

Prüfungsaufgaben Winter 2014/2015 (Aufgabe 2)

2.1 Der zwölfjährige Tom ist beschränkt geschäftsfähig (§ 106 BGB). Um einen rechtswirksamen Kaufvertrag abschließen zu können, bedarf es somit der Einwilligung seines gesetzlichen Vertreters (§ 107 BGB). Da Tom sich die Fahrradbrille aber von seinem Taschengeld kaufte, ist der Kaufvertrag als gültig anzusehen und die Mutter hat keinen Anspruch darauf, den Vertrag rückgängig zu machen (§ 110 BGB).

2.2 Der Kaufvertrag kann angefochten werden, da der Auszubildende sich beim Verfassen der E-Mail verschrieben hat (Anfechtung wegen Erklärungsirrtum, § 119 BGB). Die Anfechtung muss aber unverzüglich geschehen. Damit wird die Willenserklärung des Anfechtenden rückwirkend nichtig. Der Abteilungsleiter muss den Lieferanten unverzüglich über den Irrtum informieren. Damit wird der Kaufvertrag rückwirkend nichtig.

2.3 Durch die fehlerhafte Montage des Fahrrads liegt hier ein Sachmangel vor (§ 434 Abs. 2 BGB). Nach § 437 BGB hat der Käufer somit Anspruch auf Nacherfüllung. Diese kann entweder in Form einer Nachbesserung oder durch Lieferung neuer Ware geschehen (§ 439 BGB). Recht auf Rücktritt vom Kaufvertag, wie der Kunde hier wünscht, besteht erst nach zwei fehlgeschlagenen Nacherfüllungsversuchen.

2.4.1 Besitzer: Kundin Groß, da sie die tatsächliche Gewalt über die Jacke hat.
Eigentümer: Unser Sportfachgeschäft, da noch keine Einigung und Übergabe stattgefunden hat.

2.4.2 Besitzer und Eigentümer: Thomas Sauer, da Einigung und Übergabe bereits stattgefunden haben.

2.5 Kundenkarte mit Zahlungsfunktion, z. B.
- Kunde erhält vom Verkäufer kurzfristig einen kostenlosen Kredit.
- Kunde erhält häufig Sonderrabatt (Bonus), wenn er für eine bestimmte Kaufsumme einkauft.
- Kunde kann persönlich über Sonderangebote, Neuheiten und Aktionen informiert werden.

2.6 Hier wäre beispielsweise ein Kauf auf Probe sinnvoll. Der Verkäufer überlässt dem Käufer hierbei die gekaufte Ware für eine bestimmte Zeit, damit dieser die Ware genau ansehen, prüfen und erproben kann.

(Auch andere Lösungen sind möglich.)

4 Waren präsentieren

4.1 Das kundenorientierte Sortiment

1. Fünf wichtige Gesichtspunkte, die Art und Umfang eines kundenorientierten Sortiments beeinflussen, sind
   - **Betriebsform**, also Art des Geschäfts, z. B. Warenhaus, Kaufhaus, Fachgeschäft, Supermarkt usw.;
   - **Zielgruppe**, also der Personenkreis, der die angebotenen Produkte nachfragt, z. B. technisch interessierte Jugendliche, modebewusste Frauen, aktive Senioren usw.;
   - **Preisgestaltung**, also Preisfindung, z. B. werden Luxusartikel höher kalkuliert als Produkte des täglichen Lebens;
   - **Konkurrenz**, also Mitbewerber. Ziel des Geschäfts ist es, sich von den Sortimenten der Konkurrenz zu unterscheiden;
   - **Standort**, also Ort des Geschäftssitzes, z. B. bietet die Fußgängerzone einer großen Stadt die beste Lage für Fachgeschäfte, Waren- und Kaufhäuser; der Stadtrand dagegegen meist für Verbraucher-, Fachmärkte u. Ä.

2. Schülerabhängige Antwort

4.2 Warenkennzeichnung und Preisauszeichnung

1. **Warenzeichen:**
   Sie dienen der Unterscheidung eigener Produkte von denen anderer Hersteller.
   Sie kennzeichnen Markenartikel, die in Aufmachung und Qualität gleichbleibend sind.
   Gütezeichen:
   Sie garantieren dem Kunden eine bestimmte Mindestqualität und werden für gleichartige Erzeugnisse, die von unterschiedlichen Herstellern stammen, vergeben.

2. a) **Schutz- und Prüfzeichen:**
   Sie garantieren dem Kunden einen bestimmten Mindestsicherheitsstandard des Produkts.
   b) **Warnzeichen:**
   Sie warnen den Kunden vor Gefahren oder gefährlichen Stoffen und helfen dadurch, Unfälle und Gesundheitsschäden zu vermeiden.
   c) **Pflegezeichen:**
   Sie weisen den Kunden auf sachgerechte Wartung und Pflege des Produkts hin, verhindern Schäden am Produkt durch unsachgemäße Behandlung.

3. **Endpreis (Bruttopreis)** für die tatsächlich verkaufte Einheit
   Grundpreis für alle Produkte, die nach Gewicht, Volumen, Länge oder Fläche verkauft werden

4. **Auszeichnungspflicht gilt** für alle Produkte, die
   - im Geschäft zum Verkauf bereitgehalten werden,
   - in Schaufenstern, Verkaufstheken, Regalen ausgestellt sind,
   - in Katalogen, Warenlisten u. a. angeboten werden.

5. **Nicht ausgezeichnet** werden **müssen**
   - Kunstgegenstände, Antiquitäten, Sammlerstücke,
   - Blumen, Pflanzen, die vom Treibhaus/Freiland weg verkauft werden,
   - Produkte, die auf Produktpräsentationen angeboten werden, wenn Preis genannt wird.

4.3 Erlebnis- und Versorgungskäufe

1. a) Erlebnis-/Beratungskäufe sind gekennzeichnet durch:
   - Die Produkte sind erklärungsbedürftig, z. B. Handys der neuesten Generation u. Ä.
   - Kunden erwarten eine freundliche, kompetente und situationsgerechte Beratung.
   - Bevorzugte Verkaufsformen sind Bedienung und Vorwahl.
   - Häufige Betriebsformen sind z. B. Fachgeschäft, Warenhaus, Fachmarkt u. Ä.

   b) Versorgungs-/Aushändigungskäufe sind gekennzeichnet durch:
   - Produkte des täglichen Bedarfs, z. B. Lebensmittel, Schreibwaren u. Ä.
   - Die Eigenschaften dieser Produkte sind allgemein bekannt und bedürfen selten einer Beratung.
   - Kunden erwarten Selbstbedienung.
   - Häufige Betriebsformen sind Warenhaus, Super-, Verbrauchermarkt, Discounter u. Ä.

2. Schülerabhängige Antwort

4.4 Warenpräsentation

1. a) Über Sortimentsstruktur, z. B. über Sortimentsinhalte, Sortimentsbreite und -tiefe des Geschäfts informieren

   b) Über gleichartige Waren unterschiedlicher Hersteller, Qualitäten, Preise u. Ä. informieren

   c) Auf zusammengehörende/-passende Waren eines
   - Lebensbereiches, z. B. alles für die Küche,
   - Erlebnisbereiches, z. B. alles für Ihren Urlaub,

   aufmerksam machen

   d)
   - Aktionsplatzierung: Platzierung entsprechend eines bestimmten Anlasses, z. B. „Für die Festtage …“
   - Zweitplatzierung: weitere Warenplatzierung, um die Aufmerksamkeit zu erhöhen und Interesse zu wecken

2. a) Räumlich hervorgehobene Abteilungen/Sortimentsbereiche mit besonderem Erlebniswert
   b) Höhere Attraktivität des Geschäfts und des Sortiments

3. a) Sichtbarmachen des Warenangebots durch verkaufsfördernde Maßnahmen (optische Verkaufsförderung)
   b) Attraktive Warenpräsentation, welche Gefühle, Wünsche, Fantasien und Träume ansprechen und dann Verkaufsimpulse auslösen
   c) Individuell beantworten

4. **Schaufenstertypen:**
   a) Sortimentsfenster: Es stellt die Vielfalt der Sortimente des Geschäfts vor.
   b) Einblickfenster: Es ermöglicht Sicht/Einblick in die Sortimente des Geschäfts.
   c) Fantasiefenster: Es spricht emotional die Fantasie, Träume, Sehnsüchte an, z. B. „Ihr Urlaubsgepäck“.
   d) Preisaktionsfenster: Es zielt auf einen schnellen Abverkauf preisgünstiger Produkte hin.
   e) Markenfenster: Es spricht markenbewusste, qualitätsorientierte Kunden an.

4.5 Warenplatzierung

1. a) • Warenplatzierung: **wo** die Ware gezeigt wird
   • Warenpräsentation: **wie** die Ware gezeigt wird
   b) Beide wollen das Sortiment vorstellen, über die Ware informieren, Kunden rational und emotional ansprechen, Kaufentscheidungen auslösen.

2. a) Kunden haben im SB-Geschäft Rechtsdrall, sie durchlaufen Eingangszonen relativ schnell, sparen Ecken aus, nehmen kurze Wege.
   b) • verkaufsstark: rechts in Kundenlaufrichtung, Kopfseite von Gondeln, Auflaufpunkte, Kassenzone
   • verkaufsschwach: links in Kundenlaufrichtung, Eingangszone, Mittelgang

3. a) • Plankäufe: Waren, deren Einkäufe (meist längerfristig) zu Hause geplant werden, z. B. hochwertige, langlebige Gebrauchsgüter.
   • Impulskäufe: Käufe, die spontan getätigt werden. Der Anreiz (= Impuls) hierfür wird z. B. vom Preis, der Verpackung oder der Ware selbst ausgelöst.
   b) • Impulskäufe: in der Nähe des Eingangsbereichs eines Geschäfts, der Kasse, in Augenhöhe eines Regals
   • Plankäufe: entfernt vom Eingangsbereich eines Geschäfts, in Bück- oder Reckzone eines Regals

4. a)

Regalzonen	**Regalhöhe**	**Wertigkeit**
Reckzone	über 150 cm	drittbeste Platzierung
Sichtzone (= Augenhöhe)	120–140 cm	beste Platzierung
Griffzone	80–150 cm	zweitbeste Platzierung
Bückzone	unter 80 cm	viertbeste Platzierung

   b) Artikel einer Produktgruppe werden **nebeneinander** im Regal platziert.
   c) Artikel einer Produktgruppe werden **untereinander** im Regal platziert.

4.6 Prüfungsaufgaben

Prüfungsaufgaben Winter 2009/2010 (Aufgabe 2, teilweise)

2.6.1 Z. B. auf Paletten, in Vitrinen, auf Tischen

2.6.2 Beispiel:
In einer Ecke des Baumarktes in der Nähe von Farben, Tapeten und Elektrogeräten bildet Herr Lauer die Renovierung eines Zimmers nach. Man sieht z. B. eine zur Hälfte mit bunten Papierbahnen tapezierte Zimmerwand, ein fast zu Ende angestrichenes Bücherregal. Hierin werden die Produkte des Hauses als „Lösungen“ platziert, z. B.
- Pinsel, Rollen, Spachtel, Farbeimer, Tapeziertisch, Tapeziermesser,
- elektrische Schleifmaschinen, Bohrmaschine mit Farbmischquirl, Pinselreiniger, Haushaltsleiter u. a. m.

Verwendung von Schaufensterpuppen im Malerdress, die gerade bei der Arbeit sind. Für den Kunden muss die Botschaft lauten: „Mit diesen Werkzeugen kann ich das auch!“

Prüfungsaufgaben Winter 2011/2012 (Aufgabe 3)

3.2.1 Z. B. Punktstrahler auf die Regale mit den Teesorten richten, damit die Ware betont wird; warmes Licht, um eine passende Verkaufsatmosphäre zu schaffen

3.2.2 Holzboden wirkt edel, aufwendig gestaltete Holzregale oder gusseiserne Regale unterstreichen den exklusiven Charakter.

3.3 **Warenträger für Teekannen und Teezucker**

Höhe 1,70 m	Designteekannen aus Glas Begründung: **Sichtzone**, bevorzugte Regalplätze für Artikel mit höherer Gewinnspanne
Höhe 1,20 m	Einfache Teekannen aus Glas Begründung: **Greifzone** nicht so beliebt wie Sichtzone, geeignet für Artikel mit niedrigerer Gewinnspanne
Höhe 0,80 m	Kandiszucker in der Großpackung Begründung: Bückzone, Artikel mit niedriger Gewinnspanne, Schnäppchen

3.4 Z. B.
- Berücksichtigung der Fern- und Nahwirkung
- Blickfang
- Übersichtlichkeit
- Ware als Mittelpunkt
- ausreichende Information
- geschmackvolle Dekoration

Prüfungsaufgaben Sommer 2013 (Aufgabe 3)

3.1.1
- Ansprechende Schaufenster heben auch das Image eines Unternehmens. Die Gestaltung wird auf das ganze Unternehmensbild übertragen. Z. B. unsauberes Schaufenster = mangelnde Hygiene im Laden
- Schaufenster sollen Interesse wecken. Wenn ein Schaufenster interessant gestaltet ist, bleiben Kunden davor stehen. Im optimalen Fall wird ein Kaufwunsch ausgelöst.

3.1.2 Hallo Frau Klein,

ich habe mir Gedanken gemacht, wie unser Schaufenster gestaltet werden könnte. Als Motiv könnte ich mir einen Meeresstrand vorstellen. Der Boden des Schaufensters wird mit echtem Sand ausgelegt. Mit Schaufensterpuppen (Mutter, Vater, Kind) wird ein klassischer Strandurlaub nachgestellt. Die Puppen tragen Badebekleidung, Sonnenbrillen und Ähnliches. Die Mutter liegt im Liegestuhl. Das Kind spielt im Sand und der Vater genießt an der Strandbar einen Eiskaffee. Mithilfe von Spots wird die Sonne symbolisiert und über Lautsprecher wird das Meeresrauschen eingespielt. Wie finden Sie diese Idee?

Gruß

Xy

3.2.1 Kunden haben einen Linksdrall.

3.2.2 Z. B.

- Präsentation erfolgt in verkaufsstarken Zonen, weil diese Produkte umsatzstark sind.
- Verkaufsstark sind die Zonen rechts vom Kundenlauf, weil der Kunde rechts orientiert ist.
- Verkaufsstark ist die Kassenzone, weil alle Kunden an dieser vorbei müssen.

3.2.3 Z. B.

- Präsentation erfolgt in verkaufsschwachen Zonen, um diese aufzuwerten.
- Verkaufsschwach ist der Eingang, weil Kunden dort schnell durchlaufen – als Stopper einsetzen.
- Verkaufsschwach ist der Mittelgang, weil der nicht auf dem typischen Kundenlauf liegt und diesen unterbricht.

3.3 Z. B. Notizzettel:

- schlechte Entscheidung, da die Kunden durch den Eingangsbereich durchlaufen
- Ware wird nicht wahrgenommen und deshalb nicht abverkauft
- besser: im Eingang lassen, aber einen Eyecatcher anbringen, der die Kunden anzieht und damit stoppt

3.2.1/3.2.2/3.2.3
Grundriss

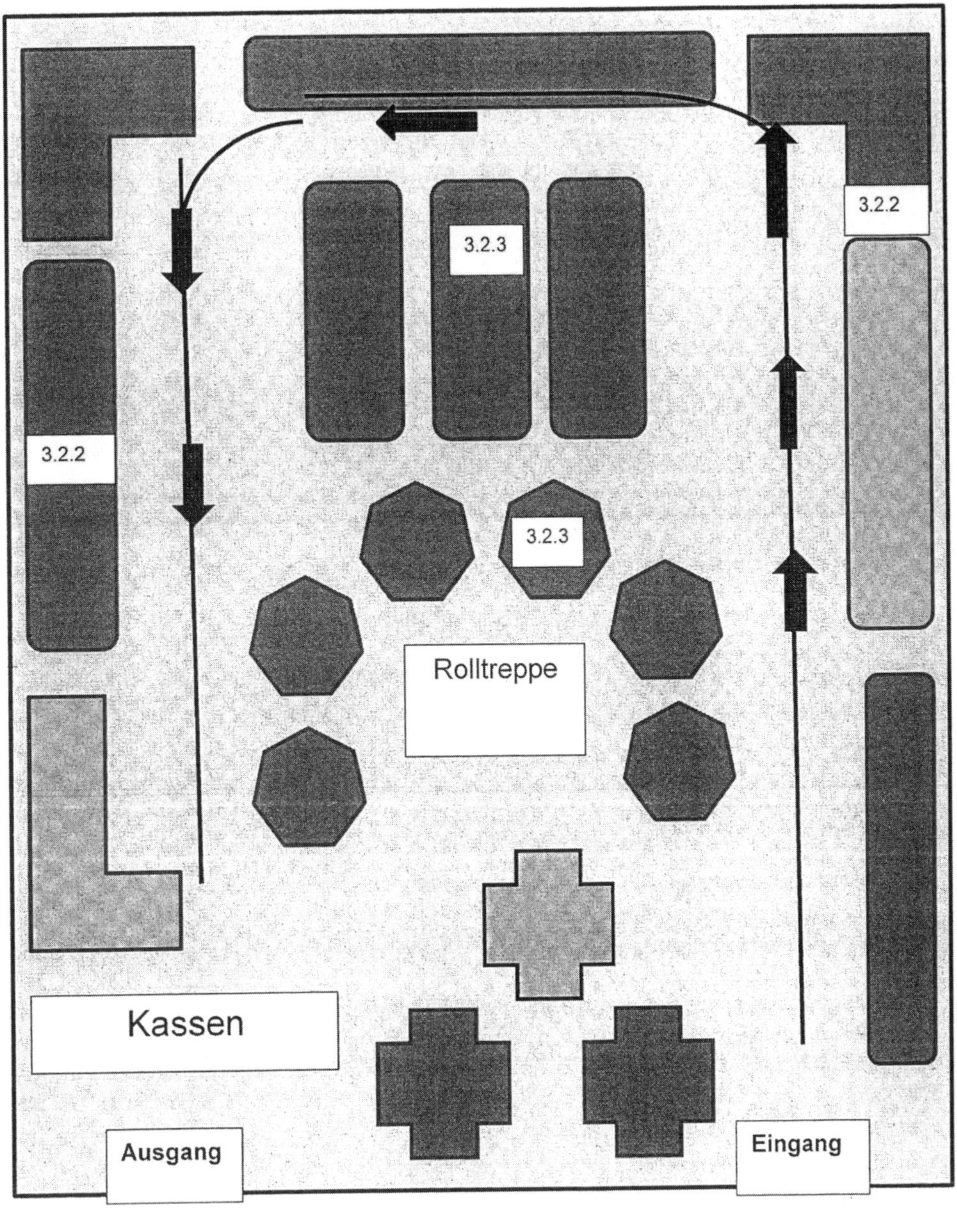

Prüfungsaufgaben Sommer 2014 (Aufgabe 3, teilweise)

3.1 Schülerabhängige Lösung

Reckzone • Platzierung von preiswerten, leichten Waren, für die sich die Kunden auch mal strecken • Helm Easy, da günstig und sehr niedrige Gewinnspanne
Blickzone • beste Regalplatzierung für Produkte mit hoher Gewinnspanne, Sichthöhe fördert Impulskäufe • Helm Top, da hochwertiger und hohe Gewinnspanne
Greifzone • zweitbeste Regalplatzierung, liegt im Blickfeld • Helm Secure, da Markenhelm mit mittlerer Gewinnspanne
Bückzone • verkaufsschwache Zone • für preisgünstige Ware bücken sich die Kunden • Helm Trendy, da Hausmarke mit niedriger Gewinnspanne

Prüfungsaufgaben Winter 2014/2015 (Aufgabe 3)

3.1 Z. B.
- Sehsinn: Plakate, Weihnachtsbaum
- Hörsinn: dezente Weihnachtsmusik über Lautsprecher
- Tastsinn: Kunden Materialien anfassen lassen
- Geschmackssinn: Verkostung z. B. von Wein, Weihnachtsschokolade
- Geruchssinn: frische Backwaren in der Lebensmittelabteilung, Tester in der Parfümerie-Abteilung

3.2 Z.B.

Betreff: Schaufenstergestaltung Weihnachten

Sehr geehrte Geschäftsleitung,

entsprechend Ihrem Auftrag habe ich mir Gedanken bezüglich der Schaufenstergestaltung zur Weihnachtszeit gemacht.

Um unsere Kunden in Weihnachts- und Kaufstimmung zu versetzen, schlage ich das Thema „Weihnachten in den Bergen" vor.

Die dominierenden Farben sollten Blau und Weiß sein, die Dekorationsmaterialien vor allem aus Holz (z. B. eine Blockhütte, Schlitten, Holzbank). Ergänzt wird das Winterbild durch Deko-Schnee und künstliche Eiszapfen. Im Vordergrund sollten unsere Waren stehen, d. h., die Schaufensterpuppen tragen die neueste Winterkollektion (Jacken, Hosen, Schals, Mützen, Handschuhe). Bei der Beleuchtung sollte der Effekt von strahlendem Wintersonnenschein erreicht werden, z. B. durch sehr helle Spots.

Ich hoffe, meine Vorschläge überzeugen Sie.

Mit freundlichen Grüßen

Xy

3.3 Z. B.
- Weihnachtsmusik-CDs
- Weihnachtsgebäck
- Weihnachtskugeln
- Lichterketten
- Kerzen
- Servietten mit Weihnachtsmotiv
- künstlicher Weihnachtsbaum

3.4 Z. B.
- Weihnachtsmann-Event: Für die Kinder kommt ein Weihnachtsmann, der auch die Wunschlisten entgegennimmt und sich mit den Kindern fotografieren lässt.
- Weihnachtsgewinnspiel: Die Kunden können an einem Preisausschreiben teilnehmen und beispielweise eine Winterreise in die Berge gewinnen.
- Malwettbewerb für Kinder: Das schönste Weihnachtsmotiv erhält einen Preis.

5 Durch Werbung den Verkauf fördern

5.1–5.4 Werbeziele, -planung, -träger, -erfolgskontrolle

1. a) **Ökonomische Werbeziele:** Umsatzsteigerung, Erhöhung des Marktanteils, Kostensenkung
   b) **Außerökonomische Werbeziele:** Aufmerksamkeit wecken, Informationen liefern, Image aufbauen

2. Situation des Unternehmens klären:
   - Werbeziele formulieren
   - Werbeobjekte festlegen
   - Zielgruppen bestimmen
   - Werbeetat planen
   - Werbebotschaft verbreiten

3. **Werbeobjekte** sind die beworbenen Gegenstände, z. B. das Unternehmen, das Sortiment, ein Produkt, die Serviceleistungen.

4. a) **Streukreis:** umworbener Personenkreis
   b) **Streugebiet:** geografischer Ort der Werbemaßnahme
   c) **Streuzeit:** Zeitpunkt und Dauer der Werbemaßnahme
   d) **Streumedien:** Medien zur Verbreitung der Werbebotschaft

5. a) **Direktwerbung:** Die umworbenen Personen werden unmittelbar angesprochen.
   b) **Massenwerbung:** Die Werbemaßnahme richtet sich an die Allgemeinheit.
   c) Zusendung von Werbebriefen, Warenproben, Werbegeschenken, Katalogen

6. **Vorteile der Sammelwerbung:** kostengünstiger als die Einzelwerbung, wertet benachteiligte Standorte auf, unterstützt die Einzelwerbung.

7. Zeitungen, Zeitschriften mit Anzeigen, Bildern, Abbildungen:
   Vorteile: großes Verbreitungsgebiet, hohe Glaubwürdigkeit

   Prospekte, Kataloge, Handzettel mit speziellen Inhalten, Bildern, Abbildungen:
   Vorteile: Kunden werden mit gezielten Angeboten zum Kauf animiert.

   Werbebriefe mit persönlicher Ansprache, Bildern, Abbildungen:
   Vorteile: Kunden werden individuell angesprochen, geringe Streuverluste.

   Schaufenster:
   Vorteile: hoher Wirkungsgrad, Kaufwunsch kann sofort umgesetzt werden.

8. Großer Verbraucherkreis kann angesprochen werden, hohe Glaubwürdigkeit, tägliche Werbung möglich, im Vergleich zu anderen Werbemitteln günstig

9. **A** Aufmerksamkeit erregen
I Interesse wecken
D Kaufwünsche steigern
A Kaufabschlüsse ermöglichen

10. Die **Werbeerfolgskontrolle** zeigt, ob sich die Werbung gelohnt hat. Außerdem zeigt sie Schwachstellen der zurückliegenden Werbekampagne auf und liefert wichtige Hinweise für künftige Werbemaßnahmen.

11. **Umsatzanalyse:**
Die Umsätze vor und nach der Werbemaßnahme werden verglichen.
Kundenbeobachtung:
zeigt, ob und wie Kunden auf die Werbemaßnahme reagieren

5.5 Verkaufsförderung am Point of Sale

1. Werbung ist der absichtliche und zwangfreie Einsatz verschiedener Kommunikationsmittel, um bestimmte Personen zu einem Verhalten zu veranlassen, das der Erfüllung der Werbeziele dient, z. B. zum Kauf eines Produkts. Unter **Verkaufsförderung** am Point of Sale versteht man kurzfristige Maßnahmen am Ort des Verkaufs (= engl. point of sale), um Absatz, Umsatz und Gewinn zu steigern.

2. a) **Preisaktionen**, z. B. Sonderpreise, Rabatte
Produktaktionen, z. B. Verkostung, Produktvorführungen
imageorientierte Aktionen, z. B. Modeschauen, Preisausschreiben
anregende Themen präsentieren, z. B. „Die neue Mode“
b) Schülerabhängige Antwort

5.6 Grenzen der Werbung

Irreführende Werbung liegt vor, wenn zu nachprüfbaren Tatsachen falsche Angaben gemacht werden, beispielsweise wird mit Auszeichnungen geworben, die ein Produkt nachweislich nicht erhalten hat.

5.7 Verpackung dient dem Umweltschutz

1. a) **Transportverpackungen** schützen Produkte auf dem Weg vom Hersteller zum Händler.
b) **Verkaufsverpackungen** dienen dem Transport der Ware vom Händler zum Kunden.

2. **Beispiel Batterien:** Der Handel nimmt gebrauchte Batterien vom Kunden zurück und stellt dafür sogenannte BATT-Boxen zur Verfügung. Diese werden dann dem herstellereigenen Rücknahmesystem zugeführt oder einem gemeinsamen Rücknahmesystem überlassen.

5.8 Prüfungsaufgaben

Prüfungsaufgaben Winter 2008/2009 (Aufgabe 2, teilweise)

2.4.1 „Der Schnee ruft, bei uns finden Sie alles, was Sie brauchen!"
Die Werbebotschaft ist nicht besonders originell. Sie lockt potenzielle Kunden nicht unbedingt ins Geschäft.

2.4.2 Es fehlen Abbildungen der beworbenen Produkte. Die werbetreibende Firma ist nur schlecht zu erkennen (kein Firmenlogo). Die Anzeige fällt optisch nicht auf: keine Farben, Hervorhebungen oder unterschiedliche Schriftarten.

2.4.3 Der Werbetext spricht die Kunden nicht an (‚Sie-Form'). Es fehlen Informationen zu den Produkten. Die Texte sind nicht sehr originell.

2.4.4 Ist vorhanden, aber nicht gut zu erkennen; kein Logo

Prüfungsaufgaben Winter 2011/2012 (Aufgabe 2)

2.1 Schülerabhängige Antworten, z. B.

1. Auswahl der Hersteller und Lieferanten, die nach Umweltstandards produzieren
   Überarbeitung des Logistikkonzepts im Hinblick auf weniger Schadstoffausstoß
2. Umgang mit Verpackungen:
   - Vermeidung überflüssiger Verpackung bei Eigenmarken
   - Verwendung recycelbarer Materialien
3. Ressourcenschonende Arbeitsweise:
   - Einführung von wiederverwertbaren Einkaufstaschen
   - Lichtbewegungsmelder in den Aufenthaltsräumen des Personals
4. Umweltschonende Rücknahmelösungen:
   - Teilnahme am System „Der Grüne Punkt"
   - Rücknahme von Altmöbeln und fachgerechte Entsorgung

2.2 Schülerabhängige Antworten, z. B.
Wir machen die Wohn Welt grün! Wohn Welt Natur pur!

2.3 Schülerabhängige Antworten, z. B.
Infostand zum Thema Energiesparen mit vorgeführten Experimenten zum Stromverbrauch von Haushaltsgeräten und dem Aufzeigen von Energiesparmöglichkeiten

Gewinnspiel zum Thema Nachhaltigkeit mit Fragen zu diesem Thema und entsprechenden Gewinnen, z. B. Tisch aus zertifiziertem Holz.

2.4 **Beispiel:**

An die umliegenden Einzelhandelsunternehmen

Wohn Welt KG
Neustadt, den ....

Sehr geehrte Kolleginnen und Kollegen,

Bio liegt im Trend! Dies beweist nicht nur die spürbare Nachfrageerhöhung nach umweltverträglichen Produkten in unseren eigenen Geschäften, sondern beeinflusst nachweislich flächendeckend immer mehr das Einkaufsverhalten der Kunden in allen Bereichen. Deswegen planen wir eine Aktionswoche zum Thema Bio & Umwelt.

Sollten Sie ebenfalls Interesse an diesem Thema haben und sich unserer Aktionswoche anschließen wollen, möchten wir Ihnen mit vorliegendem Schreiben den Zusammenschluss zu einer Sammelwerbung vorschlagen. Wir halten diese für geeignet, da wir so zeigen können, dass wir während dieser Aktionswoche unter einer „gemeinsamen Flagge segeln“. Das fördert nicht nur eine Imageaufwertung unseres Standorts, sondern spart jedem von uns die Kosten für Einzelwerbung. Außerdem zeigen wir den Kunden auf, wie umfassend sie ihr Umweltengagement gestalten können, und springen somit direkt auf den eingangs erwähnten Trend auf.

Bei Interesse bitte ich Sie, sich an mich unter folgender Telefonnummer zu wenden:

85968452.

In Erwartung Ihrer Nachricht verbleibe ich mit freundlichen Grüßen

Prüfungsaufgaben Sommer 2012 (Aufgabe 3)

3.1.1 **Optische Gestaltung:**
Auf dem Bild ist alles gut zu erkennen; es stellt einen Blickfang dar. Dadurch hebt sich die Anzeige besser von anderen Zeitungsanzeigen ab. Der Firmenname sollte größer geschrieben werden.
Sprachliche Gestaltung:
Die Sätze sind kurz und leicht verständlich. Der Fragesatz macht neugierig und verleitet zum Weiterlesen. Die persönliche Ansprache soll den Zeitungsleser zum Handeln animieren. Allerdings wirkt der Satz „Das geht gar nicht!“ unhöflich und unpassend.

3.1.2 Die Anzeige kann so nicht veröffentlicht werden, da hier zwei Verstöße gegen das UWG vorliegen. Der Vergleich mit dem Discountmoden-Geschäft ist unzulässig, weil es sich bei den beiden Geschäften nicht um den gleichen Bedarf handelt, vgl. § 6 Abs. 2 Nr. 1 UWG. In beiden Fällen handelt es sich zwar um Modegeschäfte, aber „Bella Moda“ verkauft hochwertige Designermode, während sich der Modediscounter auf preisgünstige Kleidung spezialisiert hat. Die Aussage „Das geht gar nicht!“ zeigt zudem eine Herabsetzung und Verunglimpfung des Mitbewerbers, § 6 Abs. 2 Nr. 5 UWG.

3.1.3
- Firmenname größer schreiben und in einer anderen Schriftart
- einen weiteren Blickfang einbauen, z. B. einen einprägsamen Werbeslogan, länderspezifische Bilder/Symbole, z. B. die italienische Flagge zur Unterstreichung des Sortimentsschwerpunktes

Weitere schülerindividuelle Aussagen sind möglich.

3.2 Zusätzlicher Umsatz gegenüber einem „normalen“ Samstag:
4.500,00 EUR – 2.600,00 EUR = 1.900,00 EUR
Zusätzlicher Wareneinsatz: 950,00 EUR
Werbekosten: 500,00 EUR + 100,00 EUR = 600,00 EUR
Die Werbeanzeige hat sich für „Bella Moda“ gelohnt, da der Überschuss 350,00 EUR beträgt.

3.3 Einladung zur Modenschau schreiben, Models suchen, Getränke, z. B. Prosecco, Mineralwasser und Säfte bestellen, gleichzeitig für genügend Kühlmöglichkeiten sorgen, kleine Speisen bestellen, z. B. Pizzaschnitten, Bruschetta, Sitzgelegenheiten, Laufsteg und passende Beleuchtung organisieren etc.

3.4 Z. B.
Betreff: Verkaufsfördernde Maßnahmen

Hallo Frau Schneider,

wie von Ihnen gewünscht habe ich mir weitere Maßnahmen zur Verkaufsförderung überlegt:

Wir könnten zum Beispiel eine Rabattaktion mit dem Motto „Kaufe drei – zahle zwei“ durchführen. Dadurch erhöhen wir sicher unseren Durchschnittsumsatz pro Kunden.

Eine weitere Möglichkeit wäre, unseren Kunden bis zu fünf Teile zur Auswahl mitzugeben. Abgebucht wird der Kauf dann erst, wenn die Kundin die Ware innerhalb von einer Woche nicht zurückbringt. Ich denke, mit diesen Maßnahmen können wir unsere Zielgruppe bestimmt stärker auf unser Geschäft aufmerksam machen.

Viele Grüße

Xy

(Weitere passende Maßnahmen, z. B. Färb- und Stilberatung, persönliche Verkaufsberatung zu Hause)

Prüfungsaufgaben Winter 2012/2013 (Aufgabe 2)

2.1 Schülerindividuelle Lösungen, z. B.
- Puppen mit der aktuellsten Mode im Eingangsbereich sind gut; dies ist ein Blickfang für den Kunden.
- Gut ist auch das Arena-Prinzip: vorne niedriger als hinten, sodass der Kunde die ganze Abteilung überblicken kann.
- Aktionsware weiter hinten in der Abteilung ist gut. Dadurch werden Kunden in den hinteren, eventuell verkaufsschwächeren Bereich der Abteilung gezogen.
- Tennistaschen in einem Regal an der Wand zu präsentieren ist sinnvoll. Diese sind zu sperrig, um in der Mitte des Verkaufsraums platziert zu werden.
- Im Bereich der Tennisschläger ist darauf zu achten, dass genug freier Platz vorhanden ist. Die Kunden müssen den Schläger auch mal schwingen können, wenn sie ihn in die Hand nehmen. Auch das wurde hier berücksichtigt.
- Die Platzierung der Tennisschläger an der Wand ist gut gewählt. Mit der geeigneten Farbgestaltung im Hintergrund kann das sehr interessant wirken.
- Die Tennisschläger auf zwei unterschiedliche Wände zu verteilen ist für das Verkaufsgespräch nicht unbedingt ideal. Der Verkäufer muss längere Wege gehen.
- Spiegel fehlen. Gerade bei Bekleidung und Schuhen sind Spiegel für den Kunden aber sehr wichtig.

2.2

Regal Tennisschläger	Begründung
Tennisschläger Wimbledon der eigenen Handelsmarke	**Reckzone:** weniger verkaufsstark, niedrige Gewinnspanne
Tennisschläger Matchwinner eines Premiummarkenherstellers	**Sichtzone** und damit verkaufsstarke Zone, hohe Gewinnspanne
Tennisschläger Speedo eines bekannten Markenherstellers	**Greifzone** und damit verkaufsstarke Zone, mittlere Gewinnspanne
Tennisschläger Turbo eines No-Name-Herstellers im Sonderangebot	**Bückzone:** weniger verkaufsstark, niedrige Gewinnspanne, Sonderangebot

2.3.1 Schülerindividuelle Lösungen, z. B.

- Kunden wissen nicht, wann die Neueröffnung ist und wo sich das Geschäft befindet.
- Es wird nicht deutlich genug herausgestellt, dass es sich um eine Neueröffnung handelt, die Schrift hierzu ist zu klein.
- Kunden könnten denken, es handele sich um die Eröffnung eines Fitnesstudios.

2.3.2 Schülerindividuelle Lösungen, z. B.

- Werbebrief für Stammkunden
- Modeschau mit der aktuellen Trends
- Gewinnspiele
- Geschicklichkeitsspiele für Kinder
- Rabattaktionen

Prüfungsaufgaben Sommer 2014 (Aufgabe 3, teilweise)

3.2 Schülerabhängige Lösungen

Zielgruppe:	ältere Personen, Hobbyradfahrer, Radreisende
Werbemittel:	Anzeige mit Bildern, Texten etc.
Werbeträger:	Tageszeitung, Prospekt
Streuzeit:	Anzeigen 2–3 Wochen vor dem 1. Juni, Prospekt in der Woche vor der Einführung bzw. am verkaufsoffenen Wochenende

6 Besondere Verkaufssituationen bewältigen

6.1 Kundeneinwände

1. Schülerabhängige Antwort

2. a)
   - Echte Einwände: Der Kunde hat wirklich Interesse an der Ware; diese Einwände lassen sich beantworten/entkräften.
   - Scheineinwände: Der Kunde bringt ständig neue Einwände, weil er kein Interesse an der Ware hat.

   b) Dem Kunden einen „schadlosen Abgang" ermöglichen

3. Beispiele:
   - „Bei dieser Bluse gefällt mir die Farbe nicht!"
   - „Das ist verdammt teuer!"
   - „Die Auswahl in Ihrem Geschäft finde ich schlecht!"
   - „Haben Sie als Verkäufer überhaupt eine Ahnung von …"

4. a) Fragemethode b) Bumerangmethode
   c) Vergleichsmethode d) Ja-aber-Methode

5.
   - Fragemethode: Wir erfragen die Gründe für den Einwand des Kunden.
   - Bumerangmethode: Aus dem (vermeintlichen) Nachteil machen wir einen Vorteil.
   - Vergleichsmethode: Wir vergleichen zwei ähnliche Waren und zeigen, dass die eine mehr Vorteile besitzt.
   - Ja-aber-Methode: Wir geben dem Kunden recht; auf die Zustimmung folgt ein Gegenargument.

6.2 Kaufabschluss

1.
   - sprachliche Signale, z. B. „gefällt mir sehr gut", „genau das Richtige"
   - körpersprachliche Signale, z. B. Kunde nickt zustimmend, zieht Kreditkarte

2.
   - Kontrollfragen stellen: Diese beantwortet der Kunde alle mit Ja; diese Ware ist dann die richtige.
   - Alternativfragen stellen: Sie führen direkt zur Entscheidung für die Ware.
   - Zusammenfassen der wichtigen Vorzüge: Sie zeigen dem Kunden, dass die Ware mit den meisten Vorzügen die richtige ist.
   - Empfehlung und Begründung: Sachargumente überzeugen und führen zum Kauf.

3. a) Dem Kunden etwas aufschwatzen, ihn zum Kauf auffordern
   b) Mündige Käufer wollen nicht bevormundet werden.

4. Der erste Eindruck ist zwar entscheidend, aber der letzte bleibend! Eine gute Erfahrung des Kunden mit dem Verkäufer möchte dieser beibehalten und umgekehrt.

6.3 Serviceleistungen an der Kasse

1. a) Vorauslaufen, hinterherlaufen, weglaufen, Ware wegnehmen
   b) Zusatzinformationen zum Produkt geben, eigene positive Erfahrungen mit dem Produkt weitergeben, für den Einkauf danken …

2. Begrüßung und Verabschiedung an der Kasse freundlich, z. B. mit ortsüblichem Gruß, verbunden mit freundlichen Blickkontakt; wenn persönlich bekannt mit Namen, dann noch „einen schönen Tag" wünschen

3. a) Schülerabhängige Antwort
   b) Schülerabhängige Antwort

6.4 Kundenverhalten und Konsumverhalten

1. a)
   - Unentschlossen: Kunde soll Bedenken nennen, auf Umtausch/Auswahl hinweisen, Ware empfehlen und Empfehlung begründen.
   - misstrauisch: Verständnis zeigen, Zeit lassen, Kunden aktiv mit einbeziehen (Ware vorführen, ausprobieren …)
   - sparsam: Preis mit vorteilhaften Eigenschaften begründen, nach preiswerten Alternativen suchen, preisreduzierte Waren anbieten

   b)
   - Kunde ist sachverständig: Kundeninteresse auf das Sortiment/Neuigkeiten lenken, Kunden viel zustimmen
   - Kunde ist rechthaberisch: Kunden viel zustimmen, wenig/nicht widersprechen

2. Senioren sind über 60 Jahre alt mit unterschiedlichen Verhaltensweisen, aktiv/dynamisch bis relativ passiv/antriebslos und erfordern unterschiedliche, individuelle Verhaltensweisen.

3. a) Behandlung von Kindern, z. B. korrekt und freundlich sein, kindgemäßen Kontakt aufnehmen, Ware sorgfältig verpacken, Kind loben, an kleine Geschenke denken …
   b) Behandlung von Ausländern, z. B. langsam und deutlich sprechen, möglichst häufig „die Ware sprechen lassen“, auf preisgünstige Waren (Motiv Sparsamkeit) hinweisen

4. a) Typische Verhaltensweisen einer bestimmten Gruppe beim Einkauf
   b) Siehe Stofftelegramm
   c) Richtiges Beobachten und Einstellen bringt dieser Gruppe Erfüllung ihrer Wünsche und uns geschäftlichen Erfolg.

6.5 Konflikte im Verkaufsgespräch

1. Konfliktursachen, mögliche Einteilung:
   - Konfliktursachen auf der sachlichen Ebene: Der Kunde findet/erhält nicht das gewünschte Produkt, ein schadhaftes Produkt usw.
   - Konfliktursache auf der emotionalen Ebene: Der Kunde „verletzt“ z. B. den Verkäufer in seiner Persönlichkeit, z. B. „Sie haben keine Ahnung“ und ähnliche Gesprächsstörer.
   - Konfliktverursacher kann der Verkäufer sein, z. B. durch Verwendung von Gesprächsstörern.
   - Konfliktverursacher kann der Kunde sein, der z. B. die Persönlichkeit des Verkäufers verletzt, herabsetzt …

2. Schülerabhängige Antwort

3. Die emotionale Ebene wirkt meist verletzend, weil sie die Persönlichkeit angreift, herabwürdigt, demütigt und somit gegen die Würde des Menschen verstößt.

4.

• Wir vermeiden Gesprächsstörer. • Wir verwenden möglichst viele Gesprächsförderer. • Wir verwenden die positive Ich-Aussage statt der negativen Du-Aussage. • Wir respektieren Kunden in ihren Bedürfnissen.	• Wir suchen nach Lösungen, die den Interessen unserer Kunden entsprechen. • auf mehr Einigkeit als Differenzen achten • keine Machtposition beziehen • Gesprächspartner ausreden lassen; auf ruhige Sprechweise achten

6.6 Verkaufen bei Hochbetrieb

1. Beispiele für **Zeiten des Hochbetriebs:**
Produkt- und Preisaktionen, kurz vor Ladenschluss, vor Sonn- und Feiertagen

2.1 Rechtzeitig Regale auffüllen, genügend Verpackungsmaterial bereitlegen, ausreichend Wechselgeld beschaffen, Waren verkaufsfertig machen

2.2 Zusätzliches Personal beschäftigen, z. B. Aushilfen, Minijobber; Öffnung zusätzlicher Kassen, mehr Möglichkeiten der Vorwahl und Selbstbedienung schaffen

3. **Positive Verhaltensweisen:**
   - Beachtung der richtigen Reihenfolge
   - kein unnötiges Wartenlassen
   - ruhiges, umsichtiges Bedienen und Beraten
   - freundliches, korrektes Verhalten

4. **Fehler:**
   - Reihenfolge wird nicht beachtet
   - langatmige Beratung
   - unfreundliches Verhalten
   - nervöses, gereiztes Verhalten

5. **Annehmlichkeiten anbieten, z. B.**
   - Sitzgelegenheiten anbieten
   - Prospekte, Kundenzeitschriften vorlegen
   - Kunden mit der Ware beschäftigen
   - Erfrischungen reichen

6.7 Kunden in Begleitung

1. Beispiele: langlebige, hochwertige Gebrauchsgüter, Geschenke, weil sie mehreren Personen gefallen sollen

2.1 Begleitperson in das Verkaufsgespräch einbeziehen, ihr Gelegenheit geben, die Kenntnisse anzuwenden; Fachkenntnisse loben

2.2 Zwischen den Kunden vermitteln, Kompromissvorschläge unterbreiten, Denkanstöße geben, bei Streitigkeiten nicht einmischen

3. Die Begleitperson könnte das Verkaufsgespräch durch ungeduldiges Verhalten stören. Unter Umständen besteht erhöhte Diebstahlgefahr.

4. Eine einseitige Parteinahme könnte sich negativ auf das Kaufverhalten auswirken. Hier gilt es, Kunden und Begleiter zufriedenzustellen.

5. Annehmlichkeiten anbieten, z. B.
   - Sitzgelegenheit, Erfrischungen
   - Kundenzeitschriften, Kataloge
   - Kinder sinnvoll beschäftigen oder auf Spielecke hinweisen

6.8 Verkaufen kurz vor Ladenschluss

1. Bestellung per Telefon, E-Mail, Zustellung der gekauften Produkte

2.1 Kunden beachten und sorgfältig bedienen und beraten

2.2 Kunden auf bevorstehenden Ladenschluss und/oder auf günstigere Einkaufszeiten hinweisen

3. Kunden, die unfreundlich empfangen oder abgefertigt werden, sind verärgert und verlieren die Kauflust, obwohl sie möglicherweise noch einen Kaufabschluss getätigt hätten.

4. Kunden stört dieses unhöfliche Verhalten, sie ärgern sich und meiden künftig das Geschäft. Außerdem verspielen wir so eine mögliche Verkaufschance.

5.1 Unattraktivere Arbeitszeiten
5.2 Evtl. mehr Umsatz, erhöhte Kosten
5.3 Belebung der Innenstädte

6.9 Geschenk- und Besorgungskauf

1. Beispiel: Kamera + Bereitschaftstasche + Stativ

2.1 Geschenkvorschläge unterbreiten; Reaktionen geben meist Hinweise auf weiteres Verhalten; Informationen erfragen über Anlass für das Geschenk, Person des Geschenkempfängers, Hobbys, Interessen
2.2 Preisgrenze beachten
2.3 Passende Geschenkvorschläge unterbreiten, Empfehlungen aussprechen, Informationen erfragen über Alter, Interessen, Hobbys

3. Kunden, die ein Geschenk kaufen, wollen anderen eine Freude bereiten. Sie sind Empfehlungen gegenüber aufgeschlossen und geben, wenn ihnen das Geschenk gefällt, gerne etwas mehr aus, als sie sich vorgenommen hatten.

4. Umtauschrecht zusichern, Geschenkgutschein anbieten
5. Preis entfernen, Geschenk dem Anlass entsprechend verpacken

6.10 Reklamation

1.
- Reklamation: Ware hat einen Fehler.
- Umtausch: Ware gefällt nicht, passt nicht, ist schon vorhanden u. Ä.

2.
- Erwartungen des Kunden: Er verlangt faire Behandlung, seine ihm zustehenden Rechte und eine situationsgerechte, individuelle Hilfe.
- Erwartungen des Geschäfts: Kunden zufriedenstellen, Hilfe anbieten, damit er weitere Einkäufe bei uns tätigt.

3.
a) Beispiel: „Tut mir leid, dass Sie Ärger hatten, wir möchten die Angelegenheit in Ordnung bringen!"
b) Um den Kunden und uns zusätzlichen Ärger zu ersparen

4. Stimmt nur bei berechtigten Reklamationen

5.
a) Umtausch bzw. Rücktritt
b) Preisnachlass
c) Schadenersatz

6.11 Umtausch

1. a) Produkt gefällt nicht, passt nicht, ist schon vorhanden (hat einen Fehler = Reklamation)
   b) Schülerabhängige Antwort
   c) Geschenkartikel, Geschmacks- und umgebungsabhängige Waren
   d) Hygienische Artikel, offene Lebensmittel, Schnittwaren, preisreduzierte Waren
   → **Begründung:** Unzumutbarkeit für den Kunden, Unverkäuflichkeit der Ware

2. • Zuhören, um Umtauschgründe zu erfahren
   • Verständnis zeigen für das Anliegen des Kunden
   • Situation klären, ob Umtausch möglich ist
   • Umtausch vornehmen, ggf. Gutschrift/Erstattung des Geldbetrages

3. Kulanz = Entgegenkommen
   Ziele: Der Kunde soll weiterhin Kunde unseres Geschäfts bleiben; Kunde erwartet Entgegenkommen/Hilfen.

4. a) Schülerabhängige Antwort
   b) Schülerabhängige Antwort

6.12 Ladendiebstahl

1. a) Sie sind unruhig, laufen auf und ab, beobachten den Verkäufer, statt die Ware zu betrachten.
   b) Beispiel: „Ich sehe, Sie suchen etwas. Kann ich Ihnen weiterhelfen?"
   c) Dies verunsichert potenzielle Diebe.

2. a) Ja, Parfüm darf nicht weggesteckt werden.
   b) Beispiel: „Entschuldigen Sie, wir möchten mit Ihnen im Büro eine Unstimmigkeit klären!"
   c) Ja, laut BGH-Urteil!

6.13 Prüfungsaufgaben

Prüfungsaufgaben Sommer 2007 (Aufgabe 2, teilweise)

2.4.1 Schülerindividuelle Antwort, z. B.
„Sie haben gut gewählt, Ihre Tochter wird viel Freude haben an dem praktischen Gerät."

2.4.2 Die Veräuferin sollte das Gerät auf Funktionsfähigkeit und Vollständigkeit prüfen, die Ware in den Originalkarton verpacken, den Garantieschein ausstellen und den Kaufpreis kassieren.

2.7.1 Wenn das Gerät keine Mängel aufweist, muss es nicht zurückgenommen werden. Es sei denn, das Rückgaberecht wurde vertraglich vereinbart.

2.7.2 Das Gerät darf nicht benutzt oder beschädigt worden sein. Alle Bestandteile müssen vollständig sein. Das Gerät sollte möglichst in der Originalverpackung zurückgegeben werden.

2.8.1 Es liegt ein Sachmangel/offener Mangel vor.

2.8.2
- Beseitigung des Mangels/Nachbesserung
- Lieferung eines mangelfreien Geräts/Ersatzlieferung
- neben der Leistung Schadenersatz, sofern der Kundin ein Schaden entstanden ist

Prüfungsaufgaben Winter 2009/2010 (Aufgabe 2, teilweise)

2.7 Lösungshinweise:
1. Freundlich und sachlich bleiben
2. Reklamationen ernst nehmen
3. Sich beim Kunden für die Unannehmlichkeiten entschuldigen
4. Reklamationen sofort bearbeiten
5. Hilfen anbieten, z. B. Umtausch, Reparaturauftrag ausschreiben, ggf. Ersatzmaschine anbieten, solange die Reparatur dauert

Prüfungsaufgaben Winter 2012/2013 (Aufgabe 3, teilweise)

3.4.1 „Die Ware ist mangelfrei. Aus diesem Grund hat der Kunde kein Recht auf die Rückgabe der Ware. Ein Umtausch aus Kulanz wäre denkbar, um dem Kunden entgegenzukkommen. Allerdings nur, wenn die Schuhe noch nicht getragen worden sind."

3.4.2 „Wenn Sie die Schuhe nicht zurücknehmen, werden Sie den Kunden verärgern. Bieten Sie ihm an, dass er sich ein anderes Paar aussuchen soll. Oder bieten Sie ihm einen Gutschein im Wert des Kaufpreises an. So könnten wir den Kunden behalten."

3.5 „Der Kunde hat zunächst nur das Recht auf Nacherfüllung, d. h., er hat die Wahl zwischen einem neuem T-Shirt desselben Modells oder kann verlangen, dass wir es nähen lassen. Erst wenn der zweite Nachbesserungsversuch scheitert, kann er vom Vertrag zurücktreten und sein Geld zurückbekommen."

Prüfungsaufgaben Sommer 2014 (Aufgabe 2, teilweise)

2.3
- den Kunden freundlich begrüßen
- Verständnis zeigen
- Ware prüfen
- bei berechtigter Reklamation: sich entschuldigen, Hilfen anbieten, z. B. Umtausch, Geld zurück
- bei nicht berechtigter Reklamation: dem Kunden erläutern, warum diese nicht berechtigt ist, ggf. aus Kulanz dem Kunden entgegenkommen

Prüfungsaufgaben Sommer 2014 (Aufgabe 3, teilweise)

3.3 Schülerabhängige Lösungen, z. B.
- ausreichend Personal bereitstellen
- weitere Kassen öffnen
- Möglichkeiten zur Vorwahl und Selbstbedienung schaffen
- rechtzeitig Regale auffüllen
- Informationsmaterial zu den einzelnen Fahrrädern vorbereiten

3.4 Der Verkäufer sollte höflich darauf hinweisen, dass das Geschäft in fünf Minuten schließt. Er sollte eine Kurzberatung anbieten und den Kunden bitten, für eine ausführliche Beratung am nächsten Tag wiederzukommen. Vielleicht wäre es sogar möglich, einen Termin zu vereinbaren. Außerdem kann er dem Kunden Informationsmaterial zu den E-Bikes mitgeben.

3.5 Z. B.

- Mitarbeiter schulen
- Anzahl der Mitarbeiter erhöhen
- übersichtliche Verkaufsräume
- diebstahlgefährdete Ware im Sichtbereich der Verkäufer platzieren
- Warenträger sollten nicht zu hoch sein
- Spiegel für schlecht einsehbare Bereiche
- mechanische Sicherungen
- elektronische Sicherungen (RFID)

7 Waren beschaffen, annehmen und lagern (Teil 1)

7.1 Einkaufskooperation

1. **Kooperation:** freiwillige Zusammenarbeit mehrerer Unternehmen, die wirtschaftlich und rechtlich selbstständig bleiben

2.

horizontale Kooperation	Zusammenarbeit mehrerer Unternehmen der **gleichen Wirtschaftsstufe,** z. B. Einzelhändler A mit Einzelhändler B, z. B. VEDES (Spielwaren), Büro Ring, EK Großeinkauf (Hausrat), Edeka (regionale Lebensmittelhändler), Intersport
vertikale Kooperation	Unternehmen **unterschiedlicher Wirtschaftsstufen** arbeiten zusammen, z. B. Einzelhändler mit Großhändler (z. B. REWE Großhandel) oder Einzelhändler mit Hersteller (z. B. H&M).

3. a), b), c), d)

Einkaufsgenossenschaft bzw. **Einkaufsverband**	Mehrere Einzelhändler derselben Branche arbeiten auf freiwilliger Basis in der Rechtsform der eingetragenen Genossenschaft (eG), der KG, GmbH oder AG zusammen, um Vorteile beim Einkauf (günstige Konditionen bei den Warenlieferanten), in der Betriebsführung (z. B. einheitliche Ladengestaltung, gemeinsame Handelsmarken, gemeinsame Verwaltung, Rechts- und Steuerberatung) und bei der Lagerung nutzen zu können.
freiwillige Kette	Einzelhändler arbeiten mit einem Großhändler derselben Branche zusammen, um Vorteile auf der Einkaufs- und Verkaufsseite zu nutzen. Die angeschlossenen Einzelhändler führen i. d. R. den Namen der Kette (z. B. SPAR, VIVO, A&O).
Rack Jobber (Regalhändler)	Hersteller oder Großhändler mieten Regale oder Verkaufsstände bei einem Einzelhändler und bewirtschaften diese selbst.
Partnerschaftssystem	Über vorteilhafte Konditionen (Rabatte, Provision) binden *Markenhersteller* Einzelhändler (z. B. Fachgeschäfte) vertraglich an sich.

7.2 Anfrage, Angebot, Bestellung

1.

unbestimmte Anfrage (allgemeine Anfrage)	Geschäftsanbahnung durch Einholung von *Informationen über das gesamte Produktprogramm* eines Lieferanten (Hersteller, Großhandel)
bestimmte Anfrage (spezielle Anfrage)	Aufforderung des Lieferanten zur Abgabe eines *Angebots für einen bestimmten Artikel*, um den günstigsten Lieferer herauszufinden

2. Das Angebot ist eine *an eine bestimmte Person gerichtete, verbindliche, empfangsbedürftige* Willenserklärung des Verkäufers, unter den genannten Bedingungen einen Kaufvertrag abzuschließen.

3. **Angebot an einen Anwesenden:** Der Anbietende ist so lange an sein Angebot gebunden, *wie das Gespräch dauert*. Das einem Anwesenden (auch am Telefon) gemachte Angebot muss *sofort* angenommen werden (§ 147 BGB).

   Angebot an einen Abwesenden: Der Anbietende ist so lange an sein Angebot gebunden, wie er *unter regelmäßigen Umständen eine Antwort erwarten darf* (§ 147 BGB). Ein befristetes Angebot gilt bis zum Ablauf der Frist.

4. **Verlangte Angebote** erfolgen aufgrund einer Anfrage.
   Unverlangte Angebote dienen zur Geschäftsanbahnung; meistens gibt es einen besonderen Anlass (z. B. Jubiläum, Festtage).

5. a) Kein Angebot, da Schaufensterangebote an die Allgemeinheit gerichtet sind
   b) Angebot, da an eine bestimmte Person gerichtet
   c) Kein Angebot, da Zeitungsanzeigen an die Allgemeinheit gerichtet sind

6. Petra hat keinen Anspruch mehr, da das mündliche Angebot des Elektroeinzelhändlers nicht mehr gültig ist. Es gilt so lange, wie das Gespräch dauert. Petra hätte den Laden nicht verlassen dürfen. Sie hätte die Ware zurücklegen lassen sollen, dann wäre ein Hinterlegungsvertrag zustande gekommen. Sie müsste in diesem Fall die Ware noch am selben Tag abholen.

7. a) **Rabatt:** Preisnachlass, der aus bestimmten Gründen (langjährige Treue, große Mengenabnahme usw.) beim Kauf eingeräumt wird. Der Verkäufer zieht den Rabatt ab.
   Skonto: Barzahlungsnachlass bei Bezahlung innerhalb einer bestimmten Frist. Der Käufer zieht das Skonto nach dem Kauf ab.
   Bonus: nachträgliche Umsatzrückvergütung am Ende des Jahres

   b) **Terminkauf:** Lieferung bis zu einem bestimmten Termin; Lieferung innerhalb eines bestimmten Zeitraums, z. B. „Lieferung am 5. Mai", „Lieferung innerhalb 10 Tagen"
   Fixkauf: Der Liefertermin ist wesentlicher Bestandteil des Kaufvertrags, z. B. „Lieferung genau am 5. Mai", „fix zum 2. Mai".

   c) **Terminkauf:** siehe b)
   Zielkauf: Zahlung *nach* der Lieferung bei guten Kunden oder als Serviceleistung

8. a)
   - Ort, an dem die geschuldete Leistung zu erbringen ist (Leistungsort)
   - Ort, an dem die Gefahr an den anderen Vertragspartner übergeht
   - Ort, an dem geklagt wird (örtlicher Gerichtsstand)

   b) **Natürlicher Erfüllungsort:** Der Leistungsort ergibt sich aus der Natur des Schuldverhältnisses (z. B. Ziegel zur Baustelle).
   Vertraglicher Erfüllungsort: Der Leistungsort ergibt sich aus dem Kaufvertrag (z. B. „Erfüllungsort für beide Teile ist Ulm").
   Gesetzlicher Erfüllungsort: Er gilt, wenn weder ein natürlicher noch ein vertraglicher Erfüllungsort vorliegt. Die Leistung ist dort zu erbringen, wo der Schuldner seinen Wohn- bzw. Geschäftssitz hat (Leistungsort nach § 269 BGB).

9. a) Erfüllungsort für die Lieferung: Ort des Warenschuldners (Verkäufer), **Lübeck**
   Erfüllungsort für die Zahlung: Ort des Geldschuldners (Käufer), **Kiel**

   b) Die Gefahr geht auf den Käufer über, sobald der Verkäufer die Ware an das Versandunternehmen übergeben hat (hier bei der Spedition in Lübeck).

c) Transportiert der Verkäufer selbst (Werkverkehr), dann übernimmt er das Transportrisiko (die Warenschuld wird in diesem Fall zur *Bringschuld*). Die Transportkosten übernimmt der Käufer (der Erfüllungsort regelt die Transportkosten nur dann, wenn vertraglich nichts vereinbart ist).
d) Der Erfüllungsort regelt den örtlichen Gerichtsstand: **Kiel** (Ort des Geldschuldners).

10. a) Bestellung ist ein Antrag (sie erfolgt zu spät) → Bestellungsannahme notwendig.
b) Bestellung ist ein Antrag (es gibt kein Angebot) → Bestellungsannahme notwendig.
c) Siehe b).
d) Bestellung ist ein Antrag (Angebot wurde abgeändert) → Bestellungsannahme notwendig.
e) Bestellung ist eine Annahme → zusätzliche Auftragsbestätigung ist sinnvoll.

7.3 Kaufvertragsarten

1. a)

• **Gattungskauf** • **Stückkauf**	Kaufgegenstand ist eine **vertretbare Sache.** Kaufgegenstand ist eine **nicht vertretbare Sache.**
• **Kauf auf Probe**	Kaufgegenstand kann innerhalb einer vereinbarten Frist zurückgegeben werden (**Rückgaberecht**).
• **Kauf nach Probe**	Käufer erhält zunächst ein Muster (Probe, also nicht die Ware selbst) zur Untersuchung. Für den Kaufgegenstand gelten die Eigenschaften des Musters als zugesichert.
• **Bestimmungskauf**	Kaufgegenstand wird erst innerhalb einer vereinbarten Frist genauer bestimmt (spezifiziert), z. B. nach Größe, Farbe.
• **Kauf zur Probe**	Käufer erwirbt zunächst eine kleinere Menge des Kaufgegenstands und stellt eine größere Nachbestellung in Aussicht.

b)

• **Sofortkauf**	Kaufgegenstand wird in der Verkaufsstelle erworben.
• **Kauf auf Abruf**	Käufer bestellt eine größere Menge und ruft diese innerhalb einer Frist je nach Bedarf ganz oder in Teilmengen ab.
• **Sukzessivkauf (Teillieferung)**	Teillieferungen erfolgen zu vorher genau bestimmten Terminen. Der Käufer muss die Ware nicht mehr abrufen.
• **Terminkauf**	Lieferung erfolgt innerhalb einer bestimmten Frist.
• **Fixkauf**	Liefertermin ist wesentlicher Bestandteil des Kaufvertrags.

c)

• **Barkauf**	Kaufgegenstand wird am Point of Sale bezahlt.
• **Zielkauf**	Käufer erwirbt Kaufgegenstand gegen Rechnung und bezahlt nach Ablauf einer vereinbarten Zahlungsfrist (Ziel).
• **Kommissionskauf**	Der Verkäufer (Kommittent) räumt dem Käufer (Kommissionär) das Recht ein, alle nicht verkauften Artikel zurückzugeben.
• **Ratenkauf**	Der Käufer kann die Kaufsache in mehreren Teilbeträgen (Raten) abzahlen. Für Ratenkäufe *mit Verbrauchern* (**Verbraucherdarlehen**) gelten besondere Vorschriften (z. B. Schriftform, Widerrufsbelehrung, Mindestangaben).

d)

• **bürgerlicher Kauf**	Käufer und Verkäufer handeln als Privatleute, d. h. als **Verbraucher** für private Zwecke (§ 13 BGB); z. B. Herr Maier verkauft sein Auto an seinen Nachbarn.
• **einseitiger Handelskauf**	Ein Vertragspartner handelt als **Unternehmer**, d. h. in Ausübung seiner gewerblichen oder selbstständigen beruflichen Tätigkeit (§ 14 BGB), der andere handelt als Verbraucher.
• **zweiseitiger Handelskauf**	Beide Vertragspartner handeln als **Unternehmer**, d. h. in Ausübung ihrer gewerblichen oder selbstständigen beruflichen Tätigkeit, z. B.: Der Einzelhändler kauft Waren bei einem Großhändler ein.

2. a) Ratenkauf, Abzahlung erfolgt über mehrere fest vereinbarte Raten
b) Kauf nach Probe, Zielkauf, zweiseitiger Handelskauf
c) Kauf auf Abruf, Bestimmungskauf, zweiseitiger Handelskauf
d) Kauf auf Probe, einseitiger Handelskauf

7.4 Prüfungsaufgaben

Prüfungsaufgaben Winter 2007/2008 (Aufgabe 1, Kaufmännische Handelstätigkeit)

1.1 Sieben Tage, da Angebot per Briefpost abgegeben wurde
1.2 Schülerabhängige Antwort, z. B.: Freizeichnungsklausel, unverbindlich, freibleibend

2.1 Zwei übereinstimmende Willenserklärungen, Angebot (Antrag) und Bestellung (Annahme)
2.2 **Käufer:** Abnahme und Bezahlung (Gegenleistung)
Verkäufer: Übergabe (Lieferung), frei von Mängeln, Eigentum verschaffen

2.3.1 Anfechtung wegen Irrtums in der Erklärung
2.3.2 Unverzüglich (ohne schuldhafte Verzögerung)

3.1 Eigentümer ist die Fa. Ströhle, da für die Eigentumsübertragung beweglicher Sachen die Einigung und Übergabe (der Sache) entscheidend sind. Die Bezahlung ist unerheblich.
3.2 Fa. Ströhle, da sie die tatsächliche Gewalt über die Sache ausübt

Prüfungsaufgaben Sommer 2008 (Aufgabe 3, Verkauf und Marketing)

3.1 Kooperation bedeutet Zusammenarbeit mehrerer Einzelhändler in Arbeits- oder Interessengemeinschaften. Die Einzelhändler bleiben rechtlich selbstständig.

3.2 Durch gemeinsame/-n Einkauf/Werbung/Lagerhaltung/Organisation usw. können der Arbeitsaufwand und die Kosten reduziert, Umsätze gesteigert und bessere Erträge erzielt werden.

3.3 Es handelt sich um einen **Kauf zur Probe.** Der Einzelhändler kauft zunächst nur eine kleinere Menge und beabsichtigt, künftig eine größere Menge abzunehmen. Es handelt sich um einen **zweiseitigen Handelskauf.** Der Einzelhändler und der Lieferant sind Gewerbetreibende.

Prüfungsaufgaben Sommer 2009 (Aufgabe 3, Verkauf und Marketing)

3.1.1 Textvorschlag für die Anfrage:

> **Anfrage zu Ihrem Programm „Traumreise“**
>
> Sehr geehrte Damen und Herren,
>
> beim Besuch Ihres Ausstellungsstandes auf der Kölner Möbelmesse fand Ihre neue Produktlinie „Traumreise“ unser besonderes Interesse. Dieses Schlafzimmerprogramm möchten wir gerne in unser Standardsortiment aufnehmen.
>
> Bitte senden Sie uns Ihren Katalog einschließlich der aktuellen Preisliste sowie Ihre Zahlungs- und Lieferungsbedingungen.
>
> Für eine rasche Antwort danken wir im Voraus.
>
> Grußformel

3.1.2 Mit einer Anfrage sollen Angebote eingeholt werden. Man möchte in Erfahrung bringen, zu welchen Bedingungen Waren von Lieferanten beschafft werden können. Rechtlich ist eine Anfrage unverbindlich. Sie stellt keinen Antrag und somit keine Willenserklärung dar.

3.1.3 Erklärung der Fachausdrücke:

- „Allgemeine Geschäftsbedingungen“: Dies sind für eine Vielzahl von Verträgen vorformulierte Vertragsbedingungen, die eine Vertragspartei (meist der Verkäufer) der anderen Vertragspartei bei Abschluss eines Vertrages stellt.
- „frei Haus“: Alle Versandkosten werden vom Verkäufer (Lieferant) übernommen.
- „Skonto“: Dies ist ein prozentualer Preisnachlass auf den Rechnungsbetrag bei Zahlung innerhalb einer bestimmten Frist oder bei Barzahlung.
- „Die Ware bleibt bis zur vollständigen Bezahlung unser Eigentum“: Eigentumsvorbehalt, d. h., beim Verkauf einer beweglichen Sache bleibt diese bis zur vollständigen Zahlung des Kaufpreises Eigentum des Verkäufers. Der Eigentumsvorbehalt ist für den Verkäufer ein Sicherungsmittel, während der Käufer die Sache bereits nutzen kann.
- „Erfüllungsort und Gerichtsstand“: Der Erfüllungsort ist der Ort, an dem der Schuldner durch rechtzeitige und mangelfreie Leistung von seiner vertraglichen Verpflichtung frei wird. Der Gerichtsstand bezeichnet das örtlich zuständige Gericht eines Rechtsstreits.

3.1.4 Die Anzahlung dient als Sicherheit, sodass der Käufer die bestellte Ware auch tatsächlich abnimmt und bezahlt.

3.2.1 Als eine vertikale Kooperation wird die Zusammenarbeit von Unternehmen auf verschiedenartigen, aufeinanderfolgenden Produktions- und/oder Handelsstufen der gleichen Branche verstanden.

3.2.2 Serviceleistungen:

- Marktforschung (Zielgruppenbestimmung, um eine kundenbezogene Sortimentsstruktur zu erreichen)
- durch gemeinsame Beschaffung an Marktmacht gewinnen und damit günstige Beschaffungspreise und Konditionen durchsetzen

- Betriebsberatung (gemeinsames Warenwirtschaftssystem zur besseren Steuerung und Kontrolle der Betriebsabläufe)
- Bildung von Eigenmarken (günstige Kalkulation, die sich positiv auf die Händlerspanne auswirkt)

3.3.1 Eine Erfa-Gruppe (Erfahrungsaustauschgruppe) ist ein loser, auf freiwilliger Basis gebildeter Zusammenschluss von strukturell vergleichbaren, rechtlich und wirtschaftlich selbstständigen, untereinander in der Regel nicht unmittelbar konkurrierenden Unternehmen.

3.3.2 Vorteile: Betriebliche Probleme und Erfahrungen des täglichen Geschäftslebens, aber auch die künftigen Marktentwicklungen können besprochen werden. Damit wird der Zweck verfolgt, von den Erfahrungen und Problemlösungen der anderen zu profitieren, die ein ähnlich strukturiertes Unternehmen führen. Da man untereinander nicht in Konkurrenz steht, kann alles sehr offen angesprochen werden.

Prüfungsaufgaben Winter 2010/2011 (Aufgabe 1, Verkauf und Marketing)

1.6.1 Kaufvertrag durch zwei übereinstimmende Willenserklärungen am 26.09. zustande gekommen

1.6.2 Bestellung von Tanja ist die 1. Willenserklärung, da das Angebot abgeändert wurde. Somit ist noch kein Kaufvertrag zustande gekommen.

Prüfungsaufgaben Winter 2011/2012 (Aufgabe 3, Verkauf und Marketing)

3.1 Schülerabhängige Lösung, z. B.

Susannes Teespezialitäten

Susannes Teespezialitäten e. K., Sandstr. 23, 79105 Freiburg

Tee Grundner GmbH
Tee-Zubehör für den Einzelhandel
Weissenbergstr. 112
70045 Stuttgart

Ihre Zeichen:
Ihre Nachricht:
Unsere Zeichen:
Unsere Nachricht:
Telefondurchwahl: -87
Datum: 15.10.2011

Anfrage

Sehr geehrte Damen und Herren,

zur Eröffnung unseres Teefachgeschäftes interessieren wir uns für Ihre Artikel.

Bitte unterbreiten Sie uns ein Angebot über 50 Teedosen aus Weißblech 2,5 kg Fassungsvermögen. Fügen Sie bitte auch Ihre Lieferungs- und Zahlungsbedingungen bei.

Wir sind an einem sehr frühen Liefertermin interessiert.

Mit freundlichen Grüßen

…

3.5 Einkaufskooperation bedeutet, dass mehrere Unternehmen ihren Einkauf gemeinsam organisieren.

Vorteile z. B.

- günstigerer Einkauf durch höhere Abnahmemengen beim Einkauf durch mehrere Unternehmen, da Mengenrabatte besser ausgenutzt werden können
- weitere Synergieeffekte können genutzt werden, z. B. gemeinsame Werbung, gemeinsamer Internetauftritt, gemeinsame Sonderaktionen

11 Geschäftsprozesse erfassen und kontrollieren

11.1 Geschäftsprozesse im Einzelhandel – Güter- und Geldströme

1. a) Der Einzelhändler handelt mit Waren. Seine Leistung besteht darin, den Kunden Waren verschiedener Hersteller anzubieten. ① Dazu muss er selbst Leistungen von Lieferanten beschaffen, z. B. Waren einkaufen, Personal beschaffen und Werbeanzeigen in Auftrag geben. Diese **Güter** (Waren, Arbeitskraft, Werbeanzeige) fließen dem Einzelhändler von seinen Lieferanten zu (**Wertezufluss**). ② Die Lieferanten (Warenlieferer, Arbeitnehmer, Werbeagentur) verlangen für ihre Güter eine Gegenleistung in **Geld**, das beim Einzelhändler abfließt (**Werteabfluss**). ③ Der Einzelhändler verkauft seine Leistung (Handelswaren verschiedener Hersteller) an seine Kunden. Seine Leistung geht in Form von **Gütern** an die Kunden (**Werteabfluss**). ④ Für die verkaufte Leistung verlangt der Einzelhändler **Geld**, das ihm von den Kunden zufließt (**Wertezufluss**). Dieses Geld verwendet der Einzelhändler wieder zur Beschaffung von Waren, Personal usw.

   Der Wertezufluss und Werteabfluss in Form von Gütern (Güterstrom) heißt **Leistungsprozess**, der Wertezufluss und Werteabfluss in Form von Geld (Geldstrom) kennzeichnet den **Finanzierungsprozess**.

   b) Damit der Einzelhändler seine Leistungsfähigkeit erhalten und steigern kann, muss er immer wieder neue Maschinen, Gebäude und Fahrzeuge beschaffen, d. h., er muss investieren. ① Dazu muss er Leistungen von Lieferanten beschaffen, z. B. Maschinen, Fahrzeuge einkaufen, Gebäude erstellen lassen. Diese **Investitionsgüter** fließen dem Einzelhändler von den Lieferanten zu (**Wertezufluss**). ② Die Lieferanten (Lieferer von Maschinen, Fahrzeugen, Bauunternehmen) verlangen für ihre Güter eine Gegenleistung in **Geld**, das beim Einzelhändler abfließt (**Werteabfluss**). ③ Das benötigte Geld erhält der Einzelhändler, indem er seine Leistung (Handelswaren verschiedener Hersteller, ggf. nicht mehr benötigte Investitionsgüter) mithilfe der Investitionsgüter (z. B. Ladeneinrichtung) erstellt und an seine Kunden verkauft. Seine Leistung geht in Form von **Gütern** an die Kunden (**Werteabfluss**). ④ Für die verkaufte Leistung verlangt der Einzelhändler **Geld,** das ihm von seinen Kunden zufließt (**Wertezufluss**). Dieses Geld verwendet der Einzelhändler wieder zur Beschaffung von weiteren Investitionsgütern oder von Waren, Personal usw.
   Der Wertezufluss und -abfluss in Form von Gütern (Güterstrom) heißt **Leistungsprozess**, der Wertezufluss bzw. -abfluss in Form von Geld (Geldstrom) kennzeichnet den **Finanzierungsprozess.** Wird der Leistungs- bzw. Finanzierungsprozess durch Investitionsgüter angestoßen, dann handelt es sich um einen **Investitionsprozess**.

2. Schülerabhängige Antwort

11.2 Kaufmännische Rechentechniken

11.2.1 Dreisatzrechnen

> Die Zahl über dem x steht auf dem Bruchstrich.
> Bei ungeraden Verhältnissen steht die obere Zahl auf dem Bruchstrich. ↑
> Bei geraden Verhältnissen steht die obere Zahl unter dem Bruchstrich. ↓

1. ↑ 25 kg/Tag reichen 15 Tage.
   20 kg/Tag reichen x Tage.

   $$x = \frac{15 \cdot 25}{20} = 18{,}75 \text{ Tage}$$

   Ergebnis: Der Vorrat reicht **18,75 Tage**.

2. ↓ 235 m² bringen 404.670,00 EUR.
   57 m² bringen x EUR.

   $$x = \frac{404.670{,}00 \cdot 57}{235} = 98.154{,}00 \text{ EUR}$$

   Ergebnis: Der Umsatz müsste um **98.154,00 EUR** steigen.

3. ↑ 5 Mitarbeiter brauchen 270 Minuten.
   2 Mitarbeiter brauchen x Minuten.

   $$x = \frac{270 \cdot 5}{2} = 675 \text{ Minuten}$$

   Ergebnis: 2 Mitarbeiter benötigen **675 Minuten**. = 11 Stunden und 15 Minuten

4. ↑ 300 Blatt/Tag reichen 60 Tage.
   250 Blatt/Tag reichen x Tage.

   $$x = \frac{60 \cdot 300}{250} = 72 \text{ Tage}$$

   Ergebnis: Der Vorrat reicht **72 Tage**.

5. ↓ 10.000 Liter reichen 150 Tage.
   17.000 Liter reichen x Tage.

   $$x = \frac{150 \cdot 1.700}{10.000} = 255 \text{ Tage}$$

   Ergebnis: 17.000 Liter reichen **255 Tage**.

6. ↑ 30 Gläser/h – 3 Tage
   24 Gläser/h – x Tage

   $$x = \frac{3 \cdot 30}{24} = 3{,}75 \text{ Tage}$$

   Ergebnis: 96 Flaschen reichen **35 Tage**.

7. ↓ 200 km – 240 Minuten
   30 km – x Minuten

   $$x = \frac{240 \cdot 30}{200} = 36 \text{ Minuten}$$

   Ergebnis: Melzer muss jetzt **36 Minuten** früher losfahren.

11.2.2 Durchschnittsrechnen

1. a)

Pfefferminze:	4 kg · 18,00 EUR pro kg	=	72,00 EUR
Hagebutte:	3 kg · 25,00 EUR pro kg	=	75,00 EUR
Melisse:	2 kg · 12,00 EUR pro kg	=	24,00 EUR
Teemischung:	9 kg kosten	=	171,00 EUR

Ergebnis: Ein 200-g-Beutel kostet 171 : 9 · 0,2 = **3,80 EUR**.

b) *Ergebnis:* 0,5 kg der Teemischung kosten 171 : 9 : 2 = **9,50 EUR**.

2. a) Von Sorte III sind 50 − 20 − 12 = **18 kg** zu nehmen.

b)

Sorte I:	20 kg · 3,60 EUR pro kg =	72,00 EUR
Sorte II:	12 kg · 3,80 EUR pro kg =	45,60 EUR
Sorte III:	18 kg · ? EUR pro kg =	*82,40 EUR*
Mischung:	50 kg · 4,00 EUR pro kg =	200,00 EUR

Ergebnis: Die Sorte III darf pro $\frac{1}{2}$ kg (82,40 EUR : 18 : 2) = **2,29 EUR** kosten.

3. a) Von Sorte II sind 210 − 120 = **90 kg** zu nehmen.

b)

Sorte I:	120 kg · 10,58 EUR pro kg =	1.269,60 EUR
Sorte II:	90 kg · ? EUR pro kg =	*1.355,40 EUR*
Mischung:	210 kg · 12,50 EUR pro kg =	2.625,00 EUR

Ergebnis: 1 kg der Sorte II kostet (1.355,40 EUR : 90) = **15,06 EUR**.

4. a)

AB	100 m	SB April	800 m	SB Aug.	600 m	SB Dez.	100 m
SB Jan.	400 m	SB Mai	800 m	SB Sept.	400 m		
SB Feb.	400 m	SB Juni	800 m	SB Okt.	300 m		
SB März	800 m	SB Juli	300 m	SB Nov.	300 m		

$$\text{Ø Lagerbestand} = \frac{\text{AB + Summe der 12 SB}}{13} = \frac{100 + 6.000}{13} = \mathbf{469{,}23\ m}$$

b) Ø Lagerbestand = (AB + SB) : 2 = (100 + 100) : 2 = **100,00 m**

11.2.3 Prozentrechnen

1.

Ursprünglicher Preis	3.500,00 EUR	= 100,0 %
− Preissenkung	437,50 EUR	= 12,5 %
neuer Preis	**3.062,50 EUR**	= 112,5 %

2. Prozentwert = 423.567 − 388.678 = 34.889,00 EUR
Prozentsatz = 34.889 · 100 : 388.678 = **8,98 %**

3.

Ursprünglicher Preis	x EUR =	100 %
+ Preiserhöhung	EUR =	20 %
neuer Preis	200,00 EUR =	120 %

$$x = \frac{200{,}00 \cdot 100}{120} = 166{,}67 \text{ EUR}$$

Der ursprüngliche Preis betrug **166,67 EUR**.

4.

Ursprünglicher Preis	x EUR =	100 %
+ Preissenkung	EUR =	25 %
neuer Preis	165,00 EUR =	75 %

$$x = \frac{165{,}00 \cdot 100}{75} = 220{,}00 \text{ EUR}$$

Der ursprüngliche Preis betrug **220,00 EUR**.

5. a)

Mehler Bruttogehalt	x EUR =	100 %
− Abzüge	EUR =	$33\frac{1}{3}$ %
Mehler Nettogehalt	1.400,00 EUR =	$66\frac{2}{3}$ %

$$x = \frac{1.400{,}00 \cdot 100}{66{,}666} = 2.100{,}00 \text{ EUR}$$

Mehler verdient **2.100,00 EUR brutto**.

b)

Kunz Bruttogehalt	1.400,00 EUR =	100 %
+ Unterschied	*700,00 EUR* =	x %
Mehler Bruttogehalt	2.100,00 EUR =	100 + x %

$$x = \frac{700{,}00 \cdot 100}{1.400{,}00} = 50\ \%$$

Mehler verdient **50 % mehr** als Frau Kunz.

c) Das Nettogehalt der Frau Kunz beträgt 1.400 · 70 % = **980,00 EUR**.

d) Frau Kunz verdient 420 · 100 : 1.400 = **30 % weniger** als Frau Mehler.

6. Der Rechnungsbetrag beträgt 1.363 + 47 **= 1.410,00 EUR**.

Der Skontosatz beträgt 47 · 100 : 1.410 = **$3\frac{1}{3}$ %**

7.

Absatz im Vormonat	x_1 Liter =	100 %
+ Absatzsteigerung	286 Liter =	$16\frac{2}{3}$ %
Absatz dieser Monat	x_2 Liter =	$116\frac{2}{3}$ %

$$x = \frac{286 \cdot 100}{16{,}666} = 1.716 \text{ Liter}$$

Ergebnis: Im Vormonat betrug der Absatz **1.716 Liter**; in diesem Jahr beträgt der Absatz 1.716 + 286 = **2.002 Liter**.

8. a)

Gehalt im Vorjahr	x_2 EUR =	100 %
+ Erhöhung	88,00 EUR =	4 %
neues Gehalt	x_1 EUR =	104 %

$$x_1 = \frac{88{,}00 \cdot 104{,}00}{4} = 2.288{,}00 \text{ EUR}$$

$$x_2 = 2.288 - 88 = 2.200{,}00 \text{ EUR}$$

Ergebnis:
Gehalt in diesem Jahr beträgt **2.288,00 EUR**.

b)

Gehalt vor 2 Jahren	x_3 EUR =	100,0 %
+ Erhöhung	x_4 EUR =	5,5 %
Gehalt im Vorjahr	2.200,00 EUR =	105,5 %

$$x_4 = \frac{2.200{,}00 \cdot 5{,}5}{105{,}5} = 114{,}69 \text{ EUR}$$

Ergebnis: Im letzten Jahr betrug die Gehaltserhöhung **114,69 EUR**.

c) *Ergebnis:* Sein ursprüngliches Gehalt betrug 2.200,00 − 114,69 = **2.085,31 EUR**.

9.

Ursprünglicher Preis	x EUR =	100,0 %	
+ Erhöhung (1. April)	EUR =	12,5 %	
Preis am 1. April	EUR =	112,5 %	100 %
− Senkung (Mai)	EUR =		4 %
Preis im Mai	EUR =	100,00 %	96 %
− Senkung (SSV)	EUR =	$16\frac{2}{3}$ %	
neuer Preis	108,00 EUR =	$83\frac{1}{3}$ %	

$$x = \frac{108 \cdot 100 \cdot 100 \cdot 100}{83{,}3333 \cdot 96 \cdot 112{,}5} = 120{,}00 \text{ EUR}$$

Ergebnis: Der ursprüngliche Preis betrug **120,00 EUR**.

10.

a)	Umsatz im Mai	x EUR =	100 %	
b)	− Rückgang Mai	EUR =	10 %	
	Umsatz im Juni	EUR =	90 %	100 %
	− Rückgang Juni	EUR =		$16\frac{2}{3}$ %
	Umsatz im Juli	EUR =	100,0 %	$83\frac{1}{3}$ %
	− Rückgang Juli	EUR =	5,5 %	
	neuer Umsatz	28.343,25 EUR =	94,5 %	

$$x = \frac{28.343{,}25 \cdot 100 \cdot 100 \cdot 100}{94{,}5 \cdot 83{,}333 \cdot 90} = 39.990{,}48 \text{ EUR}$$

Umsatz im Mai: 39.990,48 EUR	Rückgang im Mai: 3.999,05 EUR
Umsatz im Juni: 35.991,43 EUR	Rückgang im Juni: 5.998,57 EUR
Umsatz im Juli: 29.992,86 EUR	Rückgang im Juli: 1.649,61 EUR

11.

Umsatz im Februar	**18.157,89 EUR** =	100 %	
+ Erhöhung	1.210,53 EUR =	$6\frac{2}{3}$ %	
Umsatz im März	**19.368,42 EUR** =	$106\frac{2}{3}$ %	100 %
− Rückgang	968,42 EUR =		5 %
Umsatz im April	18.400,00 EUR =		95 %

12. a) Die Prozentsätze beziehen sich jeweils auf einen anderen Grundwert, daher können sie nicht addiert werden.

b)

Rente vor 3 Jahren	x EUR =	100,0 %	
+ 1. Erhöhung	EUR =	3,8 %	
Rente vor 3 Jahren	EUR =	103,8 %	100,0 %
+ 2. Erhöhung	EUR =		2,2 %
Rente vor 3 Jahren	EUR =	100 %	102,2 %
+ 3. Erhöhung	EUR =	2 %	
neue Rente 1.000,00[1]	EUR =	102 %	

$$x = \frac{1.000 \cdot 100 \cdot 100 \cdot 100}{102 \cdot 102{,}2 \cdot 103{,}8} = 924{,}17 \text{ EUR}$$

gesamte Rentenerhöhung in EUR: 1.000 − 924,17 = 75,83 EUR
gesamte Rentenerhöhung in %: 75,83 · 100 : 924,17 **= 8,21 %**

11.2.4 Zinsrechnen

1.

a) 13 Zinstage	d) 33 Zinstage
b) 16 Zinstage	e) 168 Zinstage
c) 7 Zinstage	f) 90 Zinstage

2. $z = \frac{25.000{,}00 \cdot 9{,}5 \cdot 129}{100 \cdot 360} = 851{,}04$ EUR Zinsen = **851,04 EUR**

3. a) $z = \frac{3.000{,}00 \cdot 4{,}5 \cdot 7{,}5}{100 \cdot 12} = 84{,}38$ EUR Zinsen = **84,38 EUR**

b) $z = \frac{6.789{,}80 \cdot 10 \cdot 2{,}5}{100 \cdot 1} = 1.697{,}45$ EUR Zinsen = **1.697,45 EUR**

c) $z = \frac{16.588{,}70 \cdot 3{,}25 \cdot 75}{100 \cdot 360} = 112{,}32$ EUR Zinsen = **112,32 EUR**

d) $z = \frac{1.200{,}00 \cdot 1 \cdot 4}{15 \cdot 12} = 26{,}67$ EUR Zinsen = **26,67 EUR**

e) $z = \frac{56.000{,}00 \cdot 12{,}75 \cdot 156}{100 \cdot 360} = 3.094{,}00$ EUR Zinsen = **3.094,00 EUR**

[1] *angenommen*

f) $z = \frac{3.235{,}70 \cdot 1 \cdot 4{,}25}{30 \cdot 1} = 458{,}39$ EUR — Zinsen = **458,39 EUR**

4. a) $z = \frac{5.000{,}00 \cdot 5{,}5 \cdot 135}{100 \cdot 360} = 103{,}13$ EUR — Zinstage = **135**; Zinsen = **103,13 EUR**

b) $z = \frac{3.589{,}80 \cdot 11 \cdot 184}{100 \cdot 360} = 201{,}83$ EUR — Zinstage = **184**; Zinsen = **201,83 EUR**

c) $z = \frac{36.808{,}70 \cdot 4{,}25 \cdot 83}{100 \cdot 360} = 360{,}67$ EUR — Zinstage = **83**; Zinsen = **360,67 EUR**

d) $z = \frac{5.250{,}50 \cdot 6{,}5 \cdot 31}{100 \cdot 360} = 29{,}39$ EUR — Zinstage = **31**; Zinsen = **29,39 EUR**

e) $z = \frac{6.200{,}90 \cdot 12{,}5 \cdot 143}{100 \cdot 360} = 307{,}89$ EUR — Zinstage = **143**; Zinsen = **307,89 EUR**

5. $z = \frac{6.000{,}90 \cdot 5{,}5 \cdot 193}{100 \cdot 360} = 176{,}92$ EUR — Zinstage = **193**; Zinsen = **176,92 EUR**

11.3 Kassenabrechnung und Belege

11.3.1 Kassensystem und Kassenbelege

1. **Kassenanmeldung:**

1. Im Hauptmenü Modul „POS-Kasse – Kassieren" wählen
2. Startknopf drücken
3. Benutzerkennung eingeben, z. B. Kurzname, Verkäufernummer
4. **Wechselgeld** erfassen und in die Kasse legen, z. B. 250,00 EUR
5. Taste „Bonstart" drücken

Kassieren:

1. Eingabe der Artikelnummer des ersten Artikels mittels Scanner oder EAN-Nummer (EAN = Europäische Artikelnummer)
2. Taste „Menge" drücken und die Menge des Artikels eingeben
3. Entsprechende Bonzeile wird berechnet und angezeigt.
4. Schritte 1 bis 2 für weitere Artikel wiederholen
5. Taste „Summe" drücken; die Bonsumme wird berechnet und angezeigt.
6. Taste „Zahlung" drücken; Bonsumme mit Mehrwertsteuerbetrag (**Bruttopreis**) wird ausgewiesen, z. B. 34,65 EUR (enthaltene MwSt.: 5,53 EUR).
7. Kunde zahlt mit 40,00 EUR in bar: Taste „Barzahlung" drücken
8. Gezahlten Geldbetrag eingeben: 40 und Eingabetaste betätigen
9. Kassierter Geldbetrag wird auf dem Bonstreifen ausgegeben, das Rückgeld errechnet (5,35 EUR) und auf dem Bildschirm angezeigt.
10. Rückgeld an Kunden auszahlen und Taste „Bon-Ende" drücken
11. Kassenbon wird ausgedruckt (→ nächster Kunde).

Kassenabschluss:

1. Geld in der Kasse abzählen (= tatsächlicher Endbestand)
2. Taste „Ende Verkauf" wählen und bestätigen
3. Tatsächlichen Endbestand (Ist) eingeben und bestätigen (z. B. 687,98 EUR)
4. Erwarteter Endbestand (Soll) wird ausgewiesen (z. B. 687,98 EUR).
5. Tagesumsatz (= **Tageslosung**) kann eingesehen werden:
   Tageslosung = Endbestand – Anfangsbestand (= Wechselgeld)
   z. B. Tagesumsatz = 687,98 EUR – 250,00 EUR = 437,98 EUR
6. Taste „Schluss" drücken; die Kasse wird geschlossen.
7. Im Hauptmenü „POS-Kasse – Berichte" sind alle Kassenvorgänge dokumentiert (Kassenabschluss).

2. **Kassenbon:** Beleg, der *von automatischen Kassen erstellt* und dem Kunden ausgehändigt wird. Eine Endlosrolle (Kontrollstreifen) verbleibt beim Einzelhändler. Er kann damit den Tagesumsatz (Tageslosung) feststellen.
Kassenzettel: Beleg, der *vom Verkaufspersonal manuell erstellt* und dem Kunden ausgehändigt wird. Am Ende des Tages summiert der Einzelhändler die Gesamtbeträge aller Kassenzettel (Durchschläge) und erhält die Tageslosung.
Kassenbericht: Beleg, der von Datenkassen automatisch beim Kassenabschluss und bei jedem Wechsel des Kassenpersonals erstellt wird. Er ist Buchungsgrundlage, dient der Kassenkontrolle und ist Grundlage für Auswertungen (z. B. Kassierzeit/Kunde, Anzahl Artikel/Kunde, Anzahl Fehleingaben).

3. **Tageslosung:** alle Einnahmen aus Barverkäufen
Kassensturz: Kassenabrechnung während des Tages, um Abweichungen zwischen Soll- und Ist-Beständen aufzuklären
Fakturierung: Erstellung der Ausgangsrechnung

4. Bestandteile einer Ausgangsrechnung:

1	Anschriften des Kunden und des Verkäufers
2	Steuernummer bzw. Umsatzsteuer-Identifikationsnummer
3	Ausstellungsdatum
4	fortlaufende Rechnungsnummer
5	Menge und Art der gelieferten Gegenstände bzw. Leistung
6	Zeitpunkt der Lieferung oder sonstigen Leistung
7	nach Umsatzsteuersätzen aufgeschlüsseltes Entgelt für die Lieferung oder sonstige Leistung
8	gesonderter Ausweis des anzuwendenden Umsatzsteuersatzes und der auf das Entgelt entfallenden Umsatzsteuer

11.4 Grundlagen der Buchführung

11.4.1 Inventur, Inventar und Bilanz

1.
- Beweissicherung und fortlaufende Erfassung aller Geschäftsvorfälle
- Information der Geschäftsführung über die Vermögenslage
- Grundlage für Planung und Kontrolle des Geschäfts

2.
- Verwendung einer lebenden Sprache
- Eintragungen müssen vollständig, richtig, zeitgerecht und geordnet erfolgen.
- Bei Berichtigungen muss der ursprüngliche Inhalt feststellbar sein.
- Bei Aufzeichnungen auf Datenträgern müssen die Daten verfügbar sein und jederzeit lesbar gemacht werden können.

3.

		Vorteile	**Nachteile**
a)	**für den Kaufmann**	Betriebliche Vorgänge sind nachvollziehbar; das Zahlenmaterial dient zur Steuerung des Unternehmens.	erheblicher Verwaltungsaufwand (Bürokratie); strenge Vorschriften des Staates
b)	**für den Staat**	Einheitliche Gewinnermittlung und Vermögensfeststellung sichert eine gerechte Besteuerung.	Erhebliche Bürokratie zur Kontrolle der Buchführung ist notwendig.
c)	**für den Gläubiger**	Vorschriften und Grundsätze der Buchführung garantieren den „wahren" Ausweis der Vermögenswerte eines Schuldners.	Daten sind nur mit erheblichem Aufwand kontrollierbar, wegen vieler komplizierter Vorschriften.

4.
- **Inventur:** körperliche Bestandsaufnahme aller Vermögensgegenstände und Aufnahme der Schulden
- **Inventar:** wertmäßiges, ausführliches Verzeichnis aller Vermögensgegenstände und Schulden in *Staffelform*
- **Bilanz:** kurz gefasstes Inventar in *Kontoform* zum Schluss des Geschäftsjahres

5. Die **Stichtagsinventur** kann auch innerhalb 10 Tagen vor oder nach dem Abschlussstichtag stattfinden. Mengen und Werte müssen dann auf den Abschlussstichtag zurückgerechnet bzw. fortgeschrieben werden.
Die **verlegte Inventur** kann innerhalb der letzten *3 Monate vor* oder innerhalb der ersten *2 Monate nach* dem Abschlussstichtag stattfinden. Die Bestände müssen nur wertmäßig auf den Abschlussstichtag bezogen werden.
Die **permanente Inventur** findet fortlaufend durch Eintragung in die Bestandskarteien bzw. -dateien statt. Die Buchbestände müssen mindestens einmal jährlich durch körperliche Aufnahmen (Ist-Bestände) überprüft werden.

6. ***A Vermögen*** (geordnet nach zunehmender Flüssigkeit)
   I. Anlagevermögen (bleibt langfristig im Betrieb)
   II. Umlaufvermögen (verbleibt nur kurzfristig im Betrieb)
   B Schulden (geordnet nach abnehmender Laufzeit)
   I. langfristige Schulden (mit einer Laufzeit > 1 Jahr)
   II. kurzfristige Schulden (mit einer Laufzeit bis zu einem Jahr)
   C Reinvermögen (Summe des Vermögens − Summe der Schulden)

7. - **Anlagevermögen:** wird langfristig genutzt (z. B. Gebäude, BGA)
   - **Umlaufvermögen:** verändert sich ständig (z. B. Warenbestand, Forderungen, Bank)

8. a) (8) – (6) – (13) – (11, 12) – (2) – (3) – (10) – (4) – (1) – (5) – (7) – (9)
   b) • Anlagevermögen: (8) – (6) – (13) – (11, 12) – (2) – (3) – (10) – (4)
   • Umlaufvermögen: (1) – (5) – (7) – (9)

9. a)

Inventar der Modeboutique Weber e. K. zum 31.12.		
A Vermögen		
I. Anlagevermögen		
Gebäude		250.000,00 EUR
Fuhrpark		80.000,00 EUR
II. Umlaufvermögen		
Warenbestand (laut Anlage 1)		76.000,00 EUR
Forderungen aus Lieferungen und Leistungen		
• Kunde Anders, Neu-Ulm	6.100,00 EUR	
• Kunde Müller, Ulm	11.000,00 EUR	
• Kunde Richter, Aalen	4.500,00 EUR	
• Kunde Rotter, Biberach	3.200,00 EUR	24.800,00 EUR
Bankguthaben		
• Volksbank	27.300,00 EUR	
• Postbank	14.450,00 EUR	41.750,00 EUR
Kassenbestand		1.250,00 EUR
Summe des Vermögens		**473.800,00 EUR**
B Schulden		
I. langfristige Schulden		
Darlehen (Sparkasse)		55.000,00 EUR
II. kurzfristige Schulden		
Verbindlichkeiten aus Lieferungen und Leistungen (laut Anlage 1)		
• Lieferer Groß, Karlsruhe	9.400,00 EUR	
• Lieferer Kranz, Mannheim	6.400,00 EUR	
• Lieferer März, Offenburg	8.100,00 EUR	
• Lieferer Schmid, Stuttgart	1.200,00 EUR	25.100,00 EUR
Summe der Schulden		**80.100,00 EUR**
C Ermittlung des Reinvermögens		
Summe des Vermögens		473.800,00 EUR
− Summe der Schulden		80.100,00 EUR
Reinvermögen (= Eigenkapital)		**393.700,00 EUR**

b) Eigenkapital = Vermögen − Schulden = **393.700,00 EUR**

c) Aktiva **Schlussbilanz zum 31. Dez. 20..** Passiva

Aktiva		Passiva	
I. Anlagevermögen		I. Eigenkapital	**393.700,00 EUR**
1. Gebäude	250.000,00 EUR	II. Verbindlichkeiten	
2. Fuhrpark	80.000,00 EUR	1. Darlehen	55.000,00 EUR
II. Umlaufvermögen		2. Verbindl. a. LL.	25.100,00 EUR
1. Waren	76.000,00 EUR		
2. Forderungen	24.800,00 EUR		
3. Bank	41.750,00 EUR		
4. Kasse	1.250,00 EUR		
	473.800,00 EUR		473.800,00 EUR

d) Anlagevermögen + Umlaufvermögen = Eigenkapital + Schulden
330.000,00 EUR + 143.800,00 EUR = 393.700,00 EUR + 80.100,00 EUR
473.800,00 EUR = 473.800,00 EUR

e) Gewinn = Eigenkapital (SB) − Eigenkapital (AB)
Gewinn = 393.700,00 EUR − 300.000,00 EUR = **93.700,00 EUR**

10.

Vermögen	Umlaufvermögen	Anlagevermögen	Eigenkapital	Schulden
800.000,00	**500.000,00**	300.000,00	350.000,00	**450.000,00**
300.000,00	200.000,00	100.000,00	**150.000,00**	150.000,00
750.000,00	400.000,00	**350.000,00**	**450.000,00**	300.000,00
420.000,00	**240.000,00**	180.000,00	250.000,00	350.000,00

11.4.2 Wertveränderungen in der Bilanz

1. **Aktivkonten** stehen auf der Aktivseite der Bilanz. Anfangsbestand und Bestandsmehrungen stehen im Soll (linke Seite), Bestandsminderungen und Schlussbestand im Haben (rechte Seite).
Passivkonten stehen auf der Passivseite der Bilanz. Anfangsbestand und Bestandsmehrungen stehen im Haben (rechte Seite), Bestandsminderungen und Schlussbestand im Soll (linke Seite).

2. Es wäre unwirtschaftlich, nach jedem Geschäftsvorgang eine neue Bilanz zu erstellen. Deshalb erhält jeder Bilanzposten ein eigenes Konto, auf dem die Veränderungen erfasst werden.

3. 1. Frage: Welche Konten werden berührt?
2. Frage: Welche Kontenarten liegen vor?
3. Frage: Liegt eine Bestandsmehrung oder -minderung vor?
4. Frage: Auf welcher Seite des Kontos muss gebucht werden (Soll- oder Haben)?

4. Sollseite: a), c), e), h)
Habenseite: b), d), f), g)

5. Soll **Kasse** Haben

Soll		Haben	
a) Anfangsbestand	5.000,00 EUR	c) Abgang	2.000,00 EUR
b) Zugang	2.500,00 EUR	d) Abgang	2.000,00 EUR
		Schlussbestand	**3.500,00 EUR**
	7.500,00 EUR		7.500,00 EUR

6.	a)	Kasse	5.000,00 EUR	an	Eröffnungsbilanzkonto	5.000,00 EUR
	b)	Kasse	2.500,00 EUR	an	Forderungen	2.500,00 EUR
	c)	Verb. a. LL.	2.000,00 EUR	an	Kasse	2.000,00 EUR
	d)	Bank	2.000,00 EUR	an	Kasse	2.000,00 EUR
	*	Schlussbilanz	3.500,00 EUR	an	Kasse	3.500,00 EUR
7.	a)	1. Waren	1.000,00 EUR	an	Kasse	1.000,00 EUR
		2. Bank	3.000,00 EUR	an	Waren	3.000,00 EUR
		3. Ladenausst.	500,00 EUR	an	Verb. a. LL.	500,00 EUR
		4. Kasse	100,00 EUR	an	Ladenausstattung	100,00 EUR

a) b)

S	Gebäude		H
AB	500.000,00	**SB**	**500.000,00**

S	Ladenausstattung		H
AB	50.000,00	4. Kasse	100,00
3. V. a. LL.	500,00	**SB**	**50.400,00**

S	Waren		H
AB	80.000,00	2. Bank	3.000,00
1. Kasse	1.000,00	**SB**	**78.000,00**

S	Forderungen		H
AB	10.000,00	**SB**	**10.000,00**

S	Kasse		H
AB	5.000,00	1. Waren	1.000,00
4. Laden	100,00	**SB**	**4.100,00**

S	Bank		H
AB	5.200,00	**SB**	**8.200,00**
2. Waren	3.000,00		

S	Eigenkapital		H
SB	**612.200,00**	AB	612.200,00

S	Verbindl. a. LL.		H
SB	**8.500,00**	AB	8.000,00
		3. Laden	500,00

S	Darlehen		H
SB	**30.000,00**	AB	30.000,00

c) **Schlussbilanz zum 31. Dez. 20..**

Soll			Haben
Gebäude	500.000,00 EUR	Eigenkapital	612.200,00 EUR
Ladenausstattung	50.400,00 EUR	Darlehen	30.000,00 EUR
Waren	78.000,00 EUR	Verbindl. a. LL.	8.500,00 EUR
Forderungen	10.000,00 EUR		
Bank	8.200,00 EUR		
Kasse	4.100,00 EUR		
	650.700,00 EUR		650.700,00 EUR

8.	a)	Bank	3.000,00 EUR	an	Kasse	3.000,00 EUR
	b)	Bank	1.000,00 EUR	an	Forderungen	1.000,00 EUR
	c)	Komm.anlagen	4.000,00 EUR	an	Kasse	4.000,00 EUR
	d)	Kasse	2.000,00 EUR	an	Bank	2.000,00 EUR
	e)	Darlehen	5.000,00 EUR	an	Bank	5.000,00 EUR
	f)	Waren	53.000,00 EUR	an	Verbindlichk. a. LL.	53.000,00 EUR

9.
a) Zahlung einer Eingangsrechnung durch Banküberweisung
b) Barabhebung vom Bankkonto
c) Wareneinkauf auf Ziel
d) Tilgung eines Darlehens durch Banküberweisung
e) Banküberweisung eines Kunden
f) Bareinzahlung auf das Bankkonto

11.5 Prüfungsaufgaben

Prüfungsaufgaben Sommer 2010 (Aufgabe 1; Buchführung, Prozentrechnen)

1.1.1 Inventur: körperliche Bestandsaufnahme des Vermögens und der Schulden durch Zählen, Messen, Wiegen
Inventar: schriftliches Bestandsverzeichnis

1.1.2. Inventar: ausführlich, in Tabellenform
Bilanz: kurz gefasst, in Kontenform

1.1.3

Aktiva	Schlussbilanz am 31. Jan.		Passiva
Grundstücke, Gebäude	100.000,00	***Eigenkapital***	320.000,00
Fuhrpark	20.000,00	Darlehen	120.000,00
Geschäftsausstattung	70.000,00	Verbindlichkeiten a. LL.	34.000,00
Waren	200.000,00		
Forderungen a. LL.	56.000,00		
Bank	20.000,00		
Kasse	8.000,00		
	474.000,00		474.000,00

1.2.1	Bank	3.950,00 EUR	an Ford. a. LL.	3.950,00 EUR
1.2.2	Verb. a. LL.	3.200,00 EUR	an Bank	3.200,00 EUR
1.2.3	BGB	13.000,00 EUR	an Kasse	3.000,00 EUR
			an Verb. a. LL.	10.000,00 EUR
1.2.4	Bank	5.000,00 EUR	an Darlehen	5.000,00 EUR

1.3 67,51 % (bei 500.000,00 EUR = 64,00 %)

Prüfungsaufgaben Winter 2010/2011 (Aufgabe 1, Buchführung)

1.1 Bestandsaufnahme aller Vermögensgegenstände und Schulden nach Art, Menge und Wert durch Zählen, Messen, Wiegen und Schätzen

1.2 Inventar: ausführlich, Staffelform
Bilanz: zusammengefasst, Kontenform

1.3.1

Aktiva	Schlussbilanz am 31. Jan.		Passiva
Gebäude	300.000,00	***Eigenkapital***	120.350,00
Fuhrpark	100.000,00	Bankdarlehen	80.000,00
BGA	300.000,00	Verbindlichkeiten a. LL.	150.000,00
Waren	200.000,00		
Forderungen a. LL.	107.000,00		
Bank	12.600,00		
Kasse	800,00		
	225.500,00		225.500,00

1.3.2 Umlaufvermögen: 45.500,00 EUR = 20,18 % von 225.500,00 EUR

1.3.3 Fremdkapital: 105.150,00 EUR = 46,63 % von 225.500,00 EUR

1.4.1 Ford. a. LL. 160,00 EUR an Waren 160,00 EUR
Belegart: Ausgangsrechnung

1.4.2	Verb. a. LL. Belegart: Kontoauszug	730,00 EUR	an Bank	730,00 EUR
1.4.3	BGA Belegart: Quittung (Kassenbeleg)	600,00 EUR	an Kasse	600,00 EUR
1.4.4	Waren Belegart: Eingangsrechnung	5.000,00 EUR	an Verb. a. LL.	5.000,00 EUR

2.3 Berechnung des gewogenen Durchschnitts

Modell	VP	Menge	Gesamtwert
Jim	109,00 EUR	4	436,00 EUR
John	79,00 EUR	2	158,00 EUR
Pete	99,00 EUR	5	495,00 EUR
		11	1.089,00 EUR
		1	**99,00 EUR**

Prüfungsaufgaben Sommer 2011 (Aufgabe 2, Warenwirtschaft und Rechnungswesen)

2.1 **Sparkasse Pforzheim-Calw:**

Zinsen = 50.000,00 · 4,5 · 18 : 100 : 12 = 3.375,00 EUR

Volksbank Pforzheim

Zinsen = 50.000,00 · 4,25 · 18 : 100 : 12 =	3.187,50 EUR
+ Bearbeitungsgebühr: 50.000,00 · 0,5 : 100 =	250,00 EUR
	3.437,50 EUR

Empfehlung: Kredit bei der Sparkasse Pforzheim-Calw aufnehmen, da diese gegenüber der Volksbank um 62,50 EUR günstiger ist

2.2 Die Bezahlung erfolgt innerhalb der Skontofrist, daher dürfen 3 % Skonto abgezogen werden.

Rechnungsbetrag	571,20 EUR
− 3 % Skonto	17,14 EUR
Zahlungsbetrag	554,06 EUR

Prüfungsaufgaben Sommer 2011 (Aufgabe 3, Warenwirtschaft und Rechnungswesen)

3.1.1 Bilanz der Sprinter GmbH zum 31.12. ....

Aktiva	**Bilanz zum 31. Dez. ....**		Passiva
I. Anlagevermögen		I. Eigenkapital	64.500,00 EUR
1. Gebäude	150.000,00 EUR	II. Verbindlichkeiten	
2. Ladenausstattung	25.000,00 EUR	1. Darlehen	134.050,00 EUR
3. Fuhrpark	12.000,00 EUR	2. Verb. a. LL.	1.450,00 EUR
4. Büroausstattung	7.500,00 EUR		
II. Umlaufvermögen	1.270,00 EUR		
1. Waren	500,00 EUR		
2. Forderungen	3.530,00 EUR		
3. Bank	200,00 EUR		
4. Kasse			
	200.000,00 EUR		200.000,00 EUR

3.1.2 Eigenkapitalquote = 64.500,00 EUR · 100 : 200.000,00 EUR = **32,25 %**

Im Vergleich zur Pressemitteilung (unter 10 %) ist die Eigenkapitalquote der Sprinter GmbH weit über dem Durchschnitt.

3.2 Buchungssätze:

1.	Verb. a. LL.	833,00 EUR	an	Bank	833,00 EUR
2.	Bank	1.428,00 EUR	an	Ford. a. LL.	1.428,00 EUR
3.	Bank	1.904,00 EUR	an	Kasse	1.904,00 EUR

Prüfungsaufgaben Winter 2011/2012 (Aufgabe 3, Warenwirtschaft und Rechnungswesen)

3.1	Bank	6.000,00 EUR	an	Kasse	6.000,00 EUR
	Darlehen	3.000,00 EUR	an	Bank	3.000,00 EUR
	Verbindlichkeiten	4.136,78 EUR	an	Bank	4.136,00 EUR

3.2.1 Vervollständigte Tabelle:

	Filiale Krumbach	Filiale Laudenberg	Summe
Umsatz 2009 in EUR	123.700,00	92.500,00	216.200,00
Umsatzanteil 2009 in %	57,22	42,78	100,00
Umsatz 2010 in EUR	126.200,00	114.600,00	240.800,00
Umsatzanteil 2010 in %	**52,41**	**47,59**	100,00
Umsatzveränderung in EUR	2.500,00	22.100,00	24.600,00
Umsatzveränderung in %	**2,02**	**23,89**	**11,38**
Verkaufsfläche in m²	350	250	600
Anteil Verkaufsfläche in %	**58,33**	**41,67**	100,00
durchschnittlicher Umsatz pro m² 2009 in EUR	353,43	370,00	360,33
durchschnittlicher Umsatz pro m² 2010 in EUR	**360,57**	**458,40**	**401,33**

3.2.2 Z. B.
Die Filiale Krumbach ist zwar die größere Filiale, arbeitet aber schlechter als die Filiale Laudenberg:

- Die Filiale hat zwar 58,33 % der Verkaufsfläche, aber 2010 nur 52,4 % Anteil am Gesamtumsatz.
- Die Umsatzsteigerung beträgt nur 2,02 %, während sie in Laudenberg 23,89 % beträgt.
- Der durchschnittliche Umsatz pro Quadratmeter ist in beiden Jahren in Krumbach geringer.

Anmerkung: Auch andere Rückschlüsse sind aus dem Zahlenwerk zulässig.

Prüfungsaufgaben Sommer 2012 (Aufgabe 2)

2.1 **Bilanz zum 31.12.20..**

Aktiva			**Passiva**
I. Anlagevermögen		**I. Eigenkapital**	203.200,00
1. Grundstücke	110.000,00	**II. Fremdkapital**	
2. Fuhrpark	64.000,00	1. Bankdarlehen	50.000,00
3. Geschäftsausstattung	24.000,00	2. Verbindlichkeiten	25.000,00
II. Umlaufvermögen			
1. Waren	42.000,00		
2. Forderungen	27.000,00		
3. Bank	8.200,00		
4. Kasse	3.000.00		
	278.200,00		278.200,00

2.2 Ursachen: z. B. Diebstähle, Fehler bei der Wareneingangsbuchung, Preisnachlässe nicht berücksichtigt, nicht erfasste verdorbene Waren

2.3 Kasse an Bank 1.000,00 EUR
Verbindlichkeiten an Bank 500,00 EUR
Bank an Forderungen 700,00 EUR
Bankdarlehen an Bank 3.000,00 EUR

Prüfungsaufgaben Winter 2012/2013 (Aufgabe 1, Buchführung)

1.1 Bestandsaufnahme aller Vermögensgegenstände und Schulden nach Art, Menge und Wert durch Zählen, Messen, Wiegen und Schätzen

1.2 Bilanz:

Aktiva	**Schlussbilanz**	**am 31. Jan.**	**Passiva**
Gebäude	200.000,00	Eigenkapital	154.000,00
Fuhrpark	60.000,00	Darlehen	15.000,00
BGA	60.000,00	Verbindlichkeiten a. LL.	256.000,00
Waren	75.000,00		
Forderungen a. LL.	12.800,00		
Bank	12.000,00		
Kasse	5.200,00		
	425.000,00		425.000,00

1.3 425.000,00 EUR = 100 %

154.000,00 EUR = x   x = 36,24 %

1.4	Bank	2.000,00	an	Forderungen	2.000,00
	Verbindlichkeiten	1.500,00	an	Bank	1.500,00
	Kasse	1.000,00	an	Bank	1.000,00
	Darlehen	3.000,00	an	Bank	3.000,00

Prüfungsaufgaben Sommer 2013 (Aufgabe 1, teilweise)

1.1.1 Waren 20.977,92 an Verbindlichkeiten 20.977,92

1.1.2

Artikel-Nr.	Beschreibung	Listenpreis	Rabatt	Preis	Anzahl	Gesamtbetrag
378978	Metallkreissäge	189,00 EUR	5 %	179,55 EUR	30	5.386,50 EUR
408652	Bezinkettensäge	155,00 EUR	4 %	148,80 EUR	50	7.440,00 EUR
537021	Stichsäge	49,00 EUR	2 %	48,02 EUR	100	4.802,00 EUR
		Nettobetrag				17.628,50 EUR
		+ 19 % Umsatzsteuer				3.349,42 EUR
		Rechnungsbetrag				20.977,92 EUR

Prüfungsaufgaben Sommer 2013 (Aufgabe 3, Buchführung)

3.1

Bilanz 31.12.2012

Aktiva			Passiva
Anlagevermögen:		Eigenkapital	98.000,00
Betriebs- und Geschäftsausstattung	87.600,00	Fremdkapital	
Fuhrpark	34.800,00	Verbindlichkeiten geg. Kreditinstituten	86.000,00
Umlaufvermögen:			
Waren	31.000,00	Verbindlichkeiten a. LL.	56.200,00
Forderungen a. LL.	29.500,00		
Bank	48.000,00		
Kasse	9.300,00		
	240.200,00		240.200,00

3.2 98.000,00 : 240.200,00 · 100 = 40,80 %

3.3 Anlage 2

BGA	480,00	an	Verbindlichkeiten a. LL.	480,00
Anlage 3				
Bank	2.720,00	an	Kasse	2.720,00
Anlage 4				
Forderungen	870,00	an	Waren	870,00
Anlage 5				
Verbindlichkeiten	2.000,00	an	Bank	2.000,00
Anlage 6				
Verbindlichkeiten a. LL.	12.450,00	an	Verbindlichkeiten geg. Kreditinst.	12.450,00

Prüfungsaufgaben Winter 2013/2014 (Aufgabe 1, Buchführung, Prozentrechnen, Durchschnittsrechnen)

1.1 Buchung der AR Rechnung Nr. 24567

Bank	1.230,00	Forderungen a. LL.	1.230,00

Buchung der Barabhebung

Kasse	680,00	Bank	680,00

Buchung der ER Rechnung Nr. 8971

Verbindlichkeiten a. LL.	28.000,00	Bank	28.000,00

1.2 Monatliche Zinsen = 50.000,00 · 6 · 30 : 100 : 360 = 250,00 EUR

1.3

Rechnungsbetrag	620,60 EUR
– 2 % Skonto	12,41 EUR
Zahlungsbetrag am 07.11.2013	608,19 EUR

1.4 Aktionspreis = 3,33 EUR · 75 : 100 = 2,50 EUR
Preis nach der Aktion = 2,50 EUR · 130 : 100 = 3,25 EUR

1.5 Berechnung des gewogenen Durchschnittspreises

Monat	Menge in kg	Einkaufspreis in EUR je kg	Menge · Preis/kg
August	150	7,60	1.140,00 EUR
September	240	5,40	1.296,00 EUR
Oktober	210	6,20	1.320,00 EUR
	600	=	3.738,00 EUR
	1	=	6,23 EUR

gewogener Durchschnittspreis = 3.738,00 EUR : 600 kg = **6,23 EUR/kg**

Prüfungsaufgaben Sommer 2014 (Aufgabe 1)

1.1 800 Kunden entspricht 10 Mitarbeiter
2.000 Kunden entspricht x Mitarbeiter

$$x = \frac{2.000 \text{ Kunden} \cdot 10 \text{ Mitarbeiter}}{800 \text{ Kunden}}$$

x = 25 Mitarbeiter

Anzahl der zusätzlichen Mitarbeiter = 25 – 10 = 15

1.2

Bezeichnung	Anzahl in Paar	Preis pro Paar	Anzahl · Preis pro Paar
Herrensocken	40	8,00 EUR	320,00 EUR
Damensocken	60	9,00 EUR	540,00 EUR
Kindersocken	20	12,00 EUR	240,00 EUR
gesamt	120	**9,17 EUR**	1.100,00 EUR

1.3 Ursprünglicher Preis 29,00 EUR entspricht 100 %
Preis nach erster Reduzierung (x_1) entspricht 85 %

x_1 = 24,65 EUR

24,65 EUR (x_1) entspricht 100 %
Preis nach zweiter Reduzierung (x_2) entspricht 75 %

x_2 = 18,49 EUR

1.4

	Position	Betrag	Berechnung
	offener Rechnungsbetrag	5.300,00 EUR	lt. Aufgabenstellung
+	Zinsen	80,38 EUR	$\frac{5.300,00 \text{ EUR} \cdot 6\ \% \cdot 91 \text{ Tage}}{100\ \% \cdot 360 \text{ Tage}}$
+	zusätzliche Kosten	20,00 EUR	
=	Gesamtbetrag	5.400,38 EUR	

Prüfungsaufgaben Winter 2014/2015 (Aufgabe 1)

1.1 **Aktiva — Bilanz der Schwarzwaldarkaden GmbH zum 31.12.20.. in EUR — Passiva**

Aktiva	EUR	Passiva	EUR
A. Anlagevermögen		A. Eigenkapital	484.000,00
1. Gebäude	510.000,00	B. Fremdkapital	
2. Fuhrpark	12.000,00	1. Darlehen	360.000,00
3. Geschäftsausstattung	150.000,00	2. Verbindlichkeiten a. LL.	56.000,00
B. Umlaufvermögen			
1. Waren	200.000,00		
2. Forderungen a. LL.	16.000,00		
3. Bankguthaben	10.000,00		
4. Kassenbestand	2.000,00		
	900.000,00		900.000,00

1.2 416.000,00 · 100 : 900.000,00 = 46,22 %

1.3.1 Abteilung Drogerie: Minderbestand 600,00 EUR
Abteilung Haushaltswaren: Mehrbestand 500,00 EUR

1.3.2 Ursachen für Inventurdifferenzen
Abteilung Drogerie (Ist < Soll):
Diebstahl von Kleinteilen nicht entdeckt, Privatentnahmen nicht erfasst, Inventurfehler (zu wenig gezählt/aufgeschrieben), fehlerhafte Eingangskontrolle (Fehlmengen nicht entdeckt)

Abteilung Haushaltswaren (Ist > Soll):
fehlerhafte Wareneingangsbuchung (zu wenig eingebucht), fehlerhafte Inventur (zu viel gezählt/aufgeschrieben), Warenrücksendungen nicht als Zugang eingebucht

1.4

Geschäftsausstattung	2.880,00 EUR	an	Verbindlichkeiten a. LL.	2.880,00 EUR
Bank	1.330,00 EUR	an	Kasse	1.330,00 EUR
Verbindlichkeiten a. LL.	2.880,00 EUR	an	Bank	2.880,00 EUR

12 Beschaffung, Kalkulation und Lagerung

12.1 Planung des Beschaffungsprozesses

12.1.1 Ermittlung des Bedarfs und der Bestellmenge

1. **Innerbetriebliche Informationsquellen:** *Renner-, Pennerlisten, Fehlbuch, Trendartikelliste, Reklamationsbuch, Altwarenstatistik, Preisabschriftenliste, Wünsche* der Stammkundschaft (Ergebnisse von Kundenbefragungen), Berichte des *Verkaufspersonals* und der Außendienstmitarbeiter, *Verkaufs-, Einkaufsmengenstatistik* (nach Farben, Größen, Marken, Lieferanten, Preislagen unterteilt), *Lagerdatei* (mit den Lagerbewegungen)

   Außerbetriebliche Informationsquellen: Vertreter, Reisende von Herstellern/Großhändlern, Verbandsmitteilungen, Prospekte, Kataloge, Werbung in den Medien (Fach-, Publikumszeitschriften), Testzeitschriften, Erfahrungsaustauschgruppen (Erfa-Gruppen), Internet, Marktuntersuchungen der Fachverbände des Einzelhandels (Branchendienste), Besuche von Messen, Ausstellungen, Einkaufstagen

2. Bei *hohen Bestellmengen* lassen sich günstige Lieferkonditionen (z. B. Mengenrabatt) aushandeln, eine hohe Lieferbereitschaft und **niedrige Bestellkosten** (z. B. Personal-, Transportkosten) erreichen. Auf der anderen Seite entstehen jedoch **hohe Lagerhaltungskosten** (z. B. Lagermiete, Lagerpersonal, -einrichtung) und Lagerrisiken (z. B. Verderb, Modeänderung).

   Werden *niedrige Mengen bestellt*, dann muss öfter nachbestellt werden, sodass **hohe Bestellkosten** entstehen und die Lieferbereitschaft leidet (das bedeutet hohe Fehlmengenkosten, z. B. durch Kundenverlust). Dafür sind die Lagerbestände niedrig, sodass **niedrige Lagerhaltungskosten** anfallen.

3.

Verkaufsmenge des Vorjahres	2.600 Stück
+ geplante Absatzsteigerung, z. B. 10 %	+ 260 Stück
= Verkaufsmenge im Planjahr (Bruttobedarf)	2.860 Stück
– vorhandener Lagerbestand	– 1.900 Stück
– bereits laufende Bestellungen	– 400 Stück
= Bedarfsmenge im Planjahr (Nettobedarf)	560 Stück

4. Die optimale Bestellmenge beträgt 200 Stück (LB = Lagerbestand).

Bestell-menge	Bestell-häufigkeit im Jahr	∅ LB = $\frac{1}{2}$ Bestell-menge	Lagerkosten 2,00 EUR pro Stück	Bestellkosten 40,00 EUR pro Bestellung	Gesamtkosten
1.000 St.	1	500	1.000,00 EUR	40,00 EUR	1.040,00 EUR
500 St.	2	250	500,00 EUR	80,00 EUR	580,00 EUR
250 St.	4	125	250,00 EUR	160,00 EUR	410,00 EUR
200 St.	5	100	200,00 EUR	200,00 EUR	**400,00 EUR**
125 St.	8	62,5	125,00 EUR	320,00 EUR	445,00 EUR
100 St.	10	50	100,00 EUR	400,00 EUR	500,00 EUR

12.1.2 Ermittlung des Bestellzeitpunkts – Bestellverfahren

1. **Bestellpunktverfahren:** Der Zeitpunkt der Bestellung wird so gewählt, dass mit dem vorhandenen Lagerbestand die *Beschaffungszeit* (z. B. Zeit für die Bestellabwicklung, Lieferung, Wareneingangskontrolle und Einlagerung) überbrückt werden kann, ohne dass der *Sicherheitsbestand* angegriffen wird.

   Bestellrhythmusverfahren: Die Bestellung wird unabhängig vom aktuellen Lagerbestand in bestimmten Zeitabständen (z. B. alle drei Monate) ausgelöst. Dieses ist sehr einfach zu handhaben und bei gleichbleibenden täglichen Verkaufsmengen anwendbar.

2. **Sicherheitsbestand:** Er wird von der Geschäftsleitung festgelegt und sollte nur in Ausnahmefällen unterschritten werden.
   Höchstbestand: Wird erreicht, wenn die Bestellmenge eintrifft. Anderer Begriff: maximale Lagerkapazität
   Meldebestand: Lagerbestand, bei dessen Erreichen bestellt werden muss. Die Lieferung trifft dann ein, wenn der Sicherheitsbestand erreicht ist.

   Just in time: Die Einkaufsgüter werden so bereitgestellt, dass sie gerade noch rechtzeitig, d. h. synchron zum Bedarfszeitpunkt, bei den internen und externen Kunden eintreffen und dort ohne weitere Lagerzeiten verwendet werden.

   Electronic Procurement oder elektronischer Einkauf bezeichnet die Beschaffung aller Arten von Waren über das Internet. Dies kann über geschlossene Netze zwischen Kunde und Lieferant geschehen (Extranet) oder in Form von offenen Versteigerungen (Auktionen) auf Internetmarktplätzen.

   Electronic Data Interchange – EDI: Durch den elektronischen Datenaustausch kann der warenbegleitende Geschäftsverkehr (Bestellungen, Lieferscheine, Rechnungen, Zahlungsbelege usw.) zwischen den Beteiligten vollautomatisch abgewickelt werden. Die Geschäftsdaten werden dabei *ohne Medienbruch* übertragen.

3. Der **Sicherheitsbestand** (= Mindestbestand, eiserner Bestand) soll folgende drei Unsicherheiten (Risiken) ausgleichen:
   - *Lieferunsicherheit*, wenn der Lieferant den Liefertermin überschreitet
   - *Bestandsunsicherheit*, wenn der Ist-Bestand niedriger ist als der Buchbestand (z. B. durch Diebstahl, Verderb der Ware, Fehler bei der Erfassung)
   - *Nachfrageunsicherheit,* wenn Kunden mehr nachfragen als geplant war

4. Grundlagen für den Bestellvorschlag:

aktueller Warenbestand	artikelgenaue Fortschreibung der Wareneingänge und Warenausgänge durch das System
ausstehende Bestellungen	Bestellrückstände werden vom System verwaltet.
Bestellrhythmus bzw. Meldebstand, Mindest- und Höchstbestand	Je nach Warenart kann in bestimmten Zeitabständen oder bei Erreichen des Meldebestands bestellt werden. Das System überwacht, dass Melde- und Mindestbestand nicht unterschritten werden und der Höchstbestand nicht überschritten wird.
aktueller durchschnittlicher Abverkauf	durch die artikelgenaue und jederzeit aktuelle Umsatzerfassung an der Datenkasse

5. a) Meldebestand = 600 Stück/Tag · 8 Tage + 5.000 Stück = 9.800 Stück
b) Mindestbestand = 6.400 Stück − 300 Stück/Tag · 12 Tage = 2.800 Stück

6. a) Meldebestand = 90 Stück/Tag · 12 Tage + 350 Stück = **1.430 Stück**
b) Verbrauch während der 3 Tage: 3 · 90 Stück = 270 Stück
Ergebnis: Der Mindestbestand reicht zur Überbrückung aus.

7. Meldebestand: 30 Stück; Sicherheitsbestand: 10 Stück; Höchstbestand: 50 Stück
Bestellmenge: 40 Stück (50 − 10); Bestellrhythmus: 4 Monate (7 − 3 bzw. 11 − 7)

12.1.3 Ermittlung der Bezugsquelle

1. **Direkte Beschaffungswege:**
- Einkauf beim **Hersteller** (günstige Einkaufspreise, lange Lieferzeiten)
- Einkauf auf **Messen** (Branchen-, Haus-, Publikums-, Fachmessen)
- Einkauf in **Modezentren** (Organisation durch mehrere Hersteller)

Indirekte Beschaffungswege:
- Einkauf beim **Großhandel** (Sortimentsberatung, Zahlungsziele, Lagerhaltung)
- Einkauf über **Handelsvertreter** (Einkauf anhand von Mustern „im Hause", begrenzte Auswahl, Provision des Vertreters verteuert die Ware)
- Einkauf über **Einkaufsvereinigungen** (Einkaufsgenossenschaft, -verband)
  Vorteile: günstige Einkaufskonditionen
  Nachteile: Kapitalbeteiligung, Bindung

2. **Innerbetriebliche Informationsquellen:** Artikeldatei (nach Artikelbezeichnung geordnet); Lieferantendatei (nach Lieferer geordnet), systematische Sammlungen von Prospekten, Werbeanzeigen, Angeboten, Mustersendungen von Lieferanten

Außerbetriebliche Informationsquellen: Branchenverzeichnisse (z. B. Gelbe Seiten), Werbeanzeigen, Messe- und Marktberichte in Fachzeitschriften, Firmenveröffentlichungen, Besuche auf Messen und Ausstellungen, Messekataloge, Besuche von Vertretern und Reisenden, Industrie- und Handelskammer, Gewerbeamt, Einzelhandelsverbände, veröffentlichte Gutachten und Studien von Marktforschungsinstituten und Hochschulen

12.1.4 Angebotsvergleich und Lieferantenauswahl

1. **Rabatt:** Preisnachlass, der aus bestimmten Gründen (langjährige Treue, große Mengenabnahme usw.) beim Kauf eingeräumt wird. Der Verkäufer zieht den Rabatt ab.

Skonto: Barzahlungsnachlass bei Bezahlung innerhalb einer bestimmten Frist. Der Käufer zieht Skonto nach dem Kauf ab.

Bonus: nachträgliche Umsatzrückvergütung am Ende des Jahres

2. Gesetzliche Regelung gilt, wenn vertraglich nichts vereinbart wurde:

Angebotsinhalt	Gesetzliche Regelung
Beförderungskosten	Nach § 448 BGB trägt der Käufer die Kosten der Versendung der Ware zu einem anderen Ort als dem Erfüllungsort.
Verpackungskosten	Nach § 448 BGB trägt der Käufer die Kosten für die Versandverpackung.
Zahlungsbedingungen	Nach § 271 BGB kann der Verkäufer sofortige Zahlung verlangen. Das Zahlungsziel darf gegenüber Endverbrauchern drei Monate nicht überschreiten, sonst liegt ein Verbraucherkredit vor, für den besondere Vorschriften gelten.

3. a) Käufer zahlt keine Beförderungskosten.
b) Käufer zahlt alle Beförderungskosten: 135,00 EUR (15 + 100 + 20).
c) Käufer zahlt Fracht und Anfuhr: 120,00 EUR = gesetzliche Regelung.
d) Käufer zahlt Anfuhr: 20,00 EUR.
e) Siehe c).

4. a) 0,00 EUR
b) 10,00 EUR
c) 5,00 EUR (2 kg · 2,50 EUR/kg)

5. Vor der endgültigen Auswahl des Lieferanten sollte zusätzlich ein *qualitativer Angebotsvergleich* durchgeführt werden, denn der Preisvorteil muss oft durch Nachteile bei anderen Vergleichsgesichtspunkten (z. B. Erfüllungsort, Lieferzeit, Zuverlässigkeit, Umweltschutz, Serviceleistungen) erkauft werden.
Hilfsmittel: Entscheidungsbewertungstabelle

6. **Vergleichskriterien** für einen qualitativen Angebotsvergleich:
technischer Stand, Umweltverträglichkeit, Qualitätsstandard, Lieferzeit, Garantie, Service/Kundendienst, Zuverlässigkeit, Bekanntheitsgrad, soziale Ziele

7. **Vorgehensweise** bei der Erstellung einer Entscheidungsbewertungstabelle:
(1) Lieferanten und Vergleichskriterien auswählen
(2) Vergleichskriterien gewichten: Gewichtungsziffern 1 (unwichtig) bis 5 (sehr wichtig)
(3) Lieferanten mit Vergleichskriterien bewerten, z. B. 1 (schlecht) bis 5 (sehr gut)
(4) Bewertung mit Gewichtungsziffer multiplizieren (= Punkte)
(5) Für jeden Lieferanten Punkte summieren
(6) Den Lieferanten mit der Höchstpunktzahl auswählen

8. a) Quantitativer Angebotsvergleich: **Bezugskalkulation**

Bezugskalkulation (Schema)	Abt		Brauer		Cotta	
	%		%		%	
Listenpreis, netto		450,00 EUR		500,00 EUR		425,00 EUR
– Liefererrabatt	4	18,00 EUR	10	50,00 EUR	5	21,25 EUR
Zieleinkaufspreis		432,00 EUR		450,00 EUR		403,75 EUR
– Liefererskonto	2	8,64 EUR	3	13,50 EUR	—	— EUR
Bareinkaufspreis		423,36 EUR		436,50 EUR		403,75 EUR
+ Bezugskosten (z. B. Fracht, Transportversicherung)		30,00 EUR		— EUR		30,00 EUR
Einstandspreis		453,36 EUR		436,50 EUR		**433,75 EUR**

Ergebnis: Der **Lieferant Cotta** ist der preisgünstigste.

b) Endgültige Lieferantenauswahl mit der **Entscheidungsbewertungstabelle:**

		Abt		**Brauer**		**Cotta**	
Auswahlkriterien	Gewicht	Bewertung	Punkte	Bewertung	Punkte	Bewertung	Punkte
Bezugspreis	4	2	**8**	3	**12**	4	**16**
technischer Stand	5	3	**15**	4	**20**	3	**15**
Umweltverträglichkeit	3	2	**6**	4	**12**	4	**12**
Qualitätsstandard	4	4	**16**	3	**12**	2	**8**
Lieferzeit	2	4	**8**	3	**6**	1	**2**
Garantie	3	5	**15**	4	**12**	3	**9**
Service/Kundendienst	5	4	**20**	3	**15**	5	**25**
Zuverlässigkeit	5	5	**25**	3	**15**	1	**5**
soziale Ziele	3	3	**9**	4	**12**	4	**12**
Summe			**122**		**116**		**104**

c) *Ergebnis:* Lieferant **Abt** wird ausgewählt, da er die Höchstpunktzahl erreicht hat.

12.2 Kontrolle und Buchung des Wareneingangs

1.
- gesetzliche Untersuchungs- und Rügepflicht (§§ 377–379 HGB)
- Wahrung der Rechte aus einer mangelhaften Lieferung
- Reklamationen der eigenen Kunden gering halten
- Verantwortung (Haftung) des Einzelhändlers gegenüber Dritten

Die unverzügliche Prüfung erleichtert die Beweislage; denn nur Mängel, die zum Zeitpunkt der Übergabe vorhanden waren, können gerügt werden. Wenn der Käufer seine Rechte aus mangelhafter Lieferung geltend machen will, muss er beweisen, dass die Mängel an der Ware bereits vor der Aushändigung vorhanden waren.

2. **(1) Prüfung der eingehenden Sendung:**

Begleitpapiere prüfen	Unterlagen: Lieferschein, Bestelldurchschlag Prüfpunkte: Adressen, Zahl der Frachtstücke (Colli) bei Abweichungen → Tatbestandsmeldung vom Überbringer bestätigen lassen
äußere Verpackung prüfen	Sichtkontrolle des äußeren Zustands der Versandverpackung bei Mängeln → Tatbestandsmeldung vom Überbringer bestätigen lassen

(2) Prüfung der angenommenen Sendung:

Sendungsinhalt unverzüglich prüfen	Unterlagen: Begleitpapiere, Bestelldurchschlag Prüfpunkte: Warenart, Güte (Qualität), Menge bei Abweichungen → Meldung an die Einkaufsabteilung; diese muss den Lieferer **unverzüglich rügen**.
Wareneingang erfassen und buchen	Wareneingangsschein erstellen Wareneingang ins Wareneingangsbuch eintragen

12.3 Wirtschaftlichkeit der Lagerhaltung

1. Vollständig ausgefüllte Tabelle:

Tag	Zugänge	Abgänge	Bestand	Tag	Zugänge	Abgänge	Bestand
01.01.	—	—	***5***	15.08.	—	3	***7***
30.01.	10	—	***15***	19.09.	20	—	***27***
04.02.	—	4	***11***	04.10.	—	7	***20***
22.03.	10	—	***21***	15.11.	—	10	***10***
03.05.	—	8	***13***	29.11.	12	—	***22***
04.06.	—	3	***10***	15.12.	—	10	***12***
				31.12.	***52***	***45***	***12***

a) bis d) Anmerkung: Jeder Monat hat einen Monatsendbestand (auch April, Juli!)

Monatsinventur: $\varnothing \text{ LB} = \frac{\text{AB + Summe der 12 MonatsSB}}{13}$	$\varnothing \text{ LB} = \frac{5 + 189}{13} = 14{,}92$ Stück
$\text{LUG} = \frac{\text{Wareneinsatz}}{\varnothing \text{ LB}}$	$\text{LUG} = \frac{45}{14{,}92} = 3{,}02$-mal
$\varnothing \text{ LD} = \frac{\text{360 Tage}}{\text{LUG}}$	$\varnothing \text{ LD} = \frac{\text{360 Tage}}{3{,}02} = 119{,}21$ Tage
Rohgewinn = BarVP − EP Rentabilitätszahl = LUG · Rohgewinn	Rohgewinn = 750 − 500 = 250,00 EUR Rohgewinn in % = 250 · 100 : 500 = 50 % RZ = 3,02 · 250 = 755,00 EUR RZ in % = 3,02 · 50 % = 151 %

2. ***Annahmen:***
- Wareneinsatz = 100.000,00 EUR
- ∅ LB = Kapitaleinsatz = Wareneinsatz : LUG

Bei einer LUG von 2,0 beträgt der Kapitaleinsatz 50.000,00 EUR.
Bei einer LUG von 4,0 beträgt der Kapitaleinsatz 25.000,00 EUR.

3. a) Kauf auf Abruf, niedrigere Bestellmengen, Senkung des Sicherheitsbestands; Erhöhung des Abverkaufs durch Werbemaßnahmen, gezielte Bereinigung des Sortiments, indem „Penner" (Artikel mit geringer LUG) ausgelistet werden.

b) ∅ LD = 360 Tage : 14 = 25,71 Tage

4. **Lagerkennziffern:**

Nebenrechnung

AB	12.000,00 EUR
SB Januar	13.000,00 EUR
SB Februar	12.000,00 EUR
SB März	11.500,00 EUR
SB April	11.500,00 EUR
SB Mai	9.500,00 EUR
SB Juni	9.000,00 EUR
SB Juli	9.500,00 EUR
SB August	9.500,00 EUR
SB September	11.500,00 EUR

SB Oktober	12.000,00 EUR
SB November	13.500,00 EUR
SB Dezember	13.500,00 EUR
∅ LB	148.000,00 EUR : 13 = 11.384,62 EUR

$\varnothing \text{ LB} = \frac{\text{AB} + \text{Summe der 12 MonatsSB}}{13}$	$\varnothing \text{ LB} = \frac{12.000 + 136.000}{13} = 11.385{,}00 \text{ EUR}$
$\text{LUG} = \frac{\text{Wareneinsatz}}{\varnothing \text{ LB}}$	$\text{LUG} = \frac{250.000}{11.385} = 21{,}96\text{-mal}$
$\varnothing \text{ LD} = \frac{360 \text{ Tage}}{\text{LUG}}$	$\varnothing \text{ LD} = \frac{360 \text{ Tage}}{21{,}96} = 16{,}39 \text{ Tage}$
Rohgewinn = BarVP − EP Rentabilitätszahl = LUG · Rohgewinn	Rohgewinn = 400 − 250 = 150 TEUR Rohgewinn in % = 150 · 100 : 250 = 60 % Rentabilitätszahl = 21,96 · 150 = 3.294 TEUR RZ in % = 21,96 · 60 % = 1.317,60 %

12.4 Preis als absatzpolitisches Instrument

12.4.1 Möglichkeiten der Preisgestaltung

1. **Betriebsinterne Einflussgrößen** der Preisgestaltung:
   Liefererrabatt, Liefererskonto, Bezugskosten für die Ware, Handlungskosten des Betriebes, Gewinn, dem Kunden gewährter Skonto und Rabatt
   betriebsexterne Einflussgrößen der Preisgestaltung:
   Umsatzsteuer, Nachfrageverhalten der Kunden, Konkurrenzpreis und -verhalten

2. a) Kostenorientierte Preisgestaltung: Vorwärtskalkulation
   b) Konkurrenzorientierte Preisgestaltung: Rückwärts-, Differenzkalkulation

3. Arten der Preisdifferenzierung:

zeitliche Preisdifferenzierung	Ein Produkt wird zeitlich begrenzt zu unterschiedlichen Preisen angeboten, z. B. Sonderangebot, Tag- und Nachttarif, Werktags- und Sonntagstarif, Saison- und Nebensaisonpreise, Winter- und Sommerpreise.
räumliche Preisdifferenzierung	Ein Produkt wird an verschiedenen Orten zu unterschiedlichen Preisen angeboten, z. B. Inland und Ausland, West- und Ostdeutschland, Stadt und Land. Wegen der Entfernung können die Kunden nicht ohne Weiteres von einem Teilmarkt auf den anderen wechseln.
sachliche Preisdifferenzierung	Ein Produkt wird aus sachlichen Gründen zu unterschiedlichen Preisen angeboten, z. B. große Mengenabnahme eines Kunden (*Mengenrabatt,* Dauerkarte, Paybacksysteme), besondere Treue eines Kunden (*Treuerabatt*), Kunde ist im Unternehmen beschäftigt (*Personalrabatt*), Kunde ist Wiederverkäufer bzw. selbst Händler (*Wiederverkäuferrabatt*), Kunde gehört zu einem bestimmten zu fördernden Personenkreis (z. B. Nachlass für Studenten, Kinder, Rentner, Landwirte), je nach Verwendungszweck des Produkts (z. B. Gewerbe- und Haushaltsstromstarif, unterschiedliche Mineralölsteuerbelastung für Heiz- und Dieselöl).

12.4.2 Preiskalkulation

1.

	1. Angebot		2. Angebot	
Einkaufspreis (netto)		90,00 EUR		95,00 EUR
− Liefererrabatt	20 %	18,00 EUR	15 %	14,25 EUR
Zieleinkaufspreis		72,00 EUR		80,75 EUR
− Liefererskonto	2 %	1,44 EUR	3 %	2,42 EUR
Bareinkaufspreis		70,56 EUR		78,33 EUR
+ Bezugskosten		8,80 EUR		0,00 EUR
Einstandspreis		**79,36 EUR**		**78,33 EUR**

Ergebnis: Bei einer Abnahme von mehr als 10 Stück ist das **2. Angebot** günstiger.

2.

Einkaufspreis (netto)		95,00 EUR
− Liefererrabatt	25 %	23,75 EUR
Zieleinkaufspreis		71,25 EUR
− Liefererskonto	2 %	1,43 EUR
Bareinkaufspreis		69,83 EUR
+ Bezugskosten (65,80 + 92,00) : 250		0,63 EUR
Einstandspreis (Bezugspreis)		70,46 EUR

Einstandspreis (Bezugspreis)		70,46 EUR	
+ Handlungskostenzuschlag	30 %	21,14 EUR	
Selbstkostenpreis		91,60 EUR	
+ Gewinnzuschlag	12,5 %	11,45 EUR	
Barverkaufspreis		103,05 EUR	= **97,5 %**
+ Kundenskonto	2,5 %	2,64 EUR	= 2,5 %
Zielverkaufspreis		105,69 EUR	= **80 %**
+ Kundenrabatt	20 %	26,42 EUR	= 20 %
Nettoverkaufspreis		132,11 EUR	
+ Umsatzsteuer	19 %	25,10 EUR	
Bruttoverkaufspreis		**157,21 EUR**	

3.

Einkaufspreis (netto)		49,50 EUR	495 : 10
− Liefererskonto	2 %	0,99 EUR	
Bareinkaufspreis		48,51 EUR	
+ Bezugskosten		2,50 EUR	25 : 10
Einstandspreis (Bezugspreis)		51,01 EUR	
+ Handlungskostenzuschlag	$16\frac{2}{3}$ %	8,50 EUR	
Selbstkostenpreis		59,51 EUR	
+ Gewinnzuschlag	8,25 %	4,91 EUR	
Barverkaufspreis		64,42 EUR	= **97 %**
+ Kundenskonto	3 %	1,99 EUR	= 3 %
Nettoverkaufspreis		66,41 EUR	
+ Umsatzsteuer	19 %	12,62 EUR	
Bruttoverkaufspreis		**79,03 EUR**	

4.

Einkaufspreis (netto)		3.148,00 EUR	für 100 Hemden
– Liefererrabatt	30 %	944,40 EUR	
Zieleinkaufspreis		2.203,60 EUR	
– Liefererskonto	3 %	66,11 EUR	
Bareinkaufspreis		2.137,49 EUR	
+ Bezugskosten		40,51 EUR	
Einstandspreis		2.178,00 EUR	

Einstandspreis		2.178,00 EUR	
+ Handlungskostenzuschlag	$33\frac{1}{3}$ %	726,00 EUR	
Selbstkostenpreis		2.904,00 EUR	
+ Gewinnzuschlag	25 %	726,00 EUR	
Barverkaufspreis		3.630,00 EUR	= 97,5 %
+ Kundenskonto	2,5 %	93,08 EUR	= 2,5 %
Nettoverkaufspreis		3.723,08 EUR	
+ Umsatzsteuer	19	707,39 EUR	
Bruttoverkaufspreis für 100 Hemden		4.430,47 EUR	
Bruttoverkaufspreis für 1 Hemd		**44,30 EUR**	

5.

a) Einkaufspreis (netto)			85,00 EUR	für 1 Buggy
– Liefererrabatt		10 %	8,50 EUR	
Zieleinkaufspreis			76,50 EUR	
– Liefererskonto		2,5 %	1,91 EUR	
Bareinkaufspreis			74,59 EUR	
+ Bezugskosten	48,25 : 20		2,41 EUR	
Einstandspreis			**77,00 EUR**	
b) + Handlungskostenzuschlag		$16\frac{2}{3}$ %	12,83 EUR	
Selbstkostenpreis			89,83 EUR	
+ Gewinnzuschlag		20 %	17,97 EUR	
Barverkaufspreis			107,80 EUR	= 98,5 %
+ Kundenskonto		1,5 %	1,64 EUR	= 1,5 %
Nettoverkaufspreis			109,44 EUR	
+ Umsatzsteuer		19 %	20,79 EUR	
Bruttoverkaufspreis für 1 Buggy			**130,23 EUR**	= **131,00 EUR**

6.

a) **Einkaufspreis (netto)**		**113,68 EUR**	gesucht
– Liefererrabatt	$16\frac{2}{3}$ %	18,95 EUR	
Zieleinkaufspreis		94,73 EUR	
– Liefererskonto	2 %	1,89 EUR	
Bareinkaufspreis		92,84 EUR	
+ Bezugskosten		4,50 EUR	
Einstandspreis (Bezugspreis)		97,34 EUR	
+ Handlungskostenzuschlag	22 %	21,42 EUR	
Selbstkostenpreis		118,76 EUR	
+ Gewinnzuschlag	12,5 %	14,85 EUR	
Nettoverkaufspreis		133,61 EUR	
+ Umsatzsteuer	19 %	25,39 EUR	
Bruttoverkaufspreis		159,00 EUR	gegeben

b) Kalkulationszuschlag: (159 − 97,34) · 100 : 97,34 = **63,34 %**
Handelsspanne: (133,61 − 97,34) · 100 : 133,61 = **27,15 %**

7. a)

Einkaufspreis (netto)	1 Pullover	18,00 EUR	gegeben
− Liefererrabatt	9 %	1,62 EUR	
Zieleinkaufspreis		16,38 EUR	
− Liefererskonto	3 %	0,49 EUR	
Bareinkaufspreis		15,89 EUR	
+ Bezugskosten (26,58 : 240 Pullover)		0,11 EUR	
Einstandspreis (Bezugspreis)		16,00 EUR	
+ Handlungskostenzuschlag	35 %	5,60 EUR	
Selbstkostenpreis		21,60 EUR	
+ Gewinnzuschlag	**x %**	**1,49 EUR**	= **6,90 %** gesucht
Barverkaufspreis		23,09 EUR	
+ Kundenskonto	1 %	0,23 EUR	
Nettoverkaufspreis		23,32 EUR	
+ Umsatzsteuer	19 %	4,43 EUR	
Bruttoverkaufspreis		27,75 EUR	gegeben

Der gesamte Gewinn beträgt 1,49 · 240 = **357,60 EUR**.

b) Kalkulationszuschlag: (27,75 − 16,00) · 100 : 16,00 = **73,44 %**
Kalkulationsabschlag: (27,75 − 16,00) · 100 : 27,75 = **42,34 %**

c)

Selbstkostenpreis		21,60 EUR	gegeben
+ Gewinnzuschlag		**0,25 EUR**	gesucht = **1,16 %**
Nettoverkaufspreis		21,85 EUR	
+ Umsatzsteuer	19 %	4,15 EUR	
Bruttoverkaufspreis		26,00 EUR	gegeben

Der gesamte Gewinn beträgt jetzt nur noch 220 · 1,49 + 0,25 · 20 = **332,80 EUR**.
Der gesamte Gewinn beträgt jetzt nur noch 332,80 · 100 : (21,6 · 240) = **6,42 %**.
Gewinnrückgang bei den reduzierten Pullovern: (1,49 − 0,25) · 100 : 1,49 = **83,22 %**

8.

Einkaufspreis (netto)	1 Topf	109,04 EUR	gegeben
− Liefererrabatt	45 %	49,07 EUR	
Zieleinkaufspreis		59,97 EUR	
− Liefererskonto	2 %	1,20 EUR	
Bareinkaufspreis		58,77 EUR	
+ Bezugskosten		3,71 EUR	
Einstandspreis (Bezugspreis)		62,48 EUR	
+ Handlungskostenzuschlag	$33\frac{1}{3}$ %	20,83 EUR	
Selbstkostenpreis		83,31 EUR	
+ Gewinnzuschlag	**x %**	**18,91 EUR**	= **22,70 %**
Barverkaufspreis		102,22 EUR	
+ Kundenskonto	3 %	3,16 EUR	
Nettoverkaufspreis		105,38 EUR	
+ Umsatzsteuer	19 %	20,02 EUR	
Bruttoverkaufspreis		125,40 EUR	gegeben

9. a)

Einkaufspreis (netto) für 50 Behälter		242,50 EUR	gegeben
− Liefererrabatt	30 %	72,75 EUR	
Zieleinkaufspreis		169,75 EUR	
− Liefererskonto	1,5 %	2,55 EUR	
Bareinkaufspreis		167,20 EUR	
+ Bezugskosten		13,85 EUR	
Einstandspreis (Bezugspreis)		181,05 EUR	
+ Handlungskostenzuschlag	18 %	32,59 EUR	
Selbstkostenpreis		213,64 EUR	
+ Gewinnzuschlag	**x %**	**11,29 EUR**	**= 5,28 %**
Barverkaufspreis		224,93 EUR	
+ Kundenskonto	2 %	4,59 EUR	
Zielverkaufspreis		229,52 EUR	
+ Kundenrabatt	5 %	12,08 EUR	
Nettoverkaufspreis		241,60 EUR	
+ Umsatzsteuer	19 %	45,90 EUR	
Bruttoverkaufspreis 5,75 · 50 Behälter		287,50 EUR	gegeben

b)

Einstandspreis (Bezugspreis)		181,05 EUR	gegeben
+ Handlungskostenzuschlag	22 %	39,83 EUR	
Selbstkostenpreis		220,88 EUR	
+ Gewinnzuschlag	**x %**	**4,05 EUR**	**= 1,83 %**
Barverkaufspreis		224,93 EUR	gegeben

c) Der Gewinn ist um 11,29 − 4,05 = **7,24 EUR** (insgesamt **362,00 EUR**) gesunken. Der Gewinnrückgang beträgt 7,24 · 100 : 11,29 = **64,13 %**.

d)

Einkaufspreis (netto) für 50 Behälter		242,50 EUR	gegeben
− Liefererrabatt	**x %**	**78,78 EUR**	**= 32,49 %**
Zieleinkaufspreis		163,72 EUR	
− Liefererskonto	1,5 %	2,46 EUR	
Bareinkaufspreis		161,26 EUR	
+ Bezugskosten		13,85 EUR	
Einstandspreis (Bezugspreis)		175,11 EUR	
+ Handlungskostenzuschlag	22 %	38,53 EUR	
Selbstkostenpreis		213,64 EUR	gegeben

10.

Kalkulationszuschlag	60 %	**$33\frac{1}{3}$ %**	**25 %**	20 %	**100 %**	30 %
Kalkulationsabschlag	**37,5 %**	**25 %**	20 %	**$16\frac{2}{3}$ %**	**50 %**	**23,08 %**
Kalkulationsfaktor	**1,6**	1,3333	**1,25**	**1,2**	2,0	**1,3**

12.5 Prüfungsaufgaben

Prüfungsaufgaben Sommer 2009 (Aufgabe 1, Kaufmännische Handelstätigkeit)

1.1.1 Externe Bezugsquellen, da es sich um die Neuaufnahme von Produkten handelt, z. B. Fachzeitschriften, Internet, Branchenverzeichnisse

1.1.2 Z. B. Entscheidung für das erste Angebot:
- schnelle Antwort auf Anfrage
- keine Mindestbestellmenge
- schnellere Lieferung
- Reparatur- und Ersatzteilservice
- Angebotene Produkte entsprechen vermutlich eher dem bisherigen Sortiment der gehobenen Preisklasse.
- Höherwertige Maschinen passen besser für gehobene Preisklasse.

1.1.3 Bestellung = Antrag
- Faber OHG ist nicht mehr an ihr Angebot gebunden, da zwischen Angebot und Bestellung zehn Tage vergangen sind.
- Faber OHG muss den Antrag annehmen, z. B. durch Auftragsbestätigung oder Lieferung.

1.2.1 **Warengerechte Lagerung:** Schutz vor Schmutz und Feuchtigkeit, um die Elektronik der Maschinen nicht zu zerstören
Übersichtlichkeit: Espressomaschinen an einem Ort lagern und Beschriftungen anbringen, um sie schneller wiederzufinden
auf Sicherheit achten: schwere Maschinen unten lagern, um sie gefahrlos entnehmen zu können

Prüfungsaufgaben Sommer 2009 (Aufgabe 3, Kaufmännische Handelstätigkeit)

3.4 **Differenzkalkulation**

Brutto-EK	14,28 EUR
− 19 % USt	2,28 EUR
EK netto	12,00 EUR
− 45 % L-Rabatt	5,40 EUR
Ziel-EK	6,60 EUR
− 2 % L-Skonto	0,13 EUR
Bar-EK	6,47 EUR
+ Bezugskosten	0,25 EUR
EP	6,72 EUR
+ 40 % HKZ	2,69 EUR
Selbstkosten	9,41 EUR
+ Gewinnzuschlag	**1,39 EUR**
Bar-VP	10,80 EUR
+ 10 % K-Rabatt	1,20 EUR
Netto-VP	12,00 EUR
+ 19 % USt	2,28 EUR
Brutto-VP	14,28 EUR

Gewinnzuschlag in Prozent: **14,77 %**

3.5 Kalkulationsabschlag $= \frac{(\text{BruttoVP} - \text{EP})}{\text{BruttoVP}} \cdot 100 = \frac{(14{,}28 - 6{,}72)}{14{,}28} \cdot 100 = 52{,}94\ \%$

Brutto-VP	9,90 EUR
− 52,94 % KA	5,24 EUR
Einstandspreis	4,66 EUR

Prüfungsaufgaben Winter 2009/2010 (Aufgabe 1, Kaufmännische Handelstätigkeit)

1.3.1.1 Der Bestellwert beträgt 75 Paare · 28,50 EUR = 2.137,50 EUR, also beträgt der Rabatt 6 %.

Einkaufspreis	28,50 EUR
− Liefererrabatt 6 %	1,71 EUR
= Bareinkaufspreis	26,79 EUR
− Liefererskonto 3 %	0,80 EUR
= Zieleinkaufspreis	25,99 EUR
+ Bezugskosten	0,00 EUR
= Bezugspreis	25,99 EUR
+ HKZ 40 %	10,40 EUR
= Selbstkostenpreis	36,39 EUR
+ Gewinn 15 %	5,46 EUR
= Nettoverkaufspreis	41,85 EUR
+ Umsatzsteuer 19 %	7,95 EUR
= Bruttoverkaufspreis	**49,80 EUR**

1.3.1.2 Kalkulationsabschlag = (BruttoVP − Bezugspreis) · 100 : BruttoVP
= (49,80 − 25,99) · 100 : 49,80 = **47,81 %**
Kalkulationsfaktor = BruttoVP/Bezugspreis = 49,80 : 25,99 = **1,9161**

Prüfungsaufgaben Sommer 2010 (Aufgabe 2, Lager)

2.1.1 Wareneinsatz = 36 Stück · 160,00 EUR = **5.760,00 EUR**
2.1.2 ∅ LB = (12 + 10 + 17 + 8 + 13) : 5 = 12 Stück = **1.920,00 EUR**
2.1.3 UH = Wareneinsatz : ∅ LB = 36 : 12 = **3-mal**
2.1.4 ∅-LD = 360 : UH = 360 : 3 = **120 Tage**
2.1.5 Geringere Umsätze als in der Branche üblich, höhere Lagerbestände als üblich

2.2.1 Meldebestand = ∅ Tagesverbrauch · Lieferzeit + Mindestbestand
Meldebestand = 9 · 8 + 18 = **90 Stück**

2.2.2 Mindestbestand = eiserner Bestand, d. h. festgelegte Reserve, die normalerweise nicht angegriffen wird. Er dient dem Ausgleich von Lieferungsverzögerungen oder unerwartet hohen Verkaufszahlen.

2.2.3 Z. B.: Branchenverzeichnis, Großhändler, Fachzeitschriften, Besuch von Messen, Lieferantendatei

Prüfungsaufgaben Sommer 2010 (Aufgabe 3, Kalkulation)

3.1 Kalkulation für 1 Stück:

Einkaufspreis (netto)		**149,00 EUR**	gesucht ↑
− Liefererrabatt	10 %	14,90 EUR	
Zieleinkaufspreis		134,10 EUR	
− Liefererskonto	2 %	2,68 EUR	
Bareinkaufspreis		131,42 EUR	
+ Bezugskosten (z. B. Fracht)	0,00 EUR/St.	0,00 EUR	
Einstandspreis (EP)		131,42 EUR	

Einstandspreis (EP)		131,42 EUR	↑
+ Handlungskostenzuschlag	60 %	78,85 EUR	
Selbstkostenpreis		210,27 EUR	
+ Gewinnzuschlag	10 %	21,03 EUR	
Barverkaufspreis (BarVP)		231,30 EUR	= 98 %
+ Kundenskonto	2 %	4,72 EUR	= 2 %
Zielverkaufspreis		236,02 EUR	= 97 %
+ Kundenrabatt	3 %	7,30 EUR	= 3 %
Nettoverkaufspreis (NettoVP)		243,32 EUR	
+ Umsatzsteuer	19 %	46,23 EUR	
Bruttoverkaufspreis (BruttoVP)		289,55 EUR	gegeben

3.2 Kalkulationszuschlag = (BruttoVP − EP) · 100 : EP
Kalkulationszuschlag = (289,55 − 131,42) · 100 : 131,42 = **120,32 %**

3.3 Handelsspanne = (NettoVP − EP) · 100 : NettoVP
Handelsspanne = (243,32 − 131,42) · 100 : 243,32 = **45,99 %**

3.4 Löhne, Miete, Versicherung, Steuern

Prüfungsaufgaben Winter 2010/2011 (Aufgabe 2)

2.1 Kalkulation für 1 Stück:

Einkaufspreis (netto)		450,00 EUR	gegeben ↓
− Liefererrabatt	10 %	45,00 EUR	
Zieleinkaufspreis		405,00 EUR	
− Liefererskonto	3 %	12,15 EUR	
Bareinkaufspreis		392,85 EUR	
+ Bezugskosten (z. B. Fracht)	10,00 EUR/St.	10,00 EUR	
Einstandspreis (Bezugspreis)		402,85 EUR	
+ Handlungskostenzuschlag	30 %	120,86 EUR	
Selbstkostenpreis		523,71 EUR	
+ Gewinnzuschlag	7,5 %	39,28 EUR	
Barverkaufspreis		562,99 EUR	= 95 %
+ Kundenrabatt	5 %	29,63 EUR	= 5 %
Nettoverkaufspreis		592,62 EUR	
+ Umsatzsteuer	19 %	112,60 EUR	
Bruttoverkaufspreis		**705,22 EUR**	**gesucht**

2.2.1 Handelsspanne = (592,61 – 402,85) · 100 : 592,61 = 32,02 %

2.2.2 Kalkulationszuschlag = (705,21 – 402,85) · 100 : 402,85 = 75,05 %

Prüfungsaufgaben Winter 2010/2011 (Aufgabe 3, Bestellwesen und Lagerhaltung)

3.1 Jahresbedarf: 20 Fernseher

Bestell-häufigkeit	Bestell-menge	Einkaufs-kosten	Bestell-kosten	Lager-kosten	Gesamt-kosten
1-mal	20	9.000,00 EUR	50,00 EUR	500,00 EUR	9.550,00 EUR
5-mal	4	9.200,00 EUR	250,00 EUR	250,00 EUR	9.700,00 EUR
10-mal	2	10.000,00 EUR	500,00 EUR	100,00 EUR	10.600,00 EUR

3.2.1 Durchschnittlicher Lagerbestand = (10.000,00 + 8.000,00) : 2 = **9.000,00 EUR**
3.2.2 Lagerumschlagshäufigkeit = 324.000,00 : 9.000,00 = **36-mal**
3.2.3 Durchschnittliche Lagerdauer = 360 Tage : 36 = **10 Tage**
3.2.4 Schlechte Warenpräsentation, veraltetes Sortiment, unhöfliches Verkaufspersonal u. a.
3.3.1 Bestellpunktverfahren: Bestellt wird bei Erreichen des Meldebestands (= Bestellpunkt). Der Zeitpunkt ist vom Absatzverlauf abhängig. Unterschiedliche Bestelltermine mit gleichen Bestellmengen
3.3.2 Mindestbestand: Sicherung der Verkaufsbereitschaft bei Lieferproblemen und unerwartet hohem Verkauf

Prüfungsaufgaben Sommer 2011 (Aufgabe 1, Warenwirtschaft und Rechnungswesen)

1. **1.1** **1.2**

		1.1		1.2
Einkaufspreis (netto)		↑ **39,16 EUR**		
– Liefererskonto	2 %	0,78 EUR		
Bareinkaufspreis		38,38 EUR		
+ Bezugskosten (z. B. Fracht)		0,00 EUR		
Einstandspreis (Bezugspreis)		38,38 EUR		
+ Handlungskostenzuschlag	30 %	11,51 EUR		
Selbstkostenpreis		49,89 EUR		60,49 EUR
+ Gewinnzuschlag	10 %	4,99 EUR	**0 %**	0,00 EUR
Barverkaufspreis		54,88 EUR		60,49 EUR
+ Kundenskonto	3 %	1,12 EUR	3 %	1,23 EUR
Barverkaufspreis		56,00 EUR		61,72 EUR
+ Kundenrabatt	**20 %**	14,00 EUR	**3 %**	1,91 EUR
Nettoverkaufspreis		70,00 EUR		63,63 EUR
+ Umsatzsteuer	19 %	13,30 EUR	19 %	12,09 EUR
Bruttoverkaufspreis		83,30 EUR		↓ **75,72 EUR**

Prüfungsaufgaben Winter 2011/2012 (Aufgabe 1, Warenwirtschaft und Rechnungswesen)

1.1 Hier wurde das Bestellrhythmusverfahren angewandt, d. h., es wurden jeweils am Monatsanfang 50 Stück bestellt. Dieses Verfahren ist für diesen Artikel ungeeignet, weil der Abverkauf sehr unregelmäßig erfolgt. Dadurch bewegen sich die Lagerbestände auf einem unnötig hohen Niveau.

1.2 Für das Pferdefutter wäre das Bestellpunktverfahren geeignet, da dieses Verfahren die unregelmäßige Nachfrage der Kunden berücksichtigt. Ein Bestellvorgang wird nur dann ausgelöst, wenn der Lagerbestand einen von uns festgelegten Bestand (Meldebestand) unterschreitet.

1.3 Anweisung an die Mitarbeiter im Lager:

Sehr geehrte Mitarbeiter,

da wir bei einigen Artikeln im abgelaufenen Jahr sehr hohe Lagerbestände aufgebaut haben, gilt es, bei der Bestellung einige wichtige Punkte zu beachten:

1) In Zukunft wird nach dem Bestellpunktverfahren bestellt.
2) Ist der Meldebestand erreicht, dann muss ein neuer Bestellvorgang ausgelöst werden.
3) Bestimmung des Meldebestands:
   Meldebestand = (Wochenabsatz · Lieferzeit) + Mindestlagerbestand
4) Wichtige Größen für das Bestellverfahren sind aus der Lagerbestandskarte zu entnehmen:
   - durchschnittlicher Wochenabsatz
   - durchschnittliche Lieferzeit
   - festgelegter Mindestlagerbestand

Bestimmung des Meldebestands für den Artikel Pferdefutter:

aktueller Meldebestand = (7 · 2) + 50 = 64 Stück. Erreicht der Lagerbestand 64 Stück, so muss ein neuer Bestellvorgang ausgelöst werden.

Prüfungsaufgaben Winter 2011/2012 (Aufgabe 2, Warenwirtschaft und Rechnungswesen)

2.1 Aktuelle Situation für den Artikel Hundefutter:

- Die Wettbewerber bieten den Artikel deutlich günstiger an.
- Bei Bayer Bau & Garten kostet der Artikel 25,00 EUR.
- Im Baumarkt Tamm kostet der Artikel 23,00 EUR.
- Wir verlangen einen nicht mehr konkurrenzfähigen Preis von 28,00 EUR.

2.2 Unter Berücksichtigung der Kalkulationssätze ergibt sich bei einem Bruttoverkaufspreis von 25,00 EUR ein Einstandspreis von 9,98 EUR.

Rückwärtskalkulation

Einstandspreis		9,98 EUR
+ Handlungskosten	50 %	4,99 EUR
Selbstkosten		14,97 EUR
+ Gewinn	30 %	4,49 EUR
Barverkaufspreis		19,46 EUR
+ Kundenskonto	2 %	0,40 EUR
Zielverkaufspreis		19,86 EUR
+ Kundenrabatt	15 %	3,50 EUR
Nettoverkaufspreis		23,36 EUR
+ Umsatzsteuer	7 %	1,64 EUR
Nettoverkaufspreis		25,00 EUR

2.3 Die Angebotsüberprüfung hat folgende Ergebnisse geliefert:

	Lenko Futter KG	Miller Futternapf e. K.
Listeneinkaufspreis	9,80 EUR	10,09 EUR
– Liefererskonto	0,20 EUR	0,20 EUR
Einstandspreis pro Sack	9,60 EUR	9,89 EUR
Lieferzeit	4 Wochen	sofort
Zahlungsbedingungen	2 % Skonto innerhalb 10 Tagen, sonst 30 Tage	2 % Skonto innerhalb 14 Tagen, sonst 30 Tage
Mindestbestellmenge	200 Stück monatlich	keine

2.4 Die Lenko Futter KG hat einen günstigeren Einstandspreis.
Die Miller kann sofort liefern, Lenko hat 4 Wochen Lieferzeit.
Bei der Lenko Futter KG ist die Skontofrist 4 Tage kürzer.
Bei Lenko Futter KG beträgt die Mindestbestellmenge 200 Stück pro Monat.

Ich schlage vor, das Angebot von Miller Futternapf e. K. anzunehmen.
Begründung: Die Lenko Futter KG ist zwar beim Preis etwas günstiger, bei allen qualitativen Kriterien ist Müller e. K. deutlich besser.

Prüfungsaufgaben Sommer 2012 (Aufgabe 1)

1.1 Einkaufspreis für 20 Tennisschläger: 20 · 98,00 EUR = 1.960,00 EUR

Einkaufspreis	1.960,00	100 %	
– 20 % Liefererrabatt	392,00	20 %	
Zieleinkaufspreis	1.568,00	80 %	100 %
– 3 % Liefererskonto	47,04		3 %
Bareinkaufspreis	1.520,96		97 %
+ Bezugskosten	30,00		
Einstandspreis (Bezugspreis)	1.550,96	100 %	
+ 35 % HKZ	542,84	35 %	100 %
Selbstkosten	2.093,80	135 %	
+ 12 % Gewinn	251,26		12 %
Barverkaufspreis	2.345,06	98 %	112 %
+ 2 % Kundenskonto	47,86	2 %	
Zielverkaufspreis	2.392,92	100 %	100 %
+ 19 % Umsatzsteuer	454,65		19 %
Bruttoverkaufspreis	2.847,57		119 %

Bruttoverkaufspreis für 1 Tennisschläger: 2.847,57 EUR : 20 = 142,38 EUR

1.2 Handelsspanne: (2.392,92 − 1.550,96) · 100 : 2.392,92 = 35,19 %
Die angestrebte Handelsspanne von 38 % wird nicht erreicht.

1.3 Differenzkalkulation:

Selbstkosten pro Stück: 2.093,80 EUR : 20 = 104,69 EUR

Selbstkosten + Gewinn	104,69 9,78	**gegeben** **gesucht**	100 % 9,34 %
Barverkaufspreis	114,47	98 %	
+ 2 % Kundenskonto	2,34	2 %	100 %
Zielverkaufspreis	116,81	100 %	
+ 19 % Umsatzsteuer	22,19		19 %
Bruttoverkaufspreis	139,00	**gegeben**	119 %

Gewinn in EUR: 114,47 − 104,69 = 9,78 EUR
Gewinn in %: (114,47 − 104,69) · 100 : 104,69 = 9,34 %

Prüfungsaufgaben Sommer 2012 (Aufgabe 3)

3.1

	Filiale A	**Filiale B**
Mitarbeiter	6	9
Verkaufsfläche in m^2	310	450
Umsatz (netto)	875.000,00 EUR	1.150.500,00 EUR
Umsatz je Mitarbeiter	**145.833,33 EUR**	**127.833,33 EUR**
Umsatz je m^2 Verkaufsfläche	**2.822,58 EUR**	**2.556,67 EUR**
Anteil am Gesamtumsatz in %	**43,20 %**	**56,80 %**

3.2.1 Lagerbestandskarte Artikelgruppe Sportschuhe, Artikel „Panda“

Datum	Wareneingang	Verkauf	Bestand
01.01.	...	...	800,00 EUR
31.03.	2.500,00 EUR	1.700,00 EUR	**1.600,00 EUR**
30.06.	...	900,00 EUR	**700,00 EUR**
30.09.	1.200,00 EUR	500,00 EUR	**1.400,00 EUR**
31.12.	800,00 EUR	1.000,00 EUR	**1.200,00 EUR**

Der Wareneinsatz beträgt 4.100,00 EUR.

3.2.2 Ø Lagerbestand = (800 + 1.600 + 700 + 1.400 + 1.200) : 5 = 1.140,00 EUR
Lagerumschlagshäufigkeit = 4.400 : 1.140 = 3,86-mal
Ø Lagerdauer = 360 : 3,86 = 93,26 Tage

3.2.3 Das Sportgeschäft hat für diesen Artikel eine kürzere durchschnittliche Lagerdauer und ist damit besser als der Branchendurchschnitt.

Prüfungsaufgaben Winter 2012/2013 (Aufgabe 2; Bestellwesen, Lagerhaltung)

2.1.1

Anzahl der Bestellungen	Bestellmenge in Stück	∅ Lagerbestand in EUR	∅ Lagerhaltungskosten in EUR	Bestellkosten in EUR	Gesamtkosten in EUR
1	1.000	250.000,00	5.000,00	50,00	5.050,00
5	200	50.000,00	1.000,00	250,00	1.250,00
10	100	25.000,00	500,00	500,00	1.000,00
25	40	10.000,00	200,00	1.250,00	1.450,00

optimale Bestellmenge = 100 Stück

2.1.2 Bestellpunktverfahren:
Bestellt wird, wenn ein bestimmter Meldebestand erreicht wird.
Bestellrhythmusverfahren:
Bestellt wird in regelmäßigen Abständen (z. B. alle vier Wochen).
Risiko 1: Bei starker Nachfrage kann es zu Lieferschwierigkeiten kommen.
Risiko 2: Bei schwacher Nachfrage steigen die Lagerbestände.

2.2.1 $$\text{Durchschnittlicher Lagerbestand} = \frac{\text{Anfangsbestand + 12 Monatsendbestände}}{13}$$

durchschnittlicher Lagerbestand = (8.000 + 148.000) : 13 = 12.000,00 EUR

2.2.2 Umschlagshäufigkeit (UH) = Wareneinsatz : durchschnittlicher Lagerbestand

UH = 272.000 : 12.000 = 22,7-mal; gerundet: 23-mal

2.2.3 Mit 23 (bzw. Ersatzwert 20) ist die UH des Unternehmens schlechter als die UH in der Branche.

Mögliche Gründe: schlechter Standort, veraltetes Sortiment, schlecht ausgebildetes Personal

Prüfungsaufgaben Winter 2012/2013 (Aufgabe 3, Kalkulation)

3.3.1 Vorwärtskalkulation für eine Damen-Radler-Regenkombination

Listeneinkaufspreis (netto)		129,00 EUR	gegeben
– Liefererrabatt	15 %	19,35 EUR	
Zieleinkaufspreis		109,65 EUR	
– Liefererskonto	3 %	3,29 EUR	
Bareinkaufspreis		106,36 EUR	
+ Bezugskosten	36 : 18	2,00 EUR	
Einstandspreis (Bezugspreis)		108,36 EUR	
+ Handlungskostenzuschlag	20 %	21,67 EUR	
Selbstkostenpreis		130,03 EUR	
+ Gewinnzuschlag	10 %	13,00 EUR	
Barverkaufspreis		143,03 EUR	= 98 %
+ Kundenskonto	2 %	2,92 EUR	= 2 %
Zielverkaufspreis		145,95 EUR	= 95 %
+ Kundenrabatt	5 %	7,68 EUR	= 5 %
Nettoverkaufspreis		153,63 EUR	
+ Umsatzsteuer	19 %	29,19 EUR	
Bruttoverkaufspreis		**182,82 EUR**	**gesucht**

3.1.2 Handelsspanne = (NettoVP – EP) · 100 : NettoVP
(153,63 – 108,36) · 100 : 153,63 = 29,47 %

3.1.3 Kalkulationszuschlagsatz = (BruttoVP – EP) · 100 : EP
(182,82 – 108,36) · 100 : 108,36 = 68,72 %

Prüfungsaufgaben Sommer 2013 (Aufgabe 1, teilweise)

1.2.1

Listeneinkaufspreis		71,00 EUR
– Liefererrabatt	10 %	7,10 EUR
Zieleinkaufspreis		63,90 EUR
– Liefererskonto	2 %	1,28 EUR
Bareinkaufspreis		62,62 EUR
+ Handlungskosten	33 %	20,66 EUR
Selbstkosten		83,28 EUR
+ Gewinnzuschlag	**5,91 %**	**4,92 EUR**
Barverkaufspreis		88,20 EUR
+ Kundenskonto	2 %	1,80 EUR
Zielverkaufspreis		90,00 EUR

Wir können kein Angebot machen, da die Zielvorgabe bezüglich des Gewinnzuschlages nicht erreicht wird.

1.2.2 Z. B.
- Es handelt sich um einen Stammkunden, den man nicht verlieren möchte.
- Es ist nur eine einmalige Abweichung von der Zielvorgabe.
- Es wird trotz Abweichung von der Zielvorgabe ein Gewinn erzielt.

Prüfungsaufgaben Sommer 2013 (Aufgabe 2)

2.1.1 Durchschnittlicher Lagerbestand = 234.500 : 5 = 46.900,00 EUR

2.1.2 Lagerumschlagshäufigkeit = 214.000 : 46.900 = 4,56

2.1.3 Durchschnittliche Lagerdauer 360 : 4,56 = 78,95 Tage

2.1.4 Das Rad'l Paradies liegt deutlich unter dem Wert von Hans Schmidt e. K. und ist damit schlechter.

2.1.5 Zunahme Ladenhüter, Erhöhung gebundenes Kapital, höhere Lagerkosten, Gegenmaßnahme: Werbung, Zweitplatzierung

2.2.1 Mit jeder Entnahme wird geprüft, ob damit der Meldebestand erreicht/unterschritten wurde. Falls dies zutrifft, wird eine (automatische) Bestellung ausgelöst.

2.2.2
- schnelleres Reagieren auf kurzfristig auftretende Bedarfsschwankungen (keine fixen Bestellintervalle)
- gleichmäßige Lagerhaltung
- Senkung der Lagerkosten
- hohe Versorgungssicherheit, da die Gefahr einer Unterdeckung gering ist

2.3.1 Meldebestand = Tagesverbrauch · Lieferzeit + Mindestbestand

9 Stück = 0,5 · 14 + 2

2.3.2 Lieferverzug, Ausfall eines Lieferanten, erhöhte Nachfrage

Prüfungsaufgaben Winter 2013/2014 (Aufgabe 2, Kalkulation)

2.1 Rückwärtskalkulation

	Einkaufspreis (netto)		**2,95 EUR**	gesucht ↑
–	Liefererrabatt	15 %	0,44 EUR	
	Zieleinkaufspreis		2,51 EUR	
–	Liefererskonto	3 %	0,08 EUR	
	Bareinkaufspreis		2,43 EUR	
+	Bezugskosten	3,00 EUR : 6	0,50 EUR	
	Einstandspreis (Bezugspreis)		2,93 EUR	
+	Handlungskostenzuschlag	25 %	0,73 EUR	
	Selbstkostenpreis		3,66 EUR	
+	Gewinnzuschlag	12 %	0,44 EUR	
	Barverkaufspreis		4,10 EUR	
+	Kundenskonto	2 %	0,08 EUR	
	Zielverkaufspreis		4,18 EUR	
+	Kundenrabatt	5 %	0,22 EUR	
	Nettoverkaufspreis		4,40 EUR	
+	Umsatzsteuer	19 %	0,84 EUR	
	Bruttoverkaufspreis		5,24 EUR	gegeben

Der maximal mögliche Listeneinkaufspreis für eine Flasche Bio-Merlot beträgt 2,95 EUR.

2.2 Kalkulationsabschlag = (5,24 – 2,93) · 100 : 5,24 = **44,08 %**
[alternativ: (5,24 – 3,00) · 100 : 5,24 = 42,75 %]

Handelsspanne = (4,40 – 2,93) · 100 : 4,40 = **33,41 %**
[alternativ: (4,40 – 3,00) · 100 : 4,40 = 31,82 %]

Prüfungsaufgaben Winter 2013/2014 (Aufgabe 3, Beschaffung und Lagerhaltung)

3.1 Lagerkartei ergänzt um Warenausgänge:

	Anfangsbestand in EUR	Wareneingang in EUR	Warenausgang in EUR	Endbestand in EUR
1. Quartal	5.500,00	33.000,00	**32.500,00**	6.000,00
2. Quartal	6.000,00	25.000,00	**25.200,00**	5.800,00
3. Quartal	5.800,00	28.000,00	**28.800,00**	5.000,00
4. Quartal	5.000,00	25.000,00	**24.800,00**	5.200,00

3.2 Ø Lagerbestand = (Anfangsbestand + 4 Quartalsendbestände) : 5
Ø Lagerbestand = (5.500 + 22.000) : 5 = **5.500,00 EUR**

3.3 Lagerumschlagshäufigkeit = Wareneinsatz : Ø Lagerbestand
Wareneinsatz = 32.500 + 25.200 + 28.800 + 24.800 = 111.300,00 EUR
Lagerumschlagshäufigkeit = 111.300 : 5.500 = **20,24 mal**

3.4 Ø Lagerdauer = 360 Tage : Lagerumschlagshäufigkeit
Ø Lagerdauer = 360 Tage : 20,24 = **17,79 Tage** = rund 18 Tage

3.5 Die Lagerumschlagshäufigkeit der Natural Foods GmbH liegt mit 20,24 unter dem Branchendurchschnitt und ist damit schlechter zu beurteilen. Ein Grund für die Abweichung nach unten könnte sein, dass die Natural Foods GmbH einen höheren durchschnittlichen Lagerbestand (und damit höhere Kosten) hat, als in der Branche üblich.

3.6 Schülerabhängige Antwort, z. B.
Verringerung des Mindestbestandes, dadurch ergibt sich ein geringerer durchschnittlicher Lagerbestand und damit eine Lagerkostensenkung.

Werbemaßnahmen, dadurch wird die umgesetzte Menge erhöht und damit auch die Umschlagshäufigkeit.

Prüfungsaufgaben Sommer 2014 (Aufgabe 2, Beschaffung und Buchführung)

2.1.1 Angebot „Foto-Plus KG Stuttgart"

			pro Stück		Gesamtmenge
Listeneinkaufspreis			60,00 EUR		4.800,00 EUR
– Liefererrabatt	10,00	%	6,00 EUR		480,00 EUR
= Zieleinkaufspreis			54,00 EUR		4.320,00 EUR
– Liefererskonto	5,00	%	2,70 EUR		216,00 EUR
= Bareinkaufspreis			51,30 EUR		4.104,00 EUR
+ Bezugskosten			0,00 EUR		0,00 EUR
= Bezugspreis			51,30 EUR		4.104,00 EUR

Angebot „Electro-Master Ltd. Hongkong"

			pro Stück		Gesamtmenge
Listeneinkaufspreis			30,00 EUR		2.400,00 EUR
– Liefererrabatt	0,00	%	0,00 EUR		0,00 EUR
= Zieleinkaufspreis			30,00 EUR		2.400,00 EUR
– Liefererskonto	2,50	%	0,75 EUR		60,00 EUR
= Bareinkaufspreis			29,25 EUR		2.340,00 EUR
+ Bezugskosten			20,00 EUR		1.600,00 EUR
= Bezugspreis			49,25 EUR		3.940,00 EUR

2.1.2 Mitteilung: schülerindividuelle Antworten möglich, z. B.

> Sehr geehrter Herr Schneider,
>
> der Angebotsvergleich führte zu folgendem Ergebnis:
> Der Bezugspreis für das Angebot Nr. 1 (Foto-Plus KG) liegt bei 51,30 EUR je Stück.
> Der Bezugspreis für das Angebot Nr. 2 (Electro-Master Ltd.) liegt bei 49,25 EUR je Stück.
>
> Obwohl Angebot Nr. 2 um 2,05 EUR je Stück günstiger ist, würde ich dennoch davon abraten und stattdessen Angebot Nr. 1 wählen und zwar aus folgenden Gründen:
>
> Mit der Foto-Plus KG unterhalten wir bereits eine langjährige Geschäftsverbindung.
>
> Des Weiteren hat die Foto-Plus KG ihren Firmensitz in Stuttgart, was in der Nähe liegt. Dies würde bedeuten, dass wir bei möglichen Reklamationen notfalls persönlich bei diesem Lieferanten vorsprechen könnten und nicht alles per Fax oder E-Mail abwickeln müssten.
>
> Mit freundlichen Grüßen
>
> *Schülername*

2.2.1

Rechnungseingang					
Nr.	**Konto – Soll**	**Betrag – Soll**	**an**	**Konto – Haben**	**Betrag – Haben**
1	Waren	963,50	**an**	Verbindlichkeiten a. LL.	963,50

2.2.2

Zahlung durch Banküberweisung					
Nr.	**Konto – Soll**	**Betrag – Soll**	**an**	**Konto – Haben**	**Betrag – Haben**
1	Verbindlichkeiten a. LL.	963,50	an	Bank	963,50

Prüfungsaufgaben Sommer 2014 (Aufgabe 3, Kalkulation)

3.1.1

Kalkulationsschema				pro Stück	Gesamtmenge
	Listeneinkaufspreis			165,00 EUR	9.900,00 EUR
	– Liefererrabatt	20,00	%	33,00 EUR	1.980,00 EUR
	= Zieleinkaufspreis			132,00 EUR	7.920,00 EUR
	– Liefererskonto	2,50	%	3,30 EUR	198,00 EUR
	= Bareinkaufspreis			128,70 EUR	7.722,00 EUR
	+ Bezugskosten			0,00 EUR	0,00 EUR
	= Bezugspreis			128,70 EUR	7.722,00 EUR
	+ Handlungskosten	30,00	%	38,61 EUR	2.316,60 EUR
	= Selbstkostenpreis			167,31 EUR	10.038,60 EUR
	+ Gewinn	15,00	%	25,10 EUR	1.505,79 EUR
	= Barverkaufspreis			192,41 EUR	11.544,39 EUR
	+ Kundenskonto	3,00	%	5,95 EUR	357,04 EUR
	= Zielverkaufspreis			198,36 EUR	11.901,43 EUR
	+ Kundenrabatt	5,00	%	10,44 EUR	626,39 EUR
	= Nettoverkaufspreis			208,80 EUR	12.527,82 EUR
	+ Umsatzsteuer	19,00	%	39,67 EUR	2.380,29 EUR
	= Bruttoverkaufspreis			248,47 EUR	14.908,11 EUR

3.1.2 $\text{Kalkulationszuschlag in \%} = \frac{(\text{Bruttoverkaufspreis} - \text{Einstandspreis}) \cdot 100\ \%}{\text{Einstandspreis}}$

$\text{Kalkulationszuschlag in \%} = \frac{(248{,}47\ \text{EUR} - 128{,}70\ \text{EUR}) \cdot 100\ \%}{128{,}70\ \text{EUR}} = \mathbf{93{,}06\ \%}$

3.1.3 Verkürztes Verfahren der Vorwärtskalkulation: Der Einstandspreis multipliziert mit dem Zuschlagsatz ergibt den Kalkulationszuschlag in EUR; durch Addition mit dem Einstandspreis erhält man den Bruttoverkaufspreis.

3.2 $\text{Handelsspanne} = \frac{(\text{Nettoverkaufspreis} - \text{Einstandspreis}) \cdot 100\ \%}{\text{Nettoverkaufspreis}}$

Verkürztes Verfahren der Rückwärtskalkulation: Ausgehend vom Netto-VK wird mit einer vorgegebenen Handelsspanne der Einstandspreis ermittelt. Damit weiß der Einzelhändler, zu welchem Einstandspreis er Produkte einkaufen kann, um alle Kosten zu decken und den gewünschten Gewinn zu erzielen.

Prüfungsaufgaben Winter 2014/2015 (Aufgabe 2, Lagerhaltung)

2.1 Wareneinsatz = AB + Wareneinkäufe – Schlussbestand

Quartal 2013	Anfangsbestand	Wareneinkäufe	Wareneinsatz	Schlussbestand
I (Jan.–März)	32.000	48.000	56.000	24.000
II (April–Juni)	24.000	64.000	76.000	12.000
III (Juli–Sept.)	12.000	76.000	52.000	36.000
IV (Okt.–Dez.)	36.000	48 000	64.000	20.000
Summe	---	---	248.000	---

2.2.1 Ø Lagerbestand = (32.000 + 24.000 + 12.000 + 36.000 + 20.000) : 5 = **24.800,00 EUR**

2.2.2 Umschlagshäufigkeit = Wareneinsatz : Ø Lagerbestand = 248.000 : 24.800 = **10 mal**

2.2.3 Ø Lagerdauer = 360 : Lagerumschlagshäufigkeit = 360 : 10 = **36 Tage**

2.3 Schülerabhängige Antworten, z. B.

- durchschnittlichen Lagerbestand senken (häufiger bestellen, Warenbestandskontrolle mithilfe des Warenwirtschaftssystems verbessern)
- Abverkäufe erhöhen durch Verkaufsfördermaßnahmen
- Sortimentskontrollen durchführen (Renner- und Pennerlisten)

2.4.1 Meldebestand = Mindestbestand + (Ø Verkauf pro Tag · Lieferzeit) = 4 + (4 · 3) = **16 Stück**

2.4.2 Bestellmenge = Höchstbestand – Mindestbestand = 30 – 4 = **26 Stück**

2.4.3 Mindestbestand: zur Überbrückung von Lieferverzögerungen und Ausgleich unterschiedlicher Nachfrage
Höchstbestand: um die Lagerkapazitäten zu beachten, Minimierung der Lagerkosten usw.

Prüfungsaufgaben Winter 2014/2015 (Aufgabe 3, Kalkulation)

3.1 Differenzkalkulation

	Einkaufspreis (netto)		40,00 EUR	gegeben
–	Liefererrabatt	7 %	2,80 EUR	↓
	Zieleinkaufspreis		37,20 EUR	
–	Liefererskonto	2 %	0,74 EUR	
	Bareinkaufspreis		36,46 EUR	
+	Bezugskosten		0,00 EUR	
	Einstandspreis (Bezugspreis)		36,46 EUR	
+	Handlungskostenzuschlag	75 %	27,35 EUR	
	Selbstkostenpreis		63,81 EUR	↓
+	**Gewinnzuschlag**		**3,41 EUR**	**gesucht**
	Nettoverkaufspreis		67,22 EUR	↑
+	Umsatzsteuer	19 %	12,77 EUR	
	Bruttoverkaufspreis		79,99 EUR	gegeben

Gewinnzuschlag in % = 3,41 EUR · 100 : 63,81 EUR = **5,34 %**

3.2.1 25,00 EUR · 2,3 = **57,50 EUR**

3.2.2 12,50 EUR · 90 : 100 = 11,25 EUR; 11,25 EUR + 12,50 EUR = **23,75 EUR**

3.2.3 36,00 EUR : 45 · 100 = **80,00 EUR**

3.2.4 28,00 EUR : 55 · 100 = 50,91 EUR; 50,91 · 1,19 = **60,58 EUR**

15 Ausbildung und Beruf

15.1 Duales Ausbildungssystem

1. • Berufsbildungsgesetz
   • Ausbildungsordnung
   • Jugendarbeitsschutzgesetz
   • Berufsausbildungsvertrag

2. **Duales Ausbildungssystem:** Kombination zwischen praktischer und theoretischer schulischer Ausbildung

   • **Lernort Betrieb:** Der/die Auszubildende erhält praktische Berufsgrundbildung. Basis der Ausbildung:
   – Berufsausbildungsvertrag
   – **Berufsbildungsgesetz** enthält u. a. Bestimmungen über Rechte und Pflichten des Auszubildenden sowie über die Ausbildungsordnung (s. u.).

   • **Lernort Berufsschule:** Der/die Auszubildende erhält theoretische Ausbildung. Basis der Ausbildung:
   – Schulpflicht
   – Lehrpläne
   – Schulgesetze der Länder

3. **Inhalte der Ausbildungsordnung (§ 5 Berufsbildungsgesetz):**
   • Bezeichnung des Ausbildungsberufes
   • Ausbildungsdauer (zwei bis drei Jahre)
   • Ausbildungsberufsbild: Fertigkeiten und Kenntnisse, die Gegenstand der Ausbildung sind
   • Ausbildungsrahmenplan: Anleitung zur sachlichen und zeitlichen Gliederung der Fertigkeiten und Kenntnisse
   • Prüfungsanforderungen

4. **Ausbildungsberufsbild:** Beschreibung der Fertigkeiten und Kenntnisse, die Gegenstand der Ausbildung sind

5. **Ausbildungsrahmenplan:** schriftliche Anleitung zur sachlichen und zeitlichen Gliederung der Vermittlung der notwendigen Fertigkeiten und Kenntnisse des jeweiligen Ausbildungsberufes

15.2 Der Berufsausbildungsvertrag

1. Mindestens ein Monat, maximal vier Monate
2. Während der Probezeit jederzeit ohne Grund fristlos kündbar

   nach Probezeit: unkündbar

   Ausnahmen:
   - fristlose Kündigung bei wichtigem Grund
   - Aufgabe Berufsausbildung (Frist: 4 Wochen)
   - andere Berufsausbildung (Frist: 4 Wochen)
3. Rechte:
   - Vergütung
   - Urlaub
   - Fürsorge
   - Freistellung zur Berufsschule
   - Ausbildung gemäß Ausbildungsziel
   - Zeugnis
   - Bereitstellung der Ausbildungsmittel ...

   Pflichten:
   - Dienstleistung
   - Lernpflicht
   - Berufsschulbesuch
   - Schweigepflicht
   - Berichtsheft führen
   - Weisungen befolgen ...
4. Berufsbildungsgesetz, Jugendarbeitsschutzgesetz
5. Schriftform
6. Mit Bestehen der Abschlussprüfung bei der IHK
7. **Berufliche Fortbildung:** baut auf einer abgeschlossenen Berufsausbildung auf

   berufliche Weiterbildung: bezieht sich insbesondere auch auf Allgemeinbildung

   berufliche Umschulung: Zweitausbildung zur Vorbereitung des Übergangs in eine andere berufliche Tätigkeit
8. - Selbstständigkeit
   - Kommunikationsfähigkeit
   - Teamfähigkeit
   - Denken in Zusammenhängen
   - Verantwortungsbereitschaft
   - Eigeninitiative
   - Fähigkeit zur Problemlösung
   - Kreativität

Test → Ausbildungsvertrag I

1., 2., 3. Versuch	Erzielte Punkte

1

An der beruflichen Ausbildung sind **zwei Partner** beteiligt:
Berufsschule (1) und **Ausbildungsbetrieb.** (1)

1.	2	
2.	2	
3.	2	

2

Vorteile des dualen Systems	Nachteile des dualen Systems
• Die Ausbildung wird **abwechslungsreicher.** (0,5) • Die Ausbildung erfolgt **praxisbezogen,** da sie sich überwiegend im Betrieb abspielt. (0,5)	• Die **Abstimmung** der Ausbildungsinhalte zwischen **Betrieb** und **Schule** ist häufig **schwierig** (0,5) umzusetzen. • **Ausbildungsplatzangebot** der Betriebe ist **unzureichend.** (0,5)

1.	2	
2.	2	
3.	2	

3

- **Berufsbildungsgesetz** (BBIG) → (1)
- **Jugendarbeitsschutzgesetz** (JArbSchG) → (1)

1.	2	
2.	2	
3.	2	

4

- **Ausbildende** → (1)
- **Auszubildende** → (0,5)
- Bei Minderjährigen ist die **Unterschrift** des **gesetzlichen Vertreters** notwendig. → (0,5)

1.	2	
2.	2	
3.	2	

5

- **Schriftform** → (1) Ausfüllen eines bundeseinheitlichen Vordruckes
- Bei der **IHK** (1) (ist für die kaufmännische Ausbildung zuständig) erfolgt die Eintragung in das Verzeichnis der Ausbildungsverhältnisse („Lehrlingsrolle").

1.	2	
2.	2	
3.	2	

6

- **Beginn** und **Dauer** der **Ausbildung** → (1)
- **Dauer** der **Probezeit** → (1)
- Höhe der Ausbildungsvergütung usw.
  siehe § 18 BBiG

1.	2	
2.	2	
3.	2	

Tragen Sie Ihre Punktesumme ein und ermitteln Sie auf dem Aufgabenblatt Ihre Note.

Punktesumme → 1. 12 | Punktesumme → 2. 12 | Punktesumme → 3. 12

Test → Ausbildungsvertrag II

1., 2., 3. Versuch	Erzielte Punkte

1

Pflichten des Auszubildenden § 13 BBiG	Pflichten des Ausbildenden §§ 14, 15 BBiG
• **Lern**pflicht → 0,5	• **Ausbildungs**pflicht → 0,5
• **Schweige**pflicht → 0,5	• **Freistellung** zum **Berufsschulbesuch** → 0,5

1. 2 | 2. 2 | 3. 2

2

Mindestens **1 Monat** (0,5), maximal **4 Monate** (0,5) (§ 20 BBiG)

1. 1 | 2. 1 | 3. 1

3

Beide Partner sollen sich **kennenlernen** → 0,5
und
die **Berufseignung und -neigung** überprüfen können. → 0,5

1. 1 | 2. 1 | 3. 1

4

a) Während der Probezeit kann jeder Vertragspartner, also auch der Arbeitgeber, **fristlos** kündigen. (§ 22 Abs. 1 BBiG) → 1

Da Deborahs Arbeitgeber die **Schriftform** nicht beachtete, ist die Kündigung **unwirksam.** → 0,5 (§ 22 Abs. 3 BBiG) 0,5

b) Eine **fristlose Kündigung** → 0,5 ist **nach Ablauf der Probezeit nicht möglich.** 0,5 Da bei Kim ein **Berufswechsel** 0,5 vorliegt, beträgt die Kündigungsfrist **vier Wochen.** 0,5 (§ 22 Abs. 2 BBiG)

1. 4 | 2. 4 | 3. 4

5

a) Der Ausbildungsbetrieb muss ein **einfaches Zeugnis** ausstellen. 1 (§ 16 Abs. 1 BBiG)

b) Das Zeugnis enthält Angaben über **Art, Dauer** 1 und Ziel der Berufsausbildung sowie über die erworbenen Fertigkeiten und Kenntnisse des Auszubildenden. (§ 16 Abs. 2 BBiG)

c) Auf Verlangen des Auszubildenden sind Angaben über **Führung, Leistung** 1 und besondere fachliche Fähigkeiten aufzunehmen. (§ 16 Abs. 2 BBiG)

d) Es handelt sich um ein **qualifiziertes Zeugnis.** 1 (§ 16 Abs. 2 BBiG)

1. 4 | 2. 4 | 3. 4

Tragen Sie Ihre Punktesumme ein und ermitteln Sie auf dem Aufgabenblatt Ihre Note.

Punktesumme → 1. 12 | Punktesumme → 2. 12 | Punktesumme → 3. 12

15.3 Das Jugendarbeitsschutzgesetz

1. a) Personen unter 18 Jahren
   b) Kinder, Jugendliche unter 15 Jahren
   c) Berufsausbildungsverhältnis oder leichte Tätigkeiten mit Einwilligung der Eltern …
   d) • Beschäftigungsverbote
      • Arbeitszeiten
      • Berufsschulbesuch
      • Ruhepausen
      • Urlaub
      • gefährliche Arbeiten

Test → Das Jugendarbeitsschutzgesetz

Nr.	Lösung	1., 2., 3. Versuch	Erzielte Punkte
1	Jugendliche stehen noch in ihrer **geistigen und körperlichen Entwicklung** und sind deshalb **besonders schutzbedürftig** (1) vor **Überforderung**, **Überbeanspruchung** und **Gefahren.** (2)	1. 3 / 2. 3 / 3. 3	
2	Beschäftigte Personen, die mindestens 15, maximal 17 Jahre alt sind (1) (1) (1)	1. 3 / 2. 3 / 3. 3	
3	• Akkordarbeit (1) • gesundheitsgefährdende Arbeiten (1) • Arbeiten, die die Leistungsfähigkeit der Jugendlichen übersteigen (1)	1. 3 / 2. 3 / 3. 3	
4	Gewerbeaufsichtsamt (1)	1. 1 / 2. 1 / 3. 1	
5	• Geld- oder Freiheitsstrafe (1) • bei mehrmaligem Vergehen: Beschäftigungsverbot für Jugendliche (1)	1. 2 / 2. 2 / 3. 2	

Tragen Sie Ihre Punktesumme ein und ermitteln Sie auf dem Aufgabenblatt Ihre Note.

Punktesumme → 1. 12 | Punktesumme → 2. 12 | Punktesumme → 3. 12

15.4 Die Sozialversicherung

1. a)
   - Krankenversicherung (KV)
   - Rentenversicherung (RV)
   - Arbeitslosenversicherung (AV)
   - Unfallversicherung (UV)
   - Pflegeversicherung (PV)

   b) KV:
   - Allgemeine Ortskrankenkassen (AOK)
   - Betriebskrankenkassen
   - Innungskrankenkassen
   - Ersatzkrankenkassen (z. B. DAK, KKH)

   RV: Deutsche Rentenversicherung

   AV: Bundesagentur für Arbeit (Aufgliederung in Arbeitsämter)

   UV: Berufsgenossenschaften

   PV: Pflegekassen bei den Krankenkassen

2. KV, RV, AV, PV: bis Beitragsbemessungsgrenze steigende, darüber konstante Beiträge

   UV: BBGrenze hat keine Bedeutung

   Beliebte Frage in mündl. Prüfungen: Höhe der Beitragsbemessungsgrenze (vgl. Stofftel)!

3. KV:
   - alle Arbeitnehmer bis zur Versicherungspflichtgrenze der KV
   - alle Auszubildenden
   - Rentner

   RV, AV:
   - alle Arbeitnehmer und Auszubildenden

   UV:
   - alle Beschäftigten

   PV:
   - alle Mitglieder der gesetzlichen bzw. privaten Krankenkassen

4. Abführung der Beiträge durch den Arbeitgeber an die
   - Krankenkassen (KV, RV, AV, PV),
   - Berufsgenossenschaft (UV).

5. KV:
   - Krankenhilfe: Arzt-, Krankenhaus-, Arzneikosten, Krankengeld
   - Vorsorgeuntersuchungen
   - Familienhilfe
   - Mutterschaftshilfe

   RV:
   - Rentenzahlungen:
     - Altersruhegeld
     - Rente wegen Berufs- oder Erwerbsunfähigkeit
     - Witwen- und Waisenrente
   - Rehabilitationsmaßnahmen

AV:
- Arbeitslosengeld I
- Arbeitslosengeld II (aus Steuern)
- Kurzarbeitergeld
- Winterausfallgeld
- Berufsberatung
- Umschulung
- KV-Beiträge Arbeitsloser

UV:
- Leistungen bei Arbeitsunfallfolgen (Krankenhilfe, Renten ...). Zu Arbeitsunfällen zählen auch Unfälle auf dem direkten Weg zwischen Wohnung u. Arbeitsstätte.
- Unfallverhütungsmaßnahmen:
  - Aufklärung
  - Belehrung
  - Überwachung

PV:
- häusliche Pflege
- stationäre Pflege
- sonstige Leistungen: Pflegehilfsmittel, techn. Hilfen, Zuschüsse für Umbauten ...

6. Arbeitgeber

7. Der Arbeitgeber haftet für eventuelle Nachteile, die der Arbeitnehmer hierdurch erleidet. Es handelt sich um eine Verletzung der Fürsorgepflicht.

8.
- 6 Wochen Gehaltsfortzahlung (vgl. Entgeltfortzahlungsgesetz)
- Ab der 7. Woche Krankengeld von der Krankenkasse (70 % v. Bruttolohn, max. 90 % des Nettolohns)

9. Vgl. Stofftelegramm

10. a) Kein Arbeitslosengeld, da Heidi Sonne zur Arbeitsvermittlung nicht zur Verfügung steht. Außerdem 12 Wochen Sperrfrist

    b) Schott kündigte ohne wichtigen Grund und erhält somit 12 Wochen kein Arbeitslosengeld.

    c) Nach fruchtlosem Widerspruch ist das Sozialgericht zuständig.

11. Aus der **Kranken- und Pflegeversicherung** kann er austreten, da mit Überschreiten der Versicherungspflichtgrenze die Versicherungspflicht entfällt.

    Renten-, Arbeitslosen- und Unfallversicherung sind absolute Pflichtversicherungen. Eine Kündigung ist daher nicht möglich.

12. a) **„Meldung zur Sozialversicherung“:**
    - Vordruck
    - vom RV-Träger für jeden Arbeitnehmer ausgestellt
    - Beitragsnachweis
    - Dokument für Rentenansprüche

    b) **Generationenvertrag:** Die beitragszahlende Generation sichert mit den Beiträgen die Renten der Renten empfangenden Generation.

    c) **Rentendynamisierung:** Rentenanpassung an allgemeine Lohnentwicklung

d) **Anrechnungsfähige Versicherungsjahre:**

Beitragszeiten	
+ Berücksichtigungszeiten	(Kindererziehungs-, Pflegezeiten)
+ Anrechnungszeiten	(Ausbildungs-, Krankheits-, Schwangerschafts-, Arbeitslosigkeits-, Schlechtwetterzeiten)
+ Ersatzzeiten	(Kriegsdienstzeiten)
+ Zurechnungszeiten	(bei früher Erwerbsunfähigkeit)

13. **Rentenhöhe** abhängig von:
    - Lebenseinkommen
    - anrechnungsfähige Versicherungsjahre
    - durchschnittliche Arbeitsverdienste aller Arbeitnehmer
    - Steigerungssatz

14. Bei Unfällen während der Berufsausübung sowie Unfällen auf dem direkten Weg zwischen Wohnung und Arbeitsstätte; Berufskrankheiten

15. **Sozialversicherungsbeiträge:** Pflichtversicherungen (gesetzl. vorgeschrieben); Arbeitgeber behält für den versicherungspflichtigen Arbeitnehmer den Beitrag ein und führt ihn ab.

    Individualversicherungen: meist freiwillig durch Versicherungsvertrag

16. Bei Monatsentgelten bis 400,00 EUR in bestimmten Fällen (Neuregelungen z.T. komplex)

17. **Selbstverwaltung:** Verwaltung der gesetzlichen Sozialversicherung durch Arbeitnehmer- und Arbeitgebervertreter

18.

Versicherungsträger	Leistungen
a) Krankenkasse	Krankenhilfe (ärztl. Beratung)
b) Krankenkasse Deutsche Rentenversicherung	Sterbegeld Witwenrente
c) Berufsgenossenschaft (Unfall auf dir. Heimweg)	Krankenhilfe (ärztliche Beratung)
d) Deutsche Rentenversicherung	Berufsunfähigkeitsrente
e) Deutsche Rentenversicherung	Berufsunfähigkeitsrente
f) Deutsche Rentenversicherung	Altersruhegeld
g) Bundesagentur für Arbeit	Arbeitslosengeld
h) Deutsche Rentenversicherung	Erwerbsunfähigkeitsrente

19. **Rentenversicherung:**

- steigender Altersquotient (Gesellschaft altert)
- weniger Beitragszahler, mehr Rentenbezieher durch
  - längere Ausbildung,
  - späterer Eintritt ins Erwerbsleben,
  - Zunahme von Teilzeitarbeit,
  - höhere Lebenserwartung → Rentenbezugsdauer steigt,
  - sinkende Beitragseinnahmen in Wirtschaftsflauten,
  - Verkürzung der Lebensarbeitszeit ...
- Immer weniger Beschäftigte finanzieren immer mehr Rentner/-innen.

...

→ Folgen:
- Leistungseinschränkungen
- Beitragserhöhungen
- private Altersvorsorge gewinnt an Bedeutung.

Krankenversicherung:

- hohe Ausgabensteigerungen im Gesundheitswesen
- sinkende Beitragseinnahmen in Wirtschaftsflauten

Arbeitslosenversicherung:

- steigende Arbeitslosigkeit → Arbeitslosengeldzahlungen steigen

Pflegeversicherung:

- höhere Lebenserwartung → steigende Zahl der Pflegebedürftigen
- zunehmend Ein-Personen-Haushalte → weniger Pflege durch Familienangehörige

Unfallversicherung: momentan kein „Problemfall“

Test → Sozialversicherung

1., 2., 3. Versuch	Erzielte Punkte

1

Zweige: (0,5) (0,5) (0,5) (0,5) (0,5)
gesetzl. **Kranken-, Pflege-**, **Renten-, Arbeitslosen-**, **Unfallversicherung**
Träger: Allgemeine Ortskrankenkasse, Innungs-, Betriebs- und Ersatzkassen (0,5) (**KV**); Pflegekassen (0,5) (**PV**); Deutsche Rentenversicherung **(RV)**; (0,5) Bundesanstalt für Arbeit (0,5) (**AV**); Berufsgenossenschaften (**UV**) (0,5)

1.	5	
2.	5	
3.	5	

2

Beiträge: 50 % AG + 50 % AN (PV, RV, AV; KV + 0,9 %) --→ (0,5)

AG allein (gesetzliche **UV**) ----→ (0,5)

1.	1	
2.	1	
3.	1	

3

Leistungen: Vorsorgeuntersuchungen (0,5), **Krankenhilfe** (0,5), z. B.: ärztliche Behandlung, Arzneimittel usw. (ges. **KV**);
häusliche Pflege, (0,5) **stationäre** Pflege (0,5) (ges. **PV**);
Regelaltersrente (0,5) ab Vollendung des 65. Lebensjahres,
Berufsunfähigkeitsrente (0,5) (ges. **RV**);
Arbeitslosengeld, (0,5) **Berufsberatung** (0,5) (ges. **AV**);
Verletztenrente, (0,5) **Unfallverhütung** (0,5) (ges. **UV**)

1.	5	
2.	5	
3.	5	

4

- Gesetzliche **KV/PV/AV/RV**: **Bis** zur **Beitragsbemessungsgrenze steigende** (1), **darüber konstante** (1) Beiträge; Beitragsbemessungsgrenze ist **Höchstbetragsgrenze.** (1)
- Gesetzliche **UV**: **Beitragsbemessungsgrenze** hat **keine Bedeutung.** (1)

1.	4	
2.	4	
3.	4	

5

Die **beitragszahlende Generation sichert** mit den Beiträgen die **Renten** der **Renten empfangenden Generation.** -----------→ (1)

1.	1	
2.	1	
3.	1	

6

Arbeitslosengeld I erhalten **Arbeitslose,** (0,5) die sich **arbeitslos gemeldet** (0,5) haben und der der **Arbeitsvermittlung** zur Verfügung stehen. (0,5) Einen Rechtsanspruch hat jeder, der die erforderliche **Anwartschaftszeit** (0,5) erfüllt hat, (innerhalb der letzten 3 Jahre mindestens 360 Tage beitragspflichtig beschäftigt). Die **Bezahlung** von Arbeitslosengeld I erfolgt aus den **Beitragszahlungen.** (0,5)
Arbeitslosengeld II wird bewilligt, wenn **kein Anspruch auf Arbeitslosengeld I** mehr besteht. (0,5) Antragsteller muss seine **Bedürftigkeit** (0,5) nachweisen.
Die **Bezahlung** von Arbeitslosengeld II erfolgt **aus Steuermitteln.** (0,5)

1.	4	
2.	4	
3.	4	

Tragen Sie Ihre Punktesumme ein und ermitteln Sie auf dem Aufgabenblatt Ihre Note.

Punktesumme → 1. 20 | Punktesumme → 2. 20 | Punktesumme → 3. 20

15.5 Mitwirkung und Mitbestimmung im Betriebsrat

1. **Für Mitbestimmung:**
   - Interesse und Motivation der Arbeitnehmer am Betrieb steigen.
   - Demokratisierung der Wirtschaft
   - Humanisierung des Arbeitslebens
   - Gegenseitige Abhängigkeit von Arbeit und Kapital erfordert Mitbestimmung.

   gegen Mitbestimmung:
   - Erschwerung betrieblicher Entscheidungsprozesse
   - Mitbestimmung ohne gleichwertige Mitverantwortung und Risikoübernahme
   - evtl. fehlende notwendige Sachkenntnisse der Arbeitnehmer
   - evtl. Kapitalflucht des in- und ausländischen Kapitals

2. a) **Betriebsrat:** Vertretung der Arbeitnehmer gegenüber dem Arbeitgeber

   b) **Einigungsstelle:** zur Beilegung von Meinungsverschiedenheiten zwischen Arbeitgeber und Betriebsrat

   c) **Betriebsversammlung:**
   - Versammlung aller Arbeitnehmer eines Betriebes während der Arbeitszeit
   - Der Arbeitgeber ist einzuladen.
   - Berichte des Betriebsrats und des Arbeitgebers

   d) **Wirtschaftsausschuss:**
   - in Unternehmen mit über 100 Arbeitnehmern
   - Mitglieder werden vom Betriebsrat bestimmt.
   - Aufgaben:
     – Beratung wirtschaftlicher Angelegenheiten mit dem Unternehmer und Unterrichtung des Betriebsrats
     – Informationsrecht über wirtschaftliche Angelegenheiten

   e) **Betriebsausschuss:** wird gebildet, wenn der Betriebsrat mindestens neun Mitglieder umfasst (§ 27 BetrVG).

   f) **Jugend- und Auszubildendenvertretung:** Vertretung der Belange der Jugendlichen und Auszubildenden (§ 60 ff. BetrVG)

3. § 76 BetrVG: Arbeitgeber und Betriebsrat müssen sich auf ihn einigen: Bei fehlender Einigung bestellt ihn das Arbeitsgericht.

4. a) § 99 BetrVG: **Mitwirkungsrecht des Betriebsrats:**
   - Unterrichtung vor Einstellung
   - Vorlage der Bewerbungsunterlagen
   - Auskunft über Bewerber und Auswirkungen der geplanten Maßnahme
   - Zustimmung + Zustimmungsverweigerung in bestimmten Fällen möglich
   - Möglichkeit des Arbeitgebers bei Zustimmungsverweigerung durch BR: Antrag beim Amtsgericht, die Zustimmung zu ersetzen

   b) § 87 BetrVG: **Mitbestimmungsrecht des Betriebsrats:** Betriebsrat muss zustimmen. Bei Nichteinigung entscheidet die Einigungsstelle.

   c) § 111 f. BetrVG: Recht auf rechtzeitige und umfassende Unterrichtung und Beratung; bei Nichteinigung über den damit zusammenhängenden Sozialplan: Unternehmer oder Betriebsrat können den Präsidenten des Landesarbeitsamtes um Vermittlung ersuchen oder die Einigungsstelle entscheidet.

   d) § 90 BetrVG: Recht auf Information und Beratung

   e) § 102 BetrVG:
   - Dem Betriebsrat müssen vor Kündigung die Kündigungsgründe mitgeteilt werden.
   - Er kann innerhalb einer Woche in bestimmten Fällen widersprechen (z. B. wenn soziale Gesichtspunkte nicht ausreichend berücksichtigt wurden).
   - Kündigt der Arbeitgeber dennoch, ist die Kündigung zwar wirksam, der Arbeitnehmer kann jedoch auf Feststellung klagen, dass das Arbeitsverhältnis nicht aufgelöst ist. Er muss dann bis Ende des Rechtsstreits weiterbeschäftigt werden.

   f) § 93 BetrVG: Betriebsrat kann verlangen, dass Stellen erst innerbetrieblich auszuschreiben sind. Hier weigerte sich der Arbeitgeber. Folglich kann der Betriebsrat gemäß § 99 Abs. 2 Nr. 5 BetrVG die Zustimmung zu Einstellungen verweigern. Der Arbeitgeber kann beim Arbeitsgericht beantragen, die Zustimmung zu ersetzen (§ 99 Abs. 4 BetrVG).

   g) § 102 Abs. 1 BetrVG: Kündigung unwirksam, da Betriebsrat vorher zu hören ist

   h) § 102 BetrVG: Da der Arbeitgeber soziale Gesichtspunkte nicht ausreichend berücksichtigte, kann der Betriebsrat innerhalb einer Woche schriftlich Widerspruch einlegen. Kündigt der Unternehmer dennoch, kann Boll Klage auf Feststellung erheben, dass das Arbeitsverhältnis nicht aufgelöst ist. Der Unternehmer muss dann den Arbeitnehmer nach Ablauf der Kündigungsfrist bis zum rechtskräftigen Abschluss des Rechtsstreits weiterbeschäftigen, wenn der Arbeitnehmer dies verlangt. Ist die Klage erfolgreich, muss Boll weiterbeschäftigt werden.

5. - Anhörungs- und Erörterungsrecht in betrieblichen Angelegenheiten, die seine Person betreffen (§ 82 BetrVG)
   - Beschwerderecht bei ungerechter Behandlung (§ 84 f. BetrVG)
   - Einsicht in Personalakte (§ 83 BetrVG)

6. Allgemeine Aufgaben des Betriebsrats (§ 80 BetrVG), z. B.
   - Überwachung der Einhaltung von zugunsten der Arbeitnehmer geltenden Gesetzen und Vorschriften (z. B. Tarifverträge, Betriebsvereinbarungen, Unfallverhütungsvorschriften)
   - Maßnahmen, die dem Betrieb und der Belegschaft dienen, beim Arbeitgeber beantragen
   - Verhandlungen mit Unternehmer über Arbeitnehmeranregungen führen
   - Förderung der Eingliederung von Schwerbehinderten und Ausländern
   - Wahlorganisation und enge Zusammenarbeit mit der Jugendvertretung
7. Von der Arbeitnehmerzahl (§ 9 BetrVG)
8. Folgende Gruppen müssen anteilsmäßig vertreten sein:
   - Arbeiter, Angestellte
   - Frauen, Männer
   - Betriebsabteilungen
   - unselbstständige Nebenbetriebe
9. Das Wort „muss" ist falsch. Es ist den Arbeitnehmern freigestellt, ob sie einen Betriebsrat wählen oder nicht.
10. Neinn Wahlberechtigung erst ab 18 Jahre (§ 7 BetrVG)
11. Neinn wählbar sind alle Wahlberechtigten, die mindestens 6 Monate im Betrieb sind.
12. Jan alle Arbeitnehmer über 18 Jahre (In- und Ausländer) sind wahlberechtigt (§ 7 BetrVG).
13. Jan der Arbeitgeber ist einzuladen und ist berechtigt, in der Versammlung zu sprechen (§ 43 BetrVG).

Test → **Betriebsrat**

1., 2., 3. Versuch	Erzielte Punkte
1. 12	
2. 12	
3. 12	

1

a) Nein, nach dem BetrVG § 1 kann in **jedem Betrieb mit mindestens fünf ständig wahlberechtigten Arbeitnehmern** ein Betriebsrat gewählt werden. → 1

b) Sie hängt von der **Anzahl der wahlberechtigten Arbeitnehmer** ab. (§ 9 BetrVG) → 1

c) Der Betriebsrat

- **achtet** u. a. **auf** die **Einhaltung** von Tarifverträgen, Betriebsvereinbarungen, Unfallverhütungsvorschriften usw. → 1 (§ 80 BetrVG),
- **bereitet** die **Wahl** einer **Jugend- und Auszubildendenvertretung vor.** → 1 (§ 80 BetrVG)

d) Aktives Wahlrecht: (§ 7 BetrVG)
Wahlberechtigt sind **alle Arbeitnehmer,** die zum Wahlzeitpunkt das **18. Lebensjahr vollendet** haben. → 1

Passives Wahlrecht: (§ 7 BetrVG)
Wählbar sind **alle Wahlberechtigten,** die zum Wahlzeitpunkt mindestens **6 Monate** dem Betrieb angehören. → 1

e) Die Ansicht von Schnell ist **falsch.** (0,5) Der Betriebsrat hat hinsichtlich der Arbeitspausenregelung ein erzwingbares **Mitbestimmungsrecht,** (0,5) d. h., diese Regelung wird erst mit seiner **Zustimmung wirksam.** (§ 87 BetrVG) → 1

f) 4 Jahre → 1 (§ 21 BetrVG)

g) Der Betriebsrat muss einmal im Kalendervierteljahr eine **Betriebsversammlung** abhalten und einen **Tätigkeitsbericht** abgeben. (§ 43 BetrVG) → 1

h)

Mitbestimmungsrechte (§ 87 BetrVG)	Mitwirkungsrechte (§ 106 BetrVG)
• **Urlaubsplan** → 0,5	• **Rationalisierungsvorhaben** → 0,5
• **Arbeitszeit** → 0,5	• Einführung **neuer Arbeitsmethoden** → 0,5

Tragen Sie Ihre Punktesumme ein und ermitteln Sie auf dem Aufgabenblatt Ihre Note.

Punktesumme → 1. 12 | Punktesumme → 2. 12 | Punktesumme → 3. 12

Test → **Jugend- und Auszubildendenvertretung (JAV)**

1., 2., 3. Versuch	Erzielte Punkte
1. 12	
2. 12	
3. 12	

1

a) Die Wahl einer JAV ist möglich, wenn **mehr als fünf Jugendliche unter 18 Jahren** beschäftigt sind. (§ 60 BetrVG) → 1 → 1

b) Wahlberechtigt sind **alle Arbeitnehmer**, die das **25. Lebensjahr noch nicht vollendet haben** (aktives Wahlrecht). (§ 61 Abs. 1 BetrVG) → 0,5 → 0,5

c) Wählbar sind **alle Arbeitnehmer**, die das **25. Lebensjahr noch nicht vollendet haben** (passives Wahlrecht). (§ 61 Abs. 2 BetrVG) → 0,5 → 0,5

d) 2 Jahre → 1 (§ 64 BetrVG)

e) Die Hauptaufgabe der JAV ist **die Vertretung der besonderen Belange der jugendlichen Arbeitnehmer**. (§ 60 Abs. 2 BetrVG) → 1

f) Werden **Angelegenheiten** behandelt, die die **jugendlichen Arbeitnehmer** betreffen, so hat zu diesem Tagesordnungspunkt die **gesamte JAV ein Teilnahmerecht.** → 0,5 (§ 67 Abs. 1 BetrVG) → 0,5

g) • Jugendliche Arbeitnehmer stehen noch in ihrer **geistigen und körperlichen** Entwicklung. Sie haben andere Probleme als ihre erwachsenen Kollegen. → 0,5
• Es soll ein **Interessenausgleich und ein Miteinander** mit den **Erwachsenen angestrebt** und umgesetzt werden, was zu einem guten Betriebsklima beitragen soll. So entstehen weniger Konflikte, die der Arbeitgeber beheben muss. → 0,5

h) Ja, wählbar sind **alle Jugendlichen,** die **noch nicht 25 Jahre alt sind.** (§§ 60, 61 Abs. 1 BetrVG) → 1 → 1

i) Der Wahlleiter kann die **Stimmabgabe nicht verweigern**, da die ausländischen Arbeitnehmer die Wahlberechtigung mit **Vollendung des 15. Lebensjahres haben**. (§§ 60, 61 Abs. 1 BetrVG) → 1 → 1

Tragen Sie Ihre Punktesumme ein und ermitteln Sie auf dem Aufgabenblatt Ihre Note.

Punktesumme → 1. 12 ___   Punktesumme → 2. 12 ___   Punktesumme → 3. 12 ___

15.6 Tarifvertrag und Arbeitskampf

1. Tarifvertragsgesetz
2. **Arbeitsvertrag:** ein Arbeitgeber – ein Arbeitnehmer
   Betriebsvereinbarung: Arbeitgeber – Betriebsrat
   Verbandstarifvertrag: Arbeitgeberverband – Gewerkschaft
   Firmentarifvertrag: Arbeitgeber (z. B. VW) – Gewerkschaft
3. Es besteht eine Hierarchie (Gesetz – Tarifvertrag – Betriebsvereinbarung – Arbeitsvertrag):
   Gesetze: Minimalanforderungen für Tarifverträge, Betriebsvereinbarungen und Arbeitsverträge (keine Schlechterstellung!)
   Tarifverträge: Minimalanforderungen für Betriebsvereinbarungen + Arbeitsverträge
   Betriebsvereinbarungen: Minimalanforderungen für Arbeitsverträge
   Arbeitsverträge: Obige Minimalanforderungen sind zu beachten.
4. Arbeitgeberverbände – Arbeitnehmerverbände (Gewerkschaften)
5. a) Mantel-(Rahmen-)tarifvertrag: regelt allgemeine Arbeitsbedingungen (Urlaub, Arbeitszeit usw.) und gilt mehrere Jahre.
   b) Lohn- und Gehaltstarifvertrag: Lohn- und Gehaltsvereinbarungen; gilt i. d. R. ein Jahr
6. a) **Tarifvertrag:** Kollektivvereinbarungen zwischen Arbeitgeberverband und Arbeitnehmerverband (Gewerkschaft) für ganze Berufsgruppen einer Branche
   b) **Tarifautonomie:** keine staatliche Einmischung in Tarifverhandlungen
   c) **Koalitionsfreiheit:** GG Art. 9: Recht auf Zusammenschluss (z. B. zu einem Arbeitgeberverband)
   d) **Tarifbindung:** Tarifvertrag = Mindestbedingungen bei Arbeitsverträgen und Betriebsvereinbarungen
   e) **Friedenspflicht:** Kampfmaßnahmen während der Dauer des Tarifvertrags sind nicht erlaubt.
   f) **Nachwirkung:** Nach Tarifvertragsablauf gilt alter Tarifvertrag bis zum Neuabschluss.
   g) **Allgemeinverbindlichkeit:** Der Tarifvertrag gilt für alle Arbeitgeber und Arbeitnehmer seines Geltungsbereiches, also auch für Nichtmitglieder („Außenseiter“), wenn er vom Bundesarbeitsminister auf Antrag einer Tarifvertragspartei für allgemeinverbindlich erklärt wurde.

7. **Vorteile für Arbeitnehmer:**
- Garantie von Mindestarbeitsbedingungen
- Gleichstellung gleich qualifizierter Arbeitnehmer
- Arbeitnehmer wäre Arbeitgeber evtl. unterlegen, wenn alles im Arbeitsvertrag zu regeln wäre.

Vorteile für Arbeitgeber:
- klare Kalkulationsgrundlage, da einheitliche Tarife
- weniger Konkurrenz bei Personalanwerbung
- Vertragsinhalte müssen nicht jedes Mal neu ausgehandelt werden (Zeit- und Kostenersparnis).

8. **Rationalisierungsschutz:** Beseitigung bzw. Verminderung der Nachteile bei Rationalisierungsmaßnahmen (Umschulungen, Abfindungen ...)

Humanisierung der Arbeit: Verbesserung der Arbeitsbedingungen und des Betriebsklimas

9. **Kündigung des Tarifvertrags:**
- Tarifverhandlungen
- Schlichtungsverfahren
- Einigungsvorschlag des Schlichters
- 1. Urabstimmung
- Streik
- Aussperrung
- neue Verhandlungen
- 2. Urabstimmung
- neuer Tarifvertrag

10. a) **Vollstreik:** Alle Arbeitnehmer des Tarifgebietes streiken.

b) **Schwerpunktstreik:** Arbeitnehmer nur einzelner Betriebe streiken.

c) **Mini-Max-Streik:** Mit minimalem Streikgeldaufwand (Streik in wenigen Zulieferbetrieben) wird maximale Wirkung erzielt (Lahmlegung eines großen Wirtschaftsbereiches).

d) **Warnstreik:** kurzfristiger Streik zur Demonstration der Streikentschlossenheit; auch während der Friedenspflicht erlaubt

e) **Wilder Streik:** nicht organisierter Streik ohne Urabstimmung; verboten

f) **Schlichtung:**
- Verfahren zur Beilegung von Streitigkeiten bei Tarifverhandlungen, um Streiks zu verhindern
- Das Schlichtungsverfahren endet mit dem Einigungsvorschlag des neutralen Schlichters.

g) **Aussperrung:**
- Kampfmittel der Arbeitgeber (Gegenmittel zum Streik)
- vorübergehende Aufhebung der Arbeitsverhältnisse aller Arbeitnehmer
- Der Grundsatz der Verhältnismäßigkeit ist zu beachten.

11. Die Aussperrung ist ein notwendiges Gegenmittel der Arbeitgeber gegen Schwerpunkt- und Mini-Max-Streiks („Waffengleichheit“) = Hauptzweck. Sie verkürzt den Arbeitskampf und verhindert übertriebene Forderungen der Gewerkschaft.

12. Vor Ablauf des Tarifvertrags besteht Friedenspflicht. In dieser Zeit sind nur Warnstreiks erlaubt. Nach 30. Juni sind alle Kampfmaßnahmen denkbar.

13. Da Boll in keiner Gewerkschaft ist, kann untertarifliche Bezahlung vereinbart werden, wenngleich dies nicht üblich ist.
Ist der Tarifvertrag allerdings für allgemein verbindlich erklärt worden, muss auch ihm mindestens der Tariflohn gezahlt werden.

14. a) Nein c) Nein

b) Ja d) Nein

15. a) Nicht rechtsgültig; wilder Streik

b) Rechtsgültig; Warnstreik

c) Rechtsgültig; Warnstreik auch während der Friedenspflicht erlaubt

d) Nicht erlaubt; ohne vorherigen Streik keine Aussperrung möglich

e) Nicht erlaubt; Verstoß gegen die Koalitionsfreiheit

f) Rechtsgültig

g) Nicht erlaubt; alle sind wieder einzustellen.

h) Nicht rechtsgültig; Verstoß gegen Verhältnismäßigkeitsgrundsatz

16. a) Tariflohn: Mindestlohn, der nicht unterschritten werden darf

b) Ecklohn: Lohn eines 21-jährigen Facharbeiters; er ist die Basis für die Festlegung von Lohnsätzen verschiedener Lohngruppen.

Test → Tarifvertrag

1., 2., 3. Versuch	Erzielte Punkte

1

Tarifverträge werden zwischen **Gewerkschaften** (0,5) und **Arbeitgeberverbänden** (0,5) abgeschlossen.

1. 1 | 2. 1 | 3. 1

2

Der Tarifvertrag ist ein **Kollektivvertrag,** (0,5) in dem **einheitliche Arbeitsbedingungen** (0,5) für die **Arbeitnehmer ganzer Wirtschaftszweige** festgelegt werden.

1. 1 | 2. 1 | 3. 1

3

Merkmale	Manteltarifvertrag	Lohn- und Gehaltstarifvertrag
Laufzeit	• **längerfristig** (ca. 3–5 Jahre) (0,5)	• **kurzfr.** (i. d. R. 1 Jahr) (0,5)
Inhalt	• regelt **allgemeine Arbeitsbedingungen** wie z. B. Urlaub, Arbeitszeit, Urlaubsgeld (0,5)	• enthält die Höhe der einzelnen **Lohn- oder Gehaltsgruppen** (0,5)

1. 2 | 2. 2 | 3. 2

4

Der Ecklohn ist der **Lohnsatz eines 21-jährigen gelernten Facharbeiters** (1) (100 %), von dem die **Abschläge** (0,5) bzw. die **Zuschläge** (0,5) der verschiedenen Lohn- und Gehaltsgruppen berechnet werden.

1. 2 | 2. 2 | 3. 2

5

Tarifautonomie ist das Recht der Tarifpartner, **selbstständig und ohne staatliche Einmischung** (1) Tarifverträge auszuhandeln und abzuschließen.

1. 1 | 2. 1 | 3. 1

6

Mit der Allgemeinverbindlichkeitserklärung gelten die Bestimmungen des Tarifvertrags auch **für die nicht tarifgebundenen Arbeitnehmer und Arbeitgeber.** → (1) (§ 5 TVG)

1. 1 | 2. 1 | 3. 1

7

Arbeitgeber	Arbeitnehmer
• **klare Kalkulationsgrundlage**, da einheitliche Tarife → (1)	• Garantie von **Mindestarbeitsbedingungen** → (1)
• Vertragsinhalte müssen nicht jedesmal neu ausgehandelt werden **(Zeit- und Kostenersparnis).** → (1)	• **Gleichstellung** von Arbeitnehmern mit gleicher Qualifikation wird sichergestellt. → (1)

1. 4 | 2. 4 | 3. 4

Tragen Sie Ihre Punktesumme ein und ermitteln Sie auf dem Aufgabenblatt Ihre Note.

Punktesumme → 1. 12 | **Punktesumme** → 2. 12 | **Punktesumme** → 3. 12

Test → Arbeitskampf

1., 2., 3. Versuch	Erzielte Punkte

1

Streik ist das **Kampfmittel der Arbeitnehmer**, (0,5) d. h. **gemeinsame Arbeitsniederlegung der Arbeitnehmer.** (1)

Aussperrung ist das **Kampfmittel der Arbeitgeber**; (0,5) man versteht darunter die **vorübergehende Aufhebung der Arbeitsverhältnisse** (0,5) der Arbeitnehmer und die **Nichtzahlung von Lohn/Gehalt.** (0,5)

Versuch	Punkte	Erzielte Punkte
1.	3	
2.	3	
3.	3	

2

- **Lohn- bzw. Gehaltserhöhungen** (0,5)
- **Arbeitszeit** u. a. (0,5)

Versuch	Punkte	Erzielte Punkte
1.	1	
2.	1	
3.	1	

3

- **Schwerpunktstreik** bedeutet: Nur die **wichtigsten Betriebe eines Wirtschaftszweiges** werden bestreikt. (1)
- **Flächenstreik** bedeutet: **Alle Betriebe eines Wirtschaftszweiges** werden bestreikt. (1)

Versuch	Punkte	Erzielte Punkte
1.	2	
2.	2	
3.	2	

4

Wilder Streik ist ein Streik, der **ohne Urabstimmung** (0,5) **und ohne Genehmigung** (0,5) **der zuständigen** Gewerkschaft durchgeführt wurde.

Versuch	Punkte	Erzielte Punkte
1.	1	
2.	1	
3.	1	

5

Der Arbeitgeber ist berechtigt, die **streikenden** Arbeitnehmer **fristlos** zu **entlassen.** (1)

Versuch	Punkte	Erzielte Punkte
1.	1	
2.	1	
3.	1	

6

Urabstimmung: (0,5) **75 %** der **abstimmungsberechtigten Gewerkschaftsmitglieder** (0,5) eines Tarifbezirkes müssen sich für den Streik entscheiden.

Versuch	Punkte	Erzielte Punkte
1.	1	
2.	1	
3.	1	

7

Im Schlichtungsverfahren versucht ein neutraler Schlichter die Tarifpartner doch noch zu einigen, um einen **Arbeitskampf zu vermeiden.** (1)

Versuch	Punkte	Erzielte Punkte
1.	1	
2.	1	
3.	1	

8

Streikende bzw. ausgesperrte Arbeitnehmer erhalten **weder Lohn noch Gehalt.** (0,5) **Gewerkschaftsmitglieder,** (0,5) die streiken bzw. ausgesperrt sind, erhalten von der Gewerkschaft **Streikunterstützung,** (0,5) die sich nach Beitragshöhe und Dauer richtet. **Nichtgewerkschaftsmitglieder** erhalten **keine finanzielle Unterstützung,** (0,5) auch kein Arbeitslosengeld.

Versuch	Punkte	Erzielte Punkte
1.	2	
2.	2	
3.	2	

Tragen Sie Ihre Punktesumme ein und ermitteln Sie auf dem Aufgabenblatt Ihre Note.

Punktesumme		
1.	12	
2.	12	
3.	12	

15.7 Prüfungsaufgaben

Prüfungsaufgaben Winter 2009/2010 (Aufgabe 1)

1.1 Gewerkschaft und Arbeitgeberverband

1.2 Sichtweise GW:
- 8 % mehr Lohn/Gehalt
- mehr Geld für ihre Leistung zum Ankurbeln der Wirtschaft
- zu geringes Arbeitgeberangebot von 2,1 Prozent mehr Geld plus einer Einmalzahlung

Sichtweise AGV:
- Arbeitsniederlegungen sind schädlich für die Unternehmen.
- Bei den zu erwartenden außerordentlich schlechten Erträgen im kommenden Jahr stellt das AG-Angebot einen fairen Kompromiss dar.

1.3 Keinen Einfluss, es herrscht Tarifautonomie, d. h., Tarifpartner handeln Tarifverträge ohne Einmischung des Staates aus. Politiker haben keine Mitwirkungsrechte.

1.4.1 Voraussetzungen ordentlicher Streik: 75 % der Gewerkschaftsmitglieder müssen sich in der Urabstimmung für einen Streik aussprechen, Friedenspflicht muss abgelaufen sein, d. h., der Tarifvertrag muss gekündigt oder abgelaufen sein.

1.4.2 Nichtgewerkschaftsmitglied: kein Geld aus der Streikkasse der Gewerkschaft
Arbeitgeber: Produktionsstillstand, jeder Tag ohne Produktion kostet

1.4.3 Warnstreiks sind kurze Arbeitsniederlegungen, die die Entschlossenheit der Arbeitnehmer zum Arbeitskampf demonstrieren sollen („Säbelrasseln"). Nach Auffassung des Bundesarbeitsgerichtes ist ein Warnstreik rechtmäßig, wenn er von der jeweiligen Gewerkschaft organisiert wurde.

1.5.1 Aussperrung ist eine Gegenmaßnahme zum Streik. Durch die Aussperrung werden die Arbeitsverhältnisse zwar nicht gelöst, aber sie ruhen vorübergehend mit allen Rechten und Pflichten.

1.5.2 Der Arbeitgeber möchte damit ein Verhandlungsgleichgewicht herstellen und erhofft sich ein schnelleres Streikende.

1.6 Inflation: anhaltendes Steigen des Preisniveaus

Geldentwertung: Das Einkommen wird immer weniger wert, daher entsteht für die Verbraucher ein Kaufkraftverlust. Falls die Einkommenssteigerung kleiner ist als die Inflationsrate, entspricht dies einem realen Einkommensrückgang.

Prüfungsaufgaben Sommer 2010 (Aufgabe 1, mit gestr. Abschlussprüfung)

1.1.1 Die Ausbildung findet an den beiden Lernorten Betrieb und Schule statt.

1.1.2 Kündigung möglich, da die Probezeit mindestens einen Monat beträgt (§ 20 BBiG). Gründe müssen nicht angegeben werden.

1.1.3 Kündigung nicht möglich, da kein wichtiger Grund vorliegt (§ 22 BBiG).

1.1.4 Eine Beschäftigung um 07:30 Uhr ist hier nicht möglich, da keine Freizeit von mindestens 12 Stunden gewährt wird (§ 13 JArbSchG).

1.1.5 Keine Beschäftigung vor 09:00 Uhr an einem Berufsschultag. Dies gilt auch für über 18-jährige Berufsschulpflichtige (§ 9 JArbSchG).

1.2.1 Eine Kandidatur von Conrad Clou ist möglich. Es sind in der Regel mehr als fünf Auszubildende beschäftigt und Clou ist jünger als 25 Jahre (§§ 60 und 61 BetrVG).

1.2.2 Betriebsversammlung: Der Betriebsrat ruft alle Arbeitnehmer vierteljährlich zu einer Versammlung ein und berichtet über seine Arbeit.

Generationenvertrag: Nach dem Solidarprinzip finanzieren die heute Berufstätigen durch ihre Beiträge die Renten der Ruheständler.

Drei-Schichten-Modell: Altersversorgungssystem bestehend aus der Basisversorgung/Grundversorgung, der Zusatzversorgung (z. B. betriebliche Altersvorsorge) und der privaten Vorsorge.

Prüfungsaufgaben Sommer 2010 (Aufgabe 1, ohne gestr. Abschlussprüfung)

1.1.1 Auszubildende, Ausbilder, gesetzliche Vertreter der Auszubildenden, da Christiane zum Zeitpunkt des Vertragsabschlusses noch nicht 18 Jahre alt ist, ggf. zuständige Kammer (IHK)

1.1.2 Zu Beginn des Kalenderjahres 2010 war Christiane noch nicht 16 Jahre alt. Deshalb beträgt ihr Urlaubsanspruch nach § 19 Abs. 2 Nr. 1 JArbSchG für das gesamte Jahr 2010 bzw. für zwölf Monate mindestens 30 Werktage.

Für vier Monate vom 01.09.–31.12. ergibt sich somit ein Urlaubsanspruch von zehn Werktagen.

1.1.3 Z. B.
- Sorgfaltspflicht
- Befolgung von Weisungen
- Schweigepflicht

mit jeweiliger Erläuterung

1.1.4 Gemäß § 22 Abs. 1 BBiG kann Christiane während der Probezeit von vier Monaten jederzeit ohne Angabe eines Kündigungsgrundes und ohne Einhaltung einer Kündigungsfrist kündigen; die Kündigung muss jedoch nach § 22 Abs. 3 BBiG schriftlich erfolgen.

1.2.1 Wahlberechtigt sind laut § 7 BetrVG alle Arbeitnehmer ab 18 Jahre, insgesamt sind das: 42 + 51 = 93 Mitarbeiter.

Nach § 9 BetrVG besteht der Betriebsrat aus fünf Mitgliedern.

1.2.2 Nach § 8 BetrVG ist Jens wählbar, weil er wahlberechtigt ist (mindestens 18 Jahre alt) und mindestens sechs Monate dem Betrieb angehört.

1.2.3 Das Einkaufszentrum hat sehr viele Auszubildende und Jugendliche mit speziellen Problemen, für die eine JAV der geeignetere Ansprechpartner und Vertreter ist.

1.3.1 Sozialpartner sind Arbeitnehmerverbände (Gewerkschaften) und Arbeitgeberverbände bzw. im vorliegenden Fall ver.di und EHV.

Tarifautonomie bedeutet, dass die Sozialpartner die Tarifvertragsbedingungen frei, d. h. ohne Eingriffe des Staates aushandeln.

1.3.2 Inhalte des Manteltarifvertrages, z. B.

- wöchentliche Arbeitszeit
- Arbeits- und Gesundheitsschutz
- Anspruch auf Urlaub

1.3.3 Übersteigt die Lohnerhöhung die Inflationsrate, so nimmt bei den Arbeitnehmern das Realeinkommen bzw. die Kaufkraft zu. Über die gestiegene gesamtwirtschaftliche Nachfrage werden die Konjunktur und die Beschäftigung angekurbelt.

Prüfungsaufgaben Winter 2010/2011 (Aufgabe 1, mit gestr. Abschlussprüfung)

1.1 Auszubildende, Ausbildender, gesetzl. Vertreter, weil Sandra noch keine 18 Jahre alt ist

1.2
- Probezeit muss 1–4 Monate betragen, § 20 BBiG, d. h., die Vereinbarung ist ungültig.
- Fortzahlung der Vergütung §§ 19, 7 BBiG, Ausbildungsvergütung muss zu 100 % bezahlt werden.
- Fälligkeit der Vergütung, § 18 Abs. 2 BBiG, sie ist spätestens am letzten Arbeitstag des Monats zu bezahlen.

1.3 Pflichten:
- Führung des Ausbildungsnachweises
- Lernpflicht
- Pflicht zur Verschwiegenheit/Wahrung von Geschäftsgeheimnissen
- Besuch der Berufsschule

Rechte:
- Recht auf Ausbildung
- Recht auf Vergütung
- Recht auf Freistellung zur Berufsschule
- Recht auf Zeugnis u. a.

1.4.1
- Krankenversicherung, z. B. Arztkosten
- Rentenversicherung, z. B. Rentenzahlung
- Arbeitslosenversicherung, z. B. Arbeitslosengeld
- Pflegeversicherung, z. B. Pflegehilfsmittel
- gesetzliche Unfallversicherung, z. B. berufsbedingte Arztkosten

1.4.2 KV, RV, AV, PV → je 50 % AG, 50 % AN (Sonderregelung bei KV)
UV → AG 100 %

1.4.3 Die Beiträge zur Sozialversicherung steigen in Abhängigkeit vom Bruttogehalt bis zum Erreichen der Beitragsbemessungsgrenze und bleiben ab dort konstant.

1.4.4 Umlageverfahren = „Vereinbarung“ zwischen den arbeitenden und nicht mehr arbeitenden Menschen, laufende Leistungen für die Rentner aus den jeweils laufenden Beiträgen der Erwerbstätigen zu finanzieren.

Auf immer mehr Rentner kommen immer weniger Erwerbspersonen.

Prüfungsaufgaben Winter 2010/2011 (Aufgabe 2, teilweise)

2.1.1
- Hauptverband des deutschen Einzelhandels (HDE) → Arbeitgeberverband
- „ver.di“, Gewerkschaft → Arbeitnehmervertreter

2.1.2 • Öffnungszeiten • Sicherheit der Arbeitsplätze
• Urlaubstage • Wochenarbeitszeit (weitere schülerindividuelle Antworten)

2.1.3 Nach der Allgemeinverbindlichkeitserklärung des Ministers für Arbeit gilt der Tarifvertrag auch für sonst nicht tarifgebundene Arbeitgeber und Arbeitnehmer.

2.1.4 Arbeitskampf (Streik), Voraussetzungen:
- gescheiterter Schlichtungsversuch
- Der Streik darf nicht während der Laufzeit eines Tarifvertrages geführt werden.
- Urabstimmung mit 75 % Zustimmung der Gewerkschaftsmitglieder

2.1.5 Aussperrung: vorübergehende Aufhebung der Arbeitsverhältnisse

Prüfungsaufgaben Winter 2010/2011 (Aufgabe 1, ohne gestr. Abschlussprüfung)

1.1.1 An der Ausbildung beteiligen sich der Ausbildungsbetrieb und die Schule. Der Ausbildungsbetrieb ist zuständig für die Vermittlung beruflicher Grundbildung, beruflicher Kenntnisse und Fähigkeiten.
Die Schule ist zuständig für die Vermittlung theoretischer Grundlagen des Ausbildungsberufes und allgemeinbildender Kenntnisse.

1.1.2 Berufsbildungsgesetz, Jugendarbeitsschutzgesetz

1.1.3.1 Durch die Probezeit können beide Seiten die Eignung prüfen.

1.1.3.2 Während der Probezeit kann von beiden Seiten ohne Angabe von Gründen das Ausbildungsverhältnis gelöst werden.

1.1.4 Rechte des Auszubildenden (= Pflichten des Ausbildenden): planmäßige Durchführung der Ausbildung, Freistellung für die Teilnahme am Berufsschulunterricht und Prüfungen, Zeugnisausstellung nach Beendigung der Ausbildung u. a. (mit Beschreibung)

Pflichten des Auszubildenden (= Rechte des Ausbildenden): Lernpflicht, Schweigepflicht, Einhaltung der Betriebsordnung u. a.

1.1.5 Der Vertrag ist nicht rechtswirksam, da die Unterschrift des gesetzlichen Vertreters fehlt.

1.2 Nach Ablauf der Probezeit ist eine Kündigung nur bei Aufgabe der Berufsausbildung oder Ausbildung in einem anderen Beruf mit Kündigungsfrist von 4 Wochen oder bei Vorliegen eines wichtigen Grundes fristlos möglich. Kündigung ist nicht möglich. Möglich wäre eine Auflösung im gegenseitigen Einvernehmen (ohne Kündigungsfrist).

1.3.1 Betriebsrat ist möglich, weil mehr als fünf volljährige und mehr als drei wählbare Arbeitnehmer beschäftigt sind.

Jugend- und Auszubildendenvertretung ist möglich, weil fünf Auszubildende unter 18 Jahren beschäftigt sind.

1.3.2 Betriebsrat: Vertretung der Interessen der Arbeitnehmer

Jugend- und Auszubildendenvertretung: Vertretung der Interessen der jugendlichen Arbeitnehmer

1.3.3
- Es finden sich keine Kandidaten, die bereit sind, sich als Betriebsrat zu engagieren.
- Die Mitarbeiter sehen keine Notwendigkeit für die Bildung eines Betriebsrats.

1.4.1 Der Tarifvertrag wird von den Gewerkschaften und dem Arbeitgeber/Arbeitgeberverband nach Tarifverhandlungen geschlossen.

1.4.2	Arbeitgeber:	Androhung von Aussperrung
	Arbeitnehmer:	Androhung von (Warn-)Streiks

1.4.3	Lohn- und Gehaltstarifvertrag:	• Entgelte jeglicher Art, Gehaltsklassen, usw. Laufzeit ca. 1 Jahr
	Manteltarifvertrag:	• Arbeitsrahmenbedingungen, Arbeitszeit usw. Laufzeit mehrere Jahre

1.5.1	Rentenversicherung:	Deutsche Rentenversicherung
	Arbeitslosenversicherung:	Bundesagentur für Arbeit
	Unfallversicherung:	Berufsgenossenschaften
	Krankenversicherung und Pflegeversicherung:	z. B.: AOK, Innungs-, Betriebs- und Ersatzkrankenkassen

1.5.2	Rentenversicherung:	Rente wegen Alters, Rente wegen Berufs- oder Erwerbsunfähigkeit usw.
	Arbeitslosenversicherung:	Arbeitslosengeld, Umschulungen, Arbeitsvermittlung usw.
	Unfallversicherung:	Kranken- und Berufshilfe bei Arbeitsunfällen, Unfallverhütungsmaßnahmen usw.
	Krankenversicherung:	Arzt-, Krankenhaus und Arzneikosten, Krankengeld usw.
	Pflegeversicherung:	Pflegegeld, Pflegehilfsmittel, Sachleistungen usw.

Prüfungsaufgaben Sommer 2011 (Aufgabe 1, mit gestr. Abschlussprüfung)

Auszubildende/-r XY
Jugend- und Auszubildendenvertreterin
Warenhaus WOHLWERT AG
75172 Pforzheim

Beantwortung der Rechtsfragen, die an mich herangetragen wurden
– dem Betriebsrat zur Prüfung –

Fall 1: Privater Unfall mit einem Skateboard am Sonntag

Gemäß § 1 Sozialgesetzbuch (VII) ist die gesetzliche Unfallversicherung nur für Arbeitsunfälle und Berufskrankheiten zuständig.
Die Krankheitskosten trägt die gesetzliche Krankenversicherung.

Fall 2: Fristlose Kündigung

Eine fristlose Kündigung ist gem. § 22 Berufsbildungsgesetz nur aus einem wichtigen Grund möglich. Diebstahl ist mit Sicherheit ein wichtiger Grund. Deshalb ist die Kündigung rechtmäßig.

Fall 3: Arbeit im Betrieb nach dem Berufsschulunterricht

Bei einem Berufsschulunterricht von mehr als fünf Unterrichtsstunden von mindestens 45 Minuten dürfen gemäß § 9 JArbSchG Jugendliche einmal in der Woche nicht mehr beschäftigt werden, d. h., Frieder kann nicht verpflichtet werden, dienstags nach der Berufsschule von 14:00 bis 18:30 Uhr zu arbeiten.

Fall 4: Kündigung wegen Berufswechsels

Nach Ablauf der Probezeit kann das Ausbildungsverhältnis gem. § 22 Berufsbildungsgesetz bei einem Berufswechsel mit einer vierwöchigen Kündigungsfrist schriftlich und unter Angabe des Kündigungsgrunds gelöst werden.

Fall 5: Urlaub für minderjährige Auszubildende

Wie aus § 19 Jugendarbeitsschutzgesetz hervorgeht, beträgt der Jahresurlaub
- für 15-Jährige 30 Werktage,
- für 16-Jährige 27 Werktage,
- für 17-Jährige 25 Werktage.

In dem mir vorgetragenen Fall ist der Auszubildende 15 Jahre alt. Es stehen ihm 30 Werktage Jahresurlaub zu. Für die Zeit vom 1. September bis 31. Dezember sind das zehn Tage, d. h., der Urlaub ist korrekt berechnet.

Fall 6: Unfall auf dem Weg zur Arbeitsstelle

Gemäß der §§ 1 und 8 SGB (VII) werden Schäden bei Wegeunfällen von der gesetzlichen Unfallversicherung und nicht von der Krankenversicherung übernommen. Carmen muss die Unfallanzeige ausfüllen.

Prüfungsaufgaben Sommer 2011 (Aufgabe 1, ohne gestr. Abschlussprüfung)

1.1.1 Elke befindet sich noch in der Probezeit. Während der Probezeit kann das Ausbildungsverhältnis jederzeit beendet werden (§ 22 Abs. 1 BBiG).
Da Elke noch minderjährig ist, müssten ihre gesetzlichen Vertreter der Kündigung zustimmen.

1.1.2 Nach der Probezeit kann das Ausbildungsverhältnis nur gekündigt werden, wenn ein wichtiger Grund vorliegt oder wenn die Berufsausbildung aufgegeben oder ein anderer Beruf erlernt wird. Umzug des Freundes gilt nicht als wichtiger Grund. Da sie in Mannheim eine Ausbildung als Kauffrau im Einzelhandel beginnen möchte, ist die Kündigung nicht möglich.
ggf. im gegenseitigen Einverständinis (§ 22 Abs. 2 BBiG)

1.2 Seda hätte nicht nach Hause gehen dürfen.
Laut § 9 Abs. 1 Jugendarbeitsschutzgesetz muss sie zwar für den Berufsschulunterricht freigestellt werden, aber den ganzen Tag ist sie nur freigestellt, wenn an einem Berufsschultag mehr als fünf Unterrichtsstunden stattfinden.
Am besten geht Seda zu Herrn Beisel, entschuldigt sich, sagt ihm, dass sie das nicht gewusst habe, und verspricht, dass dies in Zukunft nicht mehr vorkomme.

1.3 Michael muss die Aufräumarbeiten durchführen, denn er muss die Tätigkeiten, die zu seiner Berufsausbildung gehören, ausführen. Zur Ausbildung eines Verkäufers zählt auch die Pflege des Lagers (§ 13 BBiG).

1.4 Die fristlose Kündigung ist rechtens. Es handelt sich um eine Kündigung aus wichtigem Grund. Bei Diebstahl durch einen Arbeitnehmer ist eine vertrauensvolle Zusammenarbeit nicht mehr möglich (§ 22 Abs. 2 BBiG).

1.5.1 Frau Meier kann kandidieren. Sie ist volljährig und mehr als 6 Monate im Betrieb.

1.5.2 Herr Christ kann nicht kandidieren, denn als Prokurist übernimmt er leitende Funktionen.

1.5.3 Frau Di Angelo kann kandidieren. Sie ist volljährig und mehr als 6 Monate im Betrieb. Die Staatsangehörigkeit spielt keine Rolle.

1.5.4 Anna kann nicht kandidieren, weil sie nicht volljährig ist.

1.6.1 Die rechtlichen Voraussetzungen sind gegeben, denn der Betrieb hat mehr als fünf ständige wahlberechtigte Arbeitnehmer (§ 1 BetrVG).

1.6.2 Bei 27 Arbeitnehmern hat der Betriebsrat 3 Mitglieder (21 bis 50 wahlberechtigte Arbeitnehmer) (§ 9 BetrVG).

1.7.1 Gehaltstarifvertrag: Regelungen bzgl. Löhne und Gehälter, Eingruppierungen usw.
Manteltarifvertrag: allg. Regelungen, z. B. Urlaub, Kündigung usw.

1.7.2 Manteltarifvertrag: längerfristig (bis zu fünf Jahre)
Gehaltstarifvertrag: kurzfristig, hängt vom Verhandlungsgeschick der Tarifvertragspartner ab (ein bis zwei Jahre)

Prüfungsaufgaben Winter 2011/2012 (Aufgabe 1, mit gestr. Abschlussprüfung)

1. Nein, er muss davor nicht arbeiten, da der Unterricht vor 9:00 Uhr beginnt (§ 9 JArbSchG).

2. Nein, denn nach Ablauf der Probezeit kann das Ausbildungsverhältnis bei einer Aufgabe der Berufsausbildung nur mit einer vierwöchigen Kündigungsfrist schriftlich und unter Angabe des Kündigungsgrundes gelöst werden (§ 22 BBiG).

3. Rentenversicherung, Krankenversicherung, Pflegeversicherung, Arbeitslosenversicherung. Eine zusätzliche private Altersvorsorge ist unbedingt zu empfehlen, da aufgrund der ansteigenden Lebenserwartung und der rückläufigen Geburtenraten die gesetzliche Rente zukünftig nicht mehr ausreichen wird, um den erworbenen Lebensstandard zu halten. Daher sollte man die gesetzliche Rente unbedingt durch eine private Altersvorsoge ergänzen.

4. Er war zu Beginn des Kalenderjahrs noch nicht 17 Jahre alt, somit steht ihm ein Jahresurlaub von 27 Tagen zu. Für die Zeit vom 1. September 2011 bis zum 31. Dezember 2011 stehen ihm also neun Urlaubstage zu (§ 19 JArbSchG).

5. Jugendlichen steht eine ununterbrochene Freizeit von mindestens 12 Stunden zu. Somit dürfte sie frühestens um 08:00 Uhr wieder arbeiten (§ 13 JArbSchG).

6. Gehaltstarifvertrag:
   - enthält Regelungen bzgl. der Gehälter, Löhne, Eingruppierungen usw. gilt für ein bis zwei Jahre

   Manteltarifvertrag:
   - enthält allgemeine Arbeitsbedingungen, z. B. Urlaub, Kündigungsfristen, Arbeitszeitvereinbarungen, usw.
     gilt für mehrere Jahre

Prüfungsaufgaben Winter 2011/2012 (Aufgabe 2)

2.1 Kandidat 1: Herr Hanke kann nicht kandidieren. Er ist zwar volljährig, aber erst seit vier Monaten im Betrieb.

Kandidat 2: Frau Persson kann kandidieren. Sie ist volljährig und länger als sechs Monate im Betrieb. Die Staatsangehörigkeit spielt hierbei keine Rolle.

Kandidat 3: Frau Junke kann nicht kandidieren, da sie noch nicht volljährig ist (§ 8 BetrVG).

2.2 Z. B.

- JAV vertritt die speziellen Interessen der Jugendlichen und Auszubildenden.
- JAV unterstützt bei Fragen zur Berufsausbildung.
- JAV sorgt dafür, dass die geltenden Gesetze für Jugendliche und Auszubildende eingehalten werden.
- JAV nimmt Anregungen der Jugendlichen und Auszubildenden entgegen.
- JAV kümmert sich um die Integration ausländischer Jugendlicher und Auszubildender.

2.3 Die Genter GmbH beschäftigt 70 Mitarbeiter. Gemäß dem Schaubild haben bei Betrieben mit 51–100 Beschäftigten nur 37 % (bzw. 36 % Ost) aller Betriebe einen Betriebsrat. Somit entspricht die Aussage von Frau Finke nicht der Realität. (Erst ab einer Betriebsgröße von 501 und mehr Beschäftigten sind Betriebsräte nahezu selbstverständlich.)

2.4.1 Z. B.

- Nachhaltigkeit bezeichnet eine Entwicklung, die den Bedürfnissen der jetzigen Generation entspricht, ohne die Möglichkeiten künftiger Generationen zu gefährden, ihre eigenen Bedürfnisse zu befriedigen und ihren Lebensstil frei zu wählen.
- Nachhaltigkeit bezeichnet eine Entwicklung, in der Ökonomie, Ökologie und soziale Ziele so in Einklang gebracht werden, dass die Bedürfnisse heutiger Generationen befriedigt werden, ohne die Bedürfnisse kommender Generationen zu gefährden.

2.4.2 Z. B.

- Auswahl umweltfreundlicher Produkte (Inhalt, Verpackung ...)
- Auswahl von Produkten, deren Herstellung nicht auf der Ausbeutung anderer Menschen basiert
- Kunden in der Beratung verdeutlichen, inwiefern ein bestimmtes Produkt zum Umweltschutz beiträgt
- Führung des Betriebs unter Beachtung sozialer Gesichtspunkte

2.4.3 Z. B.

- Sicherung der Arbeitsplätze
- Schaffung eines guten Betriebsklimas
- familienfreundliche Arbeitsbedingungen
- übertarifliche Bezahlung
- Gewährung von Zulagen
- Weiterbildungsmaßnahmen anbieten

Prüfungsaufgaben Sommer 2012 (Aufgabe 1)

1.1.1 Nein, ohne „Papierkram“ ist das nicht möglich, es muss ein Ausbildungsvertrag schriftlich abgeschlossen werden.

1.1.2 Da Jan mit seinen 16 Jahren noch minderjährig ist, muss auch noch der gesetzliche Vertreter unterschreiben.

1.1.3 Während der Probezeit kann fristlos ohne Angaben von Gründen gekündigt werden.

1.1.4 V. a. Lernpflicht, Schweigepflicht, Berufsschulpflicht, Befolgen von Anweisungen usw.

1.2.1 Ja, da der Betrieb mehr als fünf Auszubildende hat.

1.2.2 Carmen ist Auszubildende und 19 Jahre alt, kann also wählen (bis 25 Jahre). Sie kann auch gewählt werden, da dies für alle Arbeitnehmer bis zum 25. Lebensjahr möglich ist.

1.3.1 Da Antonio zu Beginn des Kalenderjahres noch kein 16 Jahre alt war (er hat gerade heute Geburtstag), stehen ihm 30 Werktage zu, d. h. bei Ausbildungsbeginn zum 1. September 10 Werktage.

1.3.2 Nein. Nach der Probezeit kann nur gekündigt werden, wenn die Berufsausbildung aufgegeben wird und man sich für einen anderen Beruf ausbilden lassen möchte.

1.3.3 Nein, im zweiten Ausbildungsjahr muss Antonio mehr Geld bekommen, da die Ausbildungsvergütung mindestens jährlich ansteigen muss.

Prüfungsaufgaben Sommer 2012 (Aufgabe 2, teilweise)

2.6.1 Aufgrund des Anstiegs der Rentenbezugsdauer und des Rückgangs des Renteneintrittsalters sinkt das Rentenniveau und steigt der Beitragssatz zu Rentenversicherung.

2.6.2 Z. B.
- Bausparverträge
- Lebensversicherung
- Immobilie usw.

2.6.3 Da es sich um einen Arbeitsunfall handelt, tritt die gesetzliche Unfallversicherung ein.

Prüfungsaufgaben Winter 2012/2013 (Aufgabe 1)

1.1.1
- Fabian Keller als Auszubildender
- gesetzliche Vertreter, da Fabian noch minderjährig/nicht voll geschäftsfähig ist
- Ausbildender, gesetzlicher Vertreter des Unternehmens

1.1.2 A) Ende der Berufsausbildung ist nicht angegeben, Vorschlag: 30.06.2016
E) Vergütung im 1. und 2. Ausbildungsjahr gleich, muss jährlich ansteigen
G) Urlaub 2013: 15 Tage (Fabian ist zu Beginn des Kalenderjahres noch nicht 16 Jahre alt → 30 Tage pro Jahr); Urlaub 2015: 25 Tage, da Fabian zu Beginn des Kalenderjahres noch nicht 18 Jahre alt ist
J) Unterschriften fehlen

1.1.3 Z. B.
- Schweigepflicht
- Befolgen von Weisungen
- Berufsschulpflicht
- Sorgfaltspflicht
- Pflicht, Berichtsheft zu führen
- Lernpflicht

1.2 Von seinem Gehalt muss er Sozialversicherungsbeiträge leisten, d. h. Beiträge zur Kranken-, Pflege-, Renten- und Arbeitslosenversicherung. Eventuell führt der Arbeitgeber noch vermögenswirksame Leistungen für Fabian ab.

1.3.1 Gesetzliche Altersvorsorge
betriebliche Altersvorsorge
private Altersvorsorge

1.3.2 Die gesetzliche Rente basiert auf dem Generationenvertrag. Die arbeitende Generation zahlt durch ihre Beiträge die Renten der empfangenden Generation. Der Generationenvertrag funktioniert nicht mehr, da es immer weniger Beitragszahler und immer mehr Empfänger gibt. Die gesetzliche Rente ist also nicht mehr sicher, und die Versorgungslücke sollte durch eine private Altersvorsorge ausgeglichen werden.

1.4.1
- Lohn- und Gehaltstarifvertrag: regelt Höhe der Löhne, Gehälter, Azubi-Vergütung
- Manteltarifvertrag: regelt Rahmenbedingungen wie Urlaub, Arbeitsbedingungen

1.4.2
- Aussperrung: Arbeitgeber schließen die Arbeitnehmer von der Arbeit aus
- Streik: vorübergehende Arbeitsniederlegung der Arbeitnehmer

Prüfungsaufgaben Sommer 2013 (Aufgabe 1)

1.1 Vereinbarung I: Vorrang des Betriebes
gesetzeswidrig, weil
- Berufsschulpflicht besteht für den Auszubildenden und Pflicht zur Freistellung zum Besuch der Berufsschule für den Ausbilder.
- Ein Entgeltausfall darf durch den Besuch der Berufsschule nicht eintreten.

Vereinbarung II: Probezeit
- ist zu lang; maximal vier Monate, Probezeit endet am 31.12.2013
- Beendigung des Ausbildungsverhältnisses fristlos und ohne Angabe von Gründen ist während der Probezeit möglich.

Vereinbarung III: Tätigkeiten
- Diese Vereinbarung ist ungültig, denn Auszubildenden dürfen nur Aufgaben übertragen werden, die dem Ausbildungszweck dienen. Hausmeisterarbeiten gehören nicht dazu.

Vereinbarung IV: Urlaubsregelung
- Die Mindesturlaubsdauer beträgt 24 Werktage; dies gilt auch für volljährige Auszubildende.
- Für Auszubildende unter 18 J. gelten längere Regelungen, abhängig vom Alter.
  15-jährige = 30 Werktage, 16-jährige = 27 Werktage,
  17-jährige = 25 Werktage. Der Auszubildende hier ist zu Beginn des Kalenderjahres noch keine 17 Jahre alt (Geburtstag am 25.05.2013); er hat also Anspruch auf 27 Werktage, d. h. Anspruch auf 9 Werktage im Jahr 2013.

1.2.1 Die Kündigung ist rechtens; in der Probezeit kann fristlos gekündigt werden.

1.2.2 Die Kündigung ist nicht rechtens. Für eine fristlose Kündigung nach der Probezeit muss ein wichtiger Grund vorliegen. Das ist hier nicht der Fall. Eine fristgerechte (vier Wochen) Kündigung wäre möglich, wenn Jan die Berufsausbildung ganz aufgeben möchte bzw. eine andere Berufsausbildung absolvieren möchte.

1.2.3 Wenn Erdan die Abschlussprüfung insgesamt besteht, endet die Ausbildung mit der Bekanntgabe des Ergebnisses. Dies ist am Tag der mündlichen Abschlussprüfung der Fall. Das Ausbildungsverhältnis endet am 15.07.2013.

1.2.4 Einfaches Zeugnis:
Angaben über Art, Dauer und Ziel der Berufsausbildung sowie erworbene Kenntnisse und Fertigkeiten
qualifiziertes Zeugnis:
zusätzliche Angaben über Verhalten (Führung) und Leistung

Prüfungsaufgaben Sommer 2013 (Aufgabe 2)

2.1	Rentenversicherung: 50 % · 18,9 % · 1.800,00 EUR	=	170,10 EUR
	Arbeitslosenversicherung: 50 % · 3,0 % · 1.800,00 EUR	=	27,00 EUR
	Pflegeversicherung: (50 % · 2,05 % + 0,25 %) · 1.800,00 EUR	=	22,95 EUR

2.2 Lohnfortzahlung durch den Arbeitgeber sechs Wochen, danach Krankengeld von der Krankenkasse

2.3.1 Alberto Lopez ist wählbar. Er ist volljährig und länger als sechs Monate im Betrieb. (Staatsangehörigkeit ist irrelevant.)

2.3.2 Luise Müller ist nicht wählbar. Sie ist zwar volljährig, aber weniger als sechs Monate im Betrieb beschäftigt.

2.4.1 Wahlberechtigt sind alle Azubis des Betriebes unter 25 Jahren und alle Arbeitnehmer unter 18 Jahren.

2.4.2 Alle Arbeitnehmer des Betriebes, die das 25. Lebensjahr noch nicht vollendet haben.

2.4.3 Die Amtszeit beträgt zwei Jahre.

2.4.4 Z. B.
- Wahrnehmung der Belange der Jugendlichen
- Überwachung der Einhaltung der Gesetze bzgl. Jugendlicher
- Förderung der Integration der ausländischen Jugendlichen im Betrieb

Prüfungsaufgaben Winter 2013/2014 (Aufgabe 1)

1.1 Hallo Ursel, grundsätzlich können laut § 20 BBiG Probezeiten von 1–4 Monaten vereinbart werden, und damit können auch Unterschiede bei Auszubildenden entstehen. Deine Probezeit von 6 Monaten ist jedoch aufgrund des Gesetzes nicht zulässig.

1.2 Hallo Kevin, da du noch nicht volljährig bist, gilt für dich das Jugendarbeitsschutzgesetz. Hier ist in § 8 Abs. 1 klar geregelt, dass Jugendliche maximal 8 Stunden täglich und 40 Stunden wöchentlich arbeiten dürfen. In Ausnahmefällen auch 8,5 Stunden, sofern die 40 Stunden in der Woche nicht überschritten werden. Damit sind die Überstunden nicht rechtmäßig.

1.3 Hallo Sabrina, die getroffene Vereinbarung verstößt gegen das Gesetz. Laut § 17 Abs. 1 BBiG muss die Vergütung jährlich ansteigen.

1.4 Hallo Armin, laut § 13 Nr. 6 BBiG bist du während deiner Ausbildung verpflichtet, Stillschweigen über betriebsinterne Geheimnisse zu wahren. Eine fristlose Kündigung ist laut § 22 Abs. 2 Nr. 1 BBiG nur aus einem wichtigen Grund zulässig. Hierzu können die Weitergabe interner Informationen gezählt werden. Damit ist die Kündigung rechtmäßig.

1.5 Hallo Nina, laut § 15 BBiG und § 9 JArbSchG muss dein Chef dich für die Berufsschule freistellen.

1.6

Zweige der Sozialversicherung	Dazugehörige Leistung, z. B.
Krankenversicherung	Arztrechnungen werden bezahlt
Pflegeversicherung	im Alter Anspruch auf Pflegeleistungen
Rentenversicherung	Zahlung von Rente
Arbeitslosenversicherung	Arbeitslosengeld bei Arbeitslosigkeit

Prüfungsaufgaben Sommer 2014 (Aufgabe 1)

1.1.1 Die Ausbildung findet an den Lernorten Schule und Betrieb statt.

1.1.2 Vorteil: Den Auszubildenden wird insbesondere durch die Arbeit im Betrieb eine praxisorientierte Ausbildung ermöglicht. Auf der anderen Seite wird den Schülern der Erwerb theoretischer Grundkenntnisse in der Berufsschule ermöglicht.

Nachteil: Ein Nachteil ist die mögliche stärkere Belastung der Auszubildenden, da sie sich sowohl auf den Unterricht in der Schule als auch auf die Arbeit im Betrieb vorbereiten und konzentrieren müssen.

1.1.3 Z. B.
Pflichten Auszubildender: Lernpflicht, Berichtsheftpflicht
Pflichten Arbeitgeber: Freistellung für die Berufsschule, Fürsorgepflicht

1.2.1 Die Probezeit ermöglicht dem Ausbildungsbetrieb, die Eignung des Auszubildenden zu prüfen. Aber auch der Auszubildende hat die Möglichkeit herauszufinden, ob der Beruf für ihn geeignet ist.

1.2.2 Zu Beginn des Kalenderjahrs ist Anna noch nicht 17. Das heißt, ihr stehen laut § 19 Art. 2 Nr. 2 JArbSchG 27 Tage Urlaub für das ganze Jahr zu.

1.2.3 Laut JArbSchG beträgt die tägliche Arbeitszeit 8 Stunden und die wöchentliche Arbeitszeit 40 Stunden. In Ausnahmefällen sind 8,5 Stunden täglich erlaubt. Eine tägliche Arbeitszeit von 9 Stunden ist für Jugendliche aber nicht erlaubt. Hier liegt ein Verstoß gegen das Jugendarbeitsschutzgesetz vor.

1.2.4 Nach der Probezeit ist eine Kündigung der Ausbildung durch die Auszubildende/den Auszubildenden mit einer Kündigungsfrist von 4 Wochen möglich, wenn er/sie die Ausbildung ganz aufgeben will. Dies ist hier der Fall, denn Anton möchte wieder Vollzeit an eine Schule gehen.

1.2.5 Auszubildende sind laut BBiG für Prüfungstage freizustellen. Christoph muss also keinen Urlaubstag für den Prüfungstag nehmen.

1.2.6 Laut JArbSchG müssen sich Auszubildende unter 18 Jahren vor Beginn der Ausbildung einer ärztliche Untersuchung unterziehen.

Prüfungsaufgaben Sommer 2014 (Aufgabe 2)

2.1 Lohn- und Gehaltstarifverträge/Entgelt-Tarifverträge sind Verträge mit der kürzesten Laufzeit. In der Regel gelten sie ein Jahr. In ihnen werden fast ausschließlich die Höhe von Löhnen, Gehältern, Ausbildungsvergütungen (Entgelten) geregelt.

2.2 Der Manteltarifvertrag regelt die allgemeinen Arbeitsbedingungen, wie z. B. Arbeitszeit, Urlaub, Probezeit, Nacht- und Schichtarbeit. Die Laufzeit beträgt mehrere Jahre.

2.3 Das ist so nicht richtig. Die Regelungen des alten Tarifvertrages gelten weiter solange, bis der neue Tarifvertrag in Kraft tritt.

2.4 Das geht nicht. Streiks müssen von der Gewerkschaft organisiert werden. Außerdem ist eine Urabstimmung nötig.

2.5 Bei Tarifvertragsverhandlungen gilt Tarifautonomie, d. h., der Staat darf sich nicht einmischen.

2.6 Das ist zunächst richtig. Es sei denn, der Tarifvertrag wird für allgemein verbindlich erklärt.

2.7 Das geht nicht. Eine Aussperrung ist nur als Gegenmaßnahme auf einen Streik möglich.

2.8 Schülerabhängige Lösung, z. B.

> Liebe Kolleginnen und Kollegen,
>
> Euer Betriebsrat hat unter anderem folgende Aufgaben:
> - Mitarbeiter beraten und sie bei der Durchsetzung ihrer Rechte gegenüber der Geschäftsführung unterstützen,
> - kontrollieren, ob die geltenden Gesetze und Verordnungen zum Schutz der Mitarbeiter eingehalten werden,
> - Mitbestimmung in sozialen Angelegenheiten,
> - Mitwirkung in personellen Angelegenheiten,
> - Betriebsversammlung organisieren und leiten.
>
> Bei Fragen sind wir gerne für Euch da!
>
> Euer Betriebsrat

Prüfungsaufgaben Winter 2014/2015 (Aufgabe 1)

Aufgabe 1

1.1 Siehe Anlage

1.2 Rechte: Ausbildung gemäß Ausbildungsordnung, Fürsorge, Vergütung, Urlaub, Zeugnisausstellung, Freistellung zum Berufsschulunterricht und Prüfungen, u. Ä.
Pflichten: Lernpflicht, Berufsschulpflicht, Weisungsbefolgung, Verschwiegenheit u. Ä.

1.2.2 Da Frau Fleißig zum Zeitpunkt der Vertragsunterschrift noch nicht 18 Jahre alt ist, ist die Unterschrift ihrer gesetzlichen Vertreter notwendig. Der Vertrag ist somit noch nicht rechtswirksam.

1.3 Zu Frage 1:
Die gesetzliche Unfallversicherung kommt für die Kosten auf. Die Beiträge für diese Versicherung zahlt nicht der Arbeitnehmer sondern allein der Arbeitgeber.

Zu Frage 2:

- Krankenversicherung: z. B. Leistungen zur Verhütung von Krankheiten, zur Früherkennung von Krankheiten, zur Behandlung einer Krankheit, ...
- Arbeitslosenversicherung: z. B. Arbeitsvermittlung, Arbeitslosengeld, Kurzarbeitergeld, ...
- Rentenversicherung: z. B. Altersrente, Hinterbliebenenrente, Rente wegen verminderter Erwerbsfähigkeit, ...
- Pflegeversicherung: z. B. Pflegegeld, ambulante Pflegedienste, Übernahme pflegebedingter Aufwendungen

Anlage

Berufsausbildungsvertrag

(§§ 10, 11 Berufsbildungsgesetz - BBiG)

Die Industrie- und Handelskammern in Baden-Württemberg

Blatt 1 – Auszubildender

Zwischen dem/der Ausbildenden (Ausbildungsbetrieb)

KNR	Firmenident-Nr.	Tel.-Nr.
	47110815	07261/555

Anschrift des/der Ausbildenden: Stegmüller GmbH

Straße, Hausnummer: Holzstraße 1

PLZ: 74889 Ort: Sinsheim

E-Mail-Adresse des/der Ausbildenden: ausbildung@stegmueller-gmbh.de

und der/dem Auszubildenden männlich [ ] weiblich [X]

Name: Fleißig Vorname: Felicitas

Straße, Hausnummer: Geraniengasse 23

PLZ: 74889 Ort: Sinsheim

Geburtsdatum: 15.03.1998

Staatsangehörigkeit: deutsch Gesetzliche Vertreter[1]: Eltern

Namen, Vornamen der gesetzlichen Vertreter: Fleißig, Christiane und Bernd

Straße, Hausnummer: dto.

PLZ Ort: dto.

Wird nachstehender Vertrag zur Ausbildung im Ausbildungsberuf mit der Fachrichtung/dem Schwerpunkt/dem Wahlbaustein etc. nach Maßgabe der Ausbildungsordnung[2] geschlossen: Kauffrau im Einzelhandel

Zuständige Berufsschule: Max-Weber-Schule Sinsheim

A Die Ausbildungszeit beträgt nach der Ausbildungsordnung 36 Monate.
Die vorausgegangene Berufsausbildung / Vorbildung:

wird mit 0 Monaten angerechnet, bzw. es wird eine entsprechende Verkürzung beantragt.

Das Berufsausbildungsverhältnis beginnt am 01.09.2015 endet am 31.08.2018

B Die Probezeit (§ 1 Nr. 2) beträgt 4 Monate.[3]

C Die Ausbildung findet vorbehaltlich der Regelungen nach D (§ 3 Nr. 12) in

Straße: Holzstraße 1

PLZ, Ort: 74889 Sinsheim

und den mit dem Betriebssitz für die Ausbildung üblicherweise zusammenhängenden Bau-, Montage- und sonstigen Arbeitsstellen statt.

D Ausbildungsmaßnahmen außerhalb der Ausbildungsstätte (§ 3 Nr. 12) (mit Zeitraumangabe)

Keine Angaben

E Der/die Ausbildende zahlt dem/der Auszubildenden eine angemessene Vergütung (§ 5); diese beträgt zur Zeit monatlich brutto

EUR	650,00	780,00	936,00	
im	ersten	zweiten	dritten	vierten

Ausbildungsjahr

F Die regelmäßige tägliche Ausbildungszeit (§ 6 Nr. 1) beträgt 8 Stunden.[4]

G Der/die Ausbildende gewährt dem/der Auszubildenden Urlaub nach den geltenden Bestimmungen. Es besteht ein Urlaubsanspruch.

Im Jahr	2015	2016	2017	2018	
Werktage	9	25	24	24	
Arbeitstage					

H Sonstiges, Hinweise auf anzuwendende Tarifverträge und Betriebsvereinbarungen.

Keine Angaben

J Die beigefügten Vereinbarungen sind Gegenstand dieses Vertrages und werden anerkannt.

Sinsheim, den 01.06.2015
Ort, Datum

Der/die Ausbildende:

Stempel und Unterschrift

Der/die Auszubildende:

Vor- und Familienname

Die gesetzlichen Vertreter des/der Auszubildenden:

Vater und Mutter/Vormund

Änderungen des wesentlichen Vertragsinhaltes sind vom Ausbildenden unverzüglich zur Eintragung in das Verzeichnis der Berufsausbildungsverhältnisse bei der Industrie- und Handelskammer anzuzeigen.

Die beigefügten Angaben zur sachlichen und zeitlichen Gliederung des Ausbildungsablaufs (Ausbildungsplan) sind Bestandteil dieses Vertrages.

[1] Vertretungsberechtigt sind beide Eltern gemeinsam, soweit nicht die Vertretungsberechtigung nur einem Elternteil zusteht. Ist ein Vormund bestellt, so bedarf dieser zum Abschluss des Ausbildungsvertrages der Genehmigung des Vormundschaftsgerichtes.
[2] Solange die Ausbildungsordnung nicht erlassen ist, sind gem. § 104 Abs. 1 BBiG die bisherigen Ordnungsmittel anzuwenden.
[3] Die Probezeit muss mindestens einen Monat und darf höchstens vier Monate betragen.
[4] Das Jugendarbeitsschutzgesetz sowie für das Ausbildungsverhältnis geltende tarifvertragliche Regelungen und Betriebsvereinbarungen sind zu beachten.

Anmerkungen:

Punkt B: Die maximal zulässige Dauer der Probezeit beträgt vier Monate (§ 20 BBiG).

Punkt G: 2015: neun Werktage Urlaubsanspruch → 4/12 von 27 Tagen (§ 19 Abs. 2 Nr. 2 JArbSchG)
2018: Da die Ausbildung laut Vertrag erst in der 2. Jahreshälfte endet, wird in den Ausbildungsvertrag der volle Jahresurlaub eingetragen, alternativ ist für das Jahr 2018 auch der anteilige Urlaubsanspruch von 16 Tagen richtig.

16 Soziale Marktwirtschaft & Co. (Teil 1)

16.1 Standortfaktoren

1. a) Standort = örtliche Lage eines Betriebes

   b) Standortfaktoren:
   - Lieferantennähe
   - Absatzmarkt
   - Verkehrswege
   - Arbeitsmarkt
   - Infrastruktur
   - Konkurrenz

2. Infrastruktur = Gesamtheit aller öffentlichen und wirtschaftlichen Einrichtungen eines Wirtschaftsraumes, z. B. Schulen, Krankenhäuser, Sportplätze, Verkehrseinrichtungen … Bedeutung der Infrastruktur für die Standortwahl: Arbeitskräfte leichter beschaffbar, weniger Fluktuation bei guter Infrastruktur, Kosteneinsparungen bei guten Verkehrsverbindungen …

3. a) Arbeitskräfte: nach quantitativen und qualitativen Aspekten
   Lohnkosten: möglichst niedrig, da arbeitsintensive Produktion
   Kundennähe: insbes. auch beim Service kurze Wege zum Kunden
   Infrastruktur: Verkehrsanbindung …

   b) Alternativlösungen möglich!

Faktor Ort	Prag	Pirna	Saarbrücken
Arbeitskräfte	8	9	7
Infrastruktur	3	6	10
Kundennähe	6	10	1
Lohnkosten	10	7	4
	27	32	22

16.2 Unternehmensziele

1./2. Vgl. Stofftelegramm

3. a) Ökonomisch – komplementär

   b) Ökonomisch und ökologisch – konkurrierend

   c) Ökonomisch – komplementär

   d) Ökonomisch und sozial – indifferent

   e) Ökologisch und sozial – indifferent

   f) Ökonomisch und sozial – konkurrierend

   g) Ökonomisch und sozial – komplementär

4. Vgl. Stofftelegramm

16.3 Soziale Marktwirtschaft

1. Alle Ordnungsmerkmale der freien Marktwirtschaft werden bei der sozialen Marktwirtschaft mehr oder weniger eingeschränkt, um soziale Härten oder Benachteiligungen zu vermeiden.

2. a) Privateigentum:
   - Mitbestimmungsregelungen in Gesetzen
   - teilweise öffentliches Eigentum
   - Art. 14 Grundgesetz: Eigentum verpflichtet

   b) Vertragsfreiheit:
   - Gesetzesregelungen über nichtige und anfechtbare Rechtsgeschäfte
   - Verbraucherschutzregelungen
   - Gesetz gegen den unlauteren Wettbewerb

   c) Gewerbefreiheit:
   - Umwelt- und Verbraucherschutz
   - Zulassungsvorschriften

3. **Freie Marktwirtschaft:** keine Eingriffe des Staates in die Wirtschaft

   soziale Marktwirtschaft: Eingriffsmöglichkeiten des Staates in die Wirtschaft, wenn soziale Härten oder Benachteiligungen verhindert oder wirtschaftspolitische Ziele gefördert werden sollen. Die staatlichen Eingriffsmöglichkeiten sind gesetzlich geregelt, vgl. auch Aufgabe 2.

16.4 Der Wirtschaftskreislauf

1. Nettoinvestition: führt zur Vergrößerung bzw. Verbesserung der volkswirtschaftlichen Kapazität (Wachstum)

   Reinvestition: Ersatzinvestition; führt zur Erhaltung der volkswirtschaftlichen Kapazität (Ersatz von ausscheidenden Maschinen)

   Bruttoinvestition: Nettoinvestition + Reinvestition
   Summe aller Investitionen

2. Nettoinvestition

3. **Einf. Wirtschaftskreislauf:** stationäre Wirtschaft (Sektoren: private Haushalte und Unternehmen); keine Ersparnis der privaten Haushalte, keine Nettoinvestitionen, kein Wachstum (nur Reinvestition)

4. a) **Volkseinkommen:** Summe aller in einer Volkswirtschaft in einem Jahr geschaffenen Einkommen

   b) **Inlandsprodukt:** Wert aller in einem Jahr produzierten entgeltlichen Güter und Dienstleistungen einer Volkswirtschaft bzw. erzielte Einkommen der In- und Ausländer in Deutschland

5. Haushalte, Unternehmen, Staat, Ausland, Banken (Vermögensänderung)

6. Banken sammeln die Ersparnisse der Haushalte und leiten sie als Kredite an die Unternehmen für Investitionszwecke weiter.

7. **Stationäre Wirtschaft:** Wirtschaft ohne Wachstum

evolutorische Wirtschaft: wachsende Wirtschaft (Nettoinvestitionen!)

8. a) **Nominales Inlandsprodukt:** Inlandsprodukt – zu tatsächlichen Preisen bewertet

reales Inlandsprodukt: Inlandsprodukt – nach Herausrechnung der Preissteigerungen

b) Eine rein nominale Erhöhung des Inlandsprodukts ist nicht unbedingt mit einer Mehrleistung (Mehrproduktion) der Volkswirtschaft verbunden, sondern mehr oder weniger inflationsbedingt. Preissteigerungen sind daher bei der realen Betrachtung herauszurechnen.

9. Fragestellungen bei der

Entstehung des Volkseinkommens: Wo ist das Volkseinkommen entstanden?

Antwort: in den einzelnen Wirtschaftsbereichen (Investitions-, Konsumgüterindustrie, Landwirtschaft, Dienstleistungsbereich ...)

Verteilung des Volkseinkommens: An wen wird das Volkseinkommen verteilt?

Antwort: an Nichtunternehmer (E_{nu}) und Unternehmer (E_u)

Verwendung des Volkseinkommens: Wie wird das Volkseinkommen verwendet?

Antwort: u. a. für Investitionszwecke (I) und Konsumzwecke (C)

10. A meint die nominelle, B die reale Entwicklung des Volkseinkommens (vgl. 13.).

11. Die Aussage ist im Wesentlichen richtig: Der materielle Lebensstandard steigt mit steigendem Volkseinkommen. Allerdings schmälern folgende Aspekte den Aussagewert:

- Es ist fraglich, ob Lebensqualität in Zahlen messbar ist.
- Steigendes Volkseinkommen bedeutet evtl. steigende Umweltbelastung (soziale Kosten).
- Verschiedene Kosten erhöhen das Bruttoinlandsprodukt, die eigentlich wieder abgezogen werden müssten: Behandlungskosten von Unfallopfern, Reparaturen an Unfallautos ...
- Bestimmte Leistungen werden nicht erfasst, z. B. Ausbildungsleistungen von Unternehmen, Nutzung der Infrastruktur (= soziale Leistungen) sowie Hausfrauentätigkeiten, private Kleingärtnerarbeiten ...

Korrektur des BIP: **Bruttoinlandsprodukt – soziale Kosten + soziale Leistungen ...**

Test → **Volkswirtschaftliche Gesamtrechnung**

1., 2., 3. Versuch | Erzielte Punkte

1

Volkseinkommen: Summe aller in einer Volkswirtschaft in einem Jahr geschaffenen Einkommen ---> 1

Inlandsprodukt: Wert aller in einem Jahr produzierten entgeltlichen Güter und Dienstleistungen in einer Volkswirtschaft ---> 1

1.	2	
2.	2	
3.	2	

2

Stationäre Wirtschaft: Wirtschaft ohne Wachstum ---> 0,5

Evolutorische Wirtschaft: wachsende Wirtschaft ---> 0,5

1.	1	
2.	1	
3.	1	

3

Nominales Inlandsprodukt: Inlandsprod., zu tatsächlichen Preisen bewertet. ---> 1
Reales Inlandsprodukt: Inlandsprod., nach Herausrechnung der Preissteigerungen ---> 1

1.	2	
2.	2	
3.	2	

4

- **Entstehung des Volkseinkommens:** Wo ist das Volkseinkommen entstanden? ---> 1

  Antwort: in den einzelnen Wirtschaftsbereichen (Investitions-, Konsumgüterindustrie, Landwirtschaft, Dienstleistungsbereich ...)

- **Verteilung des Volkseinkommens:** An wen wird das Volkseinkommen verteilt? ---> 1

  Antwort: an Nichtunternehmer und Unternehmer

- **Verwendung des Volkseinkommens:** Wie wird das Volkseinkommen verwendet? ---> 1

  Antwort: u. a. für Investitionszwecke (I) und Konsumzwecke (C)

1.	3	
2.	3	
3.	3	

5

Die Aussage ist im Wesentlichen richtig: Der materielle Lebensstandard steigt mit steigendem Volkseinkommen. ---> 1

Allerdings schmälern folgende Aspekte den Aussagewert:

- Es ist fraglich, ob Lebensqualität in Zahlen messbar ist. ---> 0,5
- Steigendes Volkseinkommen bedeutet steigende Umweltbelastung (soziale Kosten). ---> 0,5
- Verschiedene Kosten erhöhen das Bruttoinlandsprodukt, die eigentlich wieder abgezogen werden müssten: Behandlungskosten von Unfallopfern, Reparatur Unfallautos ... ---> 0,5
- Bestimmte Leistungen werden nicht erfasst, z. B. Ausbildungsleistungen von Unternehmen, Nutzung der Infrastruktur (= soziale Leistungen), Hausfrauentätigkeit ... ---> 0,5

Korrektur des BIP: **Bruttoinlandsprodukt – soziale Kosten + soziale Leistungen** ---> 1
+ u. a. Hausfrauentätigkeiten (bewertet)

1.	4	
2.	4	
3.	4	

Tragen Sie Ihre Punktesumme ein und ermitteln Sie auf dem Aufgabenblatt Ihre Note.

Punktesumme → 1. 20 | Punktesumme → 2. 20 | Punktesumme → 3. 20

16.5 Prüfungsaufgaben

Prüfungsaufgaben Sommer 2008 (Aufgabe 1, teilweise)

1.1.1 + 1.1.2

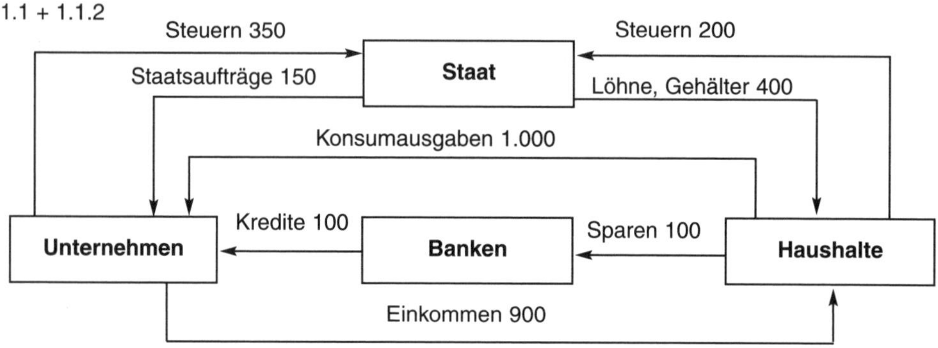

Prüfungsaufgaben Sommer 2010 (Aufgabe 2, mit gestr. Abschlussprüfung)

2.1.1 Gewinn, Umsatz – ökonomische Ziele
Betriebsrente, Kindergärten, Prämien – soziale Ziele

2.1.2 Beispiele: sparsamer Energieverbrauch, Regulierung. Ökologische Ziele fehlen im Leitbild.

2.2.1 + 2.2.3

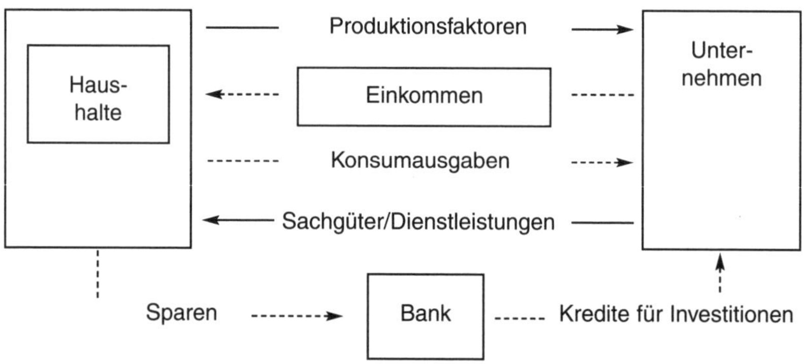

2.2.2 Die durchgehenden Linien stellen die Güterströme, die gestrichelten die Geldströme dar.

2.2.4 Bei zwei Sektoren bleibt die Wirtschaft gleich groß, bei drei Sektoren wächst die Wirtschaft, da die Banken Kredite für Investitionen zur Verfügung stellen.

2.3 Pro Innenstadt: Die Verkehrsstruktur ist durch den öffentlichen Nah- und Fernverkehr besonders gut erschlossen.

Sortiment: Hier ist das gesamte Sortiment in Breite und Tiefe anzutreffen.

Pro grüne Wiese: Verkehrsstruktur → Der Käufer findet jede Menge kostenloser Parkplätze, meist durch große Zufahrtsstraßen erschlossen.

Kosten: Die Mietpreise sind sehr niedrig, dies ist besonders für großflächige Anbieter bzw. Anbieter von Massengütern geeignet.

Prüfungsaufgaben Winter 2010/2011 (Aufgabe 2, teilweise; mit gestr. Abschlussprüfung)

2.2
- Kosten
- Bevölkerungsstruktur
- Verkehrsverhältnisse + jeweils kurze Erklärung
- Wettbewerbssituation
- Einzugsbereich
- Straßenlage
- Tradition

2.3

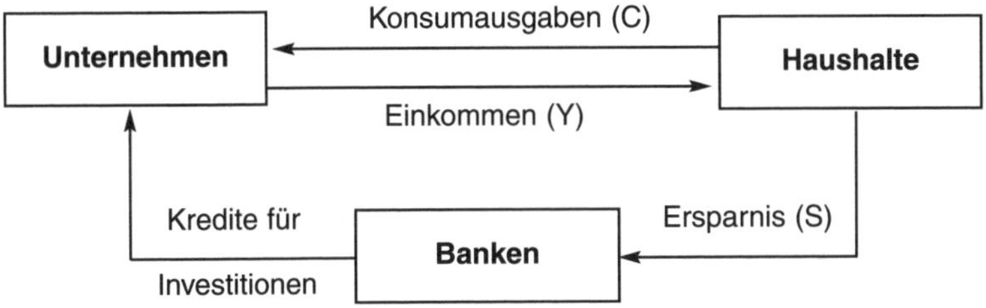

- Erweiterter Wirtschaftskreislauf geht auch auf weitere Wirtschaftssubjekte (Banken und Staat) ein.
- Haushalte geben nicht das gesamte Einkommen für Konsumgüter aus, sondern ein Teil davon wird bei den Banken gespart.
- Die von den Banken zusammengetragenen Ersparnisse werden als Kredite für Investitionen an die Unternehmen weitergegeben.
- Kreislauf der Geldströme ist geschlossen, wenn Ersparnisse und Investitionen gleich groß sind.

Prüfungsaufgaben Winter 2010/2011 (Aufgabe 2, teilweise; ohne gestr. Abschlussprüfung)

2.1.1 Schülerabhängige Antwort, z. B.
- Einzelhandelsbetriebe sind stark absatzorientiert, somit ist Kundennähe sehr wichtig.
- Art der Waren und Transportmöglichkeiten

2.1.2 Schülerabhängige Antwort, z. B.
Angebot A (Stadtrandlage), da Miete deutlich geringer als in der Fußgängerzone. Kundenfrequenz ist noch immer akzeptabel oder Fußgängerzone, da Laufkundschaft.

2.1.3 Schülerabhängige Antwort, z. B.
Kundenfrequenz wird weniger bedeutsam, Personaleinsatz flexibler

Prüfungsaufgaben Sommer 2011 (Aufgabe 2, mit gestr. Abschlussprüfung)

2.1

Angebot	IMMO-KG	Haus & Grund AG
Lage/Kunden	Fußgängerzone, attraktives Umfeld, viel Laufkundschaft	Stadtrandlage, keine Laufkundschaft, Stammkundschaft muss erst aufgebaut werden
Mietpreis	über 45,00 EUR/m² – sehr hoch	15,00 EUR/m² – wesentlich günstiger
Mitbewerber	drei Mitbewerber, was aber z. B. bei Schuhen positiv sein kann	keine Mitbewerber
Parkmöglichkeit	Parkhaus 150 m entfernt – sehr kundenfreundlich	begrenzte Parkmöglichkeiten – könnte Kunden verärgern

Vorschlag:

Ich empfehle Ihnen, das Angebot der IMMO-KG anzunehmen. Meines Erachtens wird der Nachteil der hohen Miete durch die erstklassige Lage mit sehr guten Umsatzmöglichkeiten und kundenfreundlichen Parkgelegenheiten mehr als ausgeglichen.

(Eine gut begründete Lösung, die das Angebot der Haus & Grund AG bevorzugt, ist ebenfalls zulässig).

2.2
- ökonomisches Ziel, z. B.
  „Eine Gesamtrentabilität von 10 % soll erwirtschaftet werden."
- soziales Ziel, z. B.
  „Wir sind bestrebt, die Arbeitsplätze unserer Filialmitarbeiter zu sichern."
- ökologisches Ziel, z. B.
  „Wir verwenden in unserem Filialsortiment nur Schuhe aus ökologisch unbedenklichen Materialien."

2.3 Wirkungsvolle Maßnahmen der Kundenbindung (Vorschläge):
- verlängerte Ladenöffnungszeiten: werktäglich bis 20:00 Uhr, an einem Tag bis 22:00 Uhr
  → Somit besteht für Berufstätige auch abends eine Einkaufsmöglichkeit.
- Kundenkarte mit oder ohne Zahlungsmöglichkeiten, Payback-Karte:
  → Kunden werden für ihre Treue zum Unternehmen belohnt.
- erweiterte Kulanzregelungen: problemlose Reklamationsdurchführung, Zugaben
  → Erhöht das Vertrauen in das Unternehmen.

Prüfungsaufgaben Sommer 2012 (Aufgabe 2, teilweise)

2.1 Ein gutes Betriebsklima kann erreicht werden, wenn sich Unternehmensleitung und Mitarbeiter sowie die Mitarbeiter untereinander gut verstehen und gerne zusammenarbeiten. Dies kann erreicht werden durch gemeinsame, helle Pausenräume, gemeinsame Weiterbildungsmaßnahmen (z. B. zum Teambuilding), familienfreundliche Arbeitsbedingungen, Gewährung von Zusatzzahlungen (z. B. Weihnachtsgeld), übertarifliche Bezahlung etc.

2.2 Umsatzsteigerung, Gewinnsteigerung, Erhöhung des Marktanteils, Kostenminderung usw.

2.3 Mitarbeiter orientieren sich wahrscheinlich lieber an Leitlinien, die sie selbst mitgestaltet haben. Außerdem wird durch diese Mitarbeit die Zugehörigkeit zum Unternehmen gestärkt, was sich wiederum positiv auf das Arbeitsklima auswirken kann.

2.4 Mit einem Firmenlogo, das sich auf den Werbeträgern wiederfindet, z. B. an der Außenfassade, auf den Preisschildern, auf dem Briefkopf, bei den Mitarbeitern, die gleiche (Sport-) Kleidung tragen; im höflichen Umgang der Mitarbeiter untereinander und mit den Kunden; mit einer Firmenzeitung; durch Teambuilding-Seminare („Wir sind die Firma"!) etc.

2.5 Wirtschaftlicher Erfolg soll mit dem Schutz der Umwelt und der Verantwortung für nachfolgende Generationen einhergehen.

Z. B.
- keine unnötige Papierverschwendung
- sparsame Verpackung
- Mehrwegverpackung usw.

Prüfungsaufgaben Winter 2012/2013 (Aufgabe 2)

2.1.1 Angebot 1: Vorteile: große Fläche, günstigere Miete, genügend Parkplätze im Gewerbegebiet
Nachteile: keine Laufkundschaft im Gewerbegebiet, erst ab Januar frei

Angebot 2: Vorteile: Laufkundschaft, da Nähe Fußgängerzone, sofort frei
Nachteile: kleinere Fläche, höhere Miete, eventuell Parkplatzprobleme, eventuell Anlieferungsprobleme

2.1.2 Schülerabhängige Antwort, z. B.

Sehr geehrter Herr Knoll,

die geforderte Analyse der beiden angebotenen Standorte habe ich gemacht. In meinen Augen wäre das Angebot 1 für uns sinnvoller. In diesem Gewerbegebiet sind sicher ausreichend Parkplätze für unsere Kunden vorhanden im Vergleich zur Innenstadtlage des Angebots 2. Dadurch können unsere Kunden mit dem Auto zum Möbelkauf fahren und gerade Kleinmöbel direkt mitnehmen. Auch die Anlieferung unserer Ware gestaltet sich in dieser Lage sicher einfacher.

Für Rückfragen stehe ich Ihnen gerne zur Verfügung.
xy

Andere begründete und nachvollziehbare Entscheidungen möglich.

2.2.1 Z. B.: Ein Unternehmensleitbild verdeutlicht allgemeine Grundsätze eines Unternehmens, die sich an Mitarbeiterinnen und Mitarbeiter sowie an die Kunden und die gesamte Öffentlichkeit richten. Werte, Ziele und Aufgaben für die Tätigkeit des Unternehmens werden formuliert.

2.2.2
- Stärkung der Mitarbeitermotivation
- Identifikation von Mitarbeitern und Kunden mit dem Unternehmen
- Abgrenzung gegenüber anderen Mitbewerbern

2.2.3 Z. B.
ökonomisches Unternehmensziel: angemessener Gewinn, Verzinsung des eingesetzten Kapitals, Erhöhung des Marktanteils

soziales Unternehmensziel: harmonisches Betriebsklima, Sicherung der Arbeitsplätze, familienfreundliche Arbeitsplätze

ökologisches Unternehmensziel: niedrige Umweltbelastung, nachhaltige Ressourcenbeschaffung, Reduzierung des Verpackungsmaterials

Prüfungsaufgaben Winter 2013/2014 (Aufgabe 2)

2.1

	Vorteile	Nachteile
Dorfladen	• Ladensituation bereits vorhanden • günstige Kostensituation	• zu wenig potenzielle Kunden • keine Basis für Fachgeschäfte dieser Art
Stadtrand	• gute Kundensituation • Lebensmitteldiscounter in der Nachbarschaft	• schlechte Parksituation • relativ hohe Miete
Innenstadt	• Laufkunden • Bushaltestelle	• relativ kleine Ladenfläche • sehr hohe Miete

2.2 Schülerabhängige begründete Antwort, z. B.
Ich würde die Innenstadt-Lage bevorzugen, da Laufkundschaft für ein Fachgeschäft dieser Art unerlässlich ist. Außerdem ist die Verkehrsanbindung optimal.

2.3.1 Z. B.
Papiertragetaschen, Fair-Trade-Produkte in das Sortiment aufnehmen, einen Öko-Strom-Anbieter wählen, Mehrweggeschirr im Café-Bereich verwenden

2.3.2 Z. B.
hoher Umsatz, Gewinnerzielung, viele Stammkunden, positives Unternehmensimage, hoher Bekanntheitsgrad

2.4 Z. B.
private Rentenversicherung, Lebensversicherung, Bausparvertrag, Sparverträge, Fondssparen, Immobilien

Prüfungsaufgaben Winter 2014/2015 (Aufgabe 2)

Aufgabe 2

2.1.1 **Betreff: Unternehmensleitbild**

Sehr geehrte Geschäftsleitung,

im Rahmen des Mitarbeiterwettbewerbes möchte ich einen Vorschlag einreichen:

Die Erstellung eines Unternehmensleitbildes
Ein gutes Unternehmensleitbild bietet den Mitarbeitern Orientierung über die gemeinsamen Ziele für die Zukunft und Möglichkeiten, wie diese erreicht werden sollen. Darüber hinaus soll das Unternehmensleitbild dazu beitragen, dass sich die Mitarbeiter mit dem eigenen Unternehmen identifizieren. Nach außen stellt das Leitbild eine Art Selbstverpflichtung des Unternehmens gegenüber seinem Umfeld dar. Es soll der Öffentlichkeit vermitteln, wofür das Unternehmen steht und welche Grundsätze das Handeln leiten.

Ich hoffe, dass ich Sie mit meiner Idee überzeugen konnte.

Mit freundlichen Grüßen

xy

2.1.2
- Ökonomisch: z. B. Umsatzsteigerung um x %, Gewinnsteigerung um x %, Erhöhung des Marktanteiles um x %, ...
- Sozial: z. B. Sicherung der Arbeitsplätze, Schaffung von x weiteren Arbeits- und/oder Ausbildungsplätzen, variablere Arbeitszeiten, Schaffung von Teilzeitangeboten, Kinderbetreuung, Fürsorge im Sinne von Gesundheitstagen, ...
- Ökologisch: z. B. Senkung des Energiebedarfs um x %, Umstellung von Plastiktüten auf Papiertüten, Konzentration auf ökologisch unbedenkliche Produkte, ...

2.2.1 Z. B.
- Nachbarschaft gleicher oder ergänzender Betriebe
- Bevölkerungsdichte und -struktur
- Kaufkraft und Kaufgewohnheiten
- Passantendichte
- Höhe der Ladenmiete
- Größe der Verkaufsfläche
- Lagermöglichkeiten
- Parkmöglichkeiten
- Verkehrsanbindung

2.2.2

Z. B.	Angebot 1	Angebot 2	Angebot 3
Lage	Innenstadt: Fußgängerzone	Randbereich Stadtzentrum	Gewerbegebiet am Stadtrand
Passantendichte	hoch	mittel bis hoch	mittel bis gering
Konkurrenz	durch benachbarten Drogeriemarkt	gering	keine
Mietpreis	30 EUR pro m^2 → hoch	20 EUR pro m^2	10 EUR pro m^2
Parkmöglichkeiten	keine	ausreichend, jedoch kostenpflichtig	ausreichend und kostenfrei
Verkehrsanbindung	schlecht: Nur zu Fuß erreichbar	sehr gut: Bushaltestelle und Parkhaus vor Ort	nur per PKW
Lagermöglichkeiten	30 m^2	80 m^2	100 m^2
Verkaufsfläche	80 m^2	120 m^2	150 m^2
...			

Die Wahl sollte auf Angebot 2 fallen, da hier eine sehr gute Verkehrsanbindung vorliegt. Die Lage in einem modernen Fachmarktzentrum sorgt darüber hinaus für eine hohe Passantendichte. Das dazugehörige Parkhaus bringt zudem einen hohen Nutzen für die Kunden. Außerdem ist die Verkaufsfläche im Vergleich zur zentralen Innenstadtlage größer und die Miete pro m^2 geringer. Angebot 3 ist für ein Spielzeugwarenfachgeschäft eher ungeeignet, da der Anteil der Laufkundschaft geringer sein dürfte und die Anziehungskraft der benachbarten Betriebe eher in geringem Ausmaß auf ein Spielwarengeschäft abstrahlt.
(Andere begründete Lösungen sind denkbar.)

1 Prüfungsaufgaben Sommer 2011

Aufgabe 1

LPE 1.1 Neue Anforderungen in Beruf und Privatleben

1.1 Von 1991 bis 2008 steigt die Anzahl der Zeitarbeiter in Deutschland stetig und besonders stark ab 2004 an, bis es 2009 zu einem starken Rückgang um ca. 230.000 Jobs kommt. Die Zahl der Zeitarbeiter ist jedoch nach wie vor auf einem hohen Niveau. Der Anteil an der Gesamtzahl der Erwerbstätigen verläuft tendenziell gleich und lag zuletzt bei 1,3 %.

1.2 Positive Aspekte der Zeitarbeit für Arbeitgeber:
- Wichtige verwaltungstechnische Arbeiten entfallen, z. B. keine Anmeldung zur Sozialversicherung.
- Abwicklung von Fehlzeiten übernimmt die Zeitarbeitsfirma.
- Kein Kündigungsschutz, d. h., bei zurückgehendem Bedarf an Arbeitnehmern kann das Arbeitsverhältnis ohne Probleme beendet werden.
- Auswahl von Arbeitnehmern kostet das Unternehmen weder Zeit noch Geld für Inserate und andere Personalbeschaffungmaßnahmen.

Positive Aspekte der Zeitarbeit für Arbeitnehmer:
- Chancen, eine Arbeit zu bekommen, vergrößern sich.
- Zeitarbeit kann ein Sprungbrett zu einer unbefristeten Arbeitsstelle sein.
- Arbeit bewahrt vor gesellschaftlichem Abstieg.

1.3 Z. B.
- Ein Zeitarbeiter empfindet es als ungerecht, wenn er bei gleicher Arbeit weniger als sein unbefristet angestellter Kollege verdient.
- Ein Zeitarbeiter kann finanziell bzw. wirtschaftlich nicht langfristig planen. Er wird kaum einen höheren Kredit erhalten.
- Ein Zeitarbeiter lebt in der Warteschleife des Gekündigt-Werdens.

2.1
- Mit zunehmendem Lebensalter steigt die Gefahr der Arbeitslosigkeit.
- Bei den über 50-Jährigen ist die Arbeitslosenquote mit 15 % bis knapp 20 % am höchsten.
- In der Altersgruppe der 20- bis 25-Jährigen beläuft sich die Arbeitslosenquote auf 12,5 %, während sie bei den anderen Arbeitnehmern im Alter zwischen 25 und 50 Jahren nur zwischen 9,8 % und 11,8 % liegt.

2.2 Gründe für die Rente mit 67:
- Die Menschen beziehen infolge der gestiegenen Lebenserwartung länger Rente.
- Das Verhältnis von Einzahlern zu Rentnern verschlechtert sich seit Jahren zulasten der Einzahler aufgrund der demografischen Entwicklung.

Gründe dagegen:
- höhere Arbeitslosenquote bei den Älteren, da sie weniger leicht einen Job finden
- Manche Arbeitnehmer können ihren Beruf aufgrund physischer oder psychischer Anforderungen nicht bis 67 ausüben.

Aufgabe 2

LPE 1.4 Gesellschaft unter dem Einfluss weltweiter wirtschaftlicher Vernetzung

1.1 Basisinnovationen sind bahnbrechende technische Neuerungen, die die Herstellung völlig neuer Produkte ermöglichen.

1.2 Z. B. im
- 19. Jh.: Dampfmaschine, Eisenbahn, Telegrafie, Fotografie
- 20. Jh.: Auto, Kunststoffe, TV, Kernkraft, Raumfahrt

1.3 Z. B.
- Beschleunigung des Informationsflusses
- Basis für Geräte und Systeme, die Informationen in Form von Daten, Texten, Bildern erfassen, verarbeiten, speichern und weitergeben (Mikrochip)
- Der heutige Alltag im Privat- und Berufsleben ist ohne PC, Handy, Internet nicht mehr zu bewältigen.

2.1
- Verkleinerung der Streitkräfte
- keine Zuschläge für Arbeitslose mehr
- keine Beiträge zur Rentenversicherung bei Hartz-IV-Empfängern
- Kürzung beim Elterngeld auf 65 % des Nettoeinkommens
- Stellenabbau bei Bundesbeamten
- Einführung einer Brennelementesteuer für Atomkraftwerke
- Luftverkehrsabgabe

2.2 Schülerabhängige Antwort

3. Z. B.
- Artikel 20 GG
- Kosten der Wiedervereinigung
- hohe strukturelle Arbeitslosigkeit
- demografische Veränderung der Bevölkerung

Aufgabe 3

LPE 2.1 Willensbildung und Entscheidung in der parlamentarischen Demokratie

1.1 Die Bundesversammlung wählt den Bundespräsidenten. Sie setzt sich zusammen aus den Abgeordneten des Bundestages und einer gleichen Anzahl von Delegierten, die von den Landtagen bestimmt werden.

1.2 Vollendung des 40. Lebensjahres, Wahlrecht zum deutschen Bundestag

1.3 Z. B.
- Ernennung von Bundesministern
- Auflösung des Bundestages
- Erklären des Verteidigungsfalles
- Ausfertigung von Bundesgesetzen

1.4

Amtszeit	Bundespräsident
1949–1959	Theodor Heuss
1959–1969	Heinrich Lübke
1969–1974	Gustav Heinemann
1974–1979	Walter Scheel
1979–1984	Carl Carstens
1984–1994	Richard von Weizsäcker
1994–1999	Roman Herzog
1999–2004	Johannes Rau
2004–2010	Horst Köhler
2010–2012	Christian Wulff

2.1 Herr Westerwelle und Frau Merkel springen auf einem Menschen herum und rufen dabei: „Lieber Delegierter, wählen Sie doch bitte mit freiem Gewissen und ganz ohne Druck den Herrn Wulff." Nach § 7 ist das Mitglied der Bundesversammlung nur seinem Gewissen unterworfen. Die beiden Parteivorsitzenden billigen ihm eine Gewissensentscheidung scheinbar zu, schränken jedoch seine Wahl durch die Nennung nur eines Namens ein. Dabei werden die Abgeordneten unter Druck gesetzt, um den eigenen Kandidaten der Parteiführung durchzusetzen.

2.2 Z. B.

Pro:
- Bürger wollen sich selbst aktiv durch die direkte Wahl des Bundespräsidenten einbringen.
- Bürger interessieren sich mehr für politische Themen, wenn sie mehr einbezogen werden.

Kontra:
- Es besteht die Gefahr, dass nach populistischen Gesichtspunkten gewählt wird.
- Ein vom Volk gewählter Bundespräsident könnte einen stärkeren Machteinfluss für sich beanspruchen, als das Amt bisher vorsieht, zumal der Bundeskanzler nicht plebiszitär (wie in der Weimarer Republik) gewählt wird.

Aufgabe 4

LPE 2.3 Partizipation in einem repräsentativ verfassten demokratischen und sozialen Bundesstaat

1. Rechnerisch hätten folgende Koalitionen eine Mehrheit:
   - SPD, CDU
   - SPD, Grüne, FDP
   - SPD, Grüne, Linke

2.1 Von einer Minderheitsregierung spricht man, wenn die Parteien, welche die Landesregierung stellen, weniger als 50 % der Mandate im Landtag haben.

2.2 Pro: Es kann nach der Wahl eine zielorientierte Regierung gebildet werden, die von den Parteien/Fraktionen mit ähnlichen Programmen gestützt wird.
Kontra: Bei jeder wichtigen Abstimmung ist die Minderheitsregierung auf Stimmen der Opposition angewiesen, d. h. abhängig vom Wohlwollen eines Teils der Opposition. So ist eine kontinuierliche Arbeit nach dem formulierten Regierungsprogramm gefährdet.

3.1 Z. B.
- nicht eingehaltene Wahlversprechen
- Bevölkerung empfindet Handlungsdefizite (z. B. Migrantenproblematik).
- Spendenaffären

3.2 Z. B.
- Verschiedene politische Standpunkte kommen so organisiert zum Tragen.
- politische Willensbildung
- stabile parlamentarische Verhältnisse

3.3 Derzeitig:
CDU: Merkel; SPD: Gabriel

2 Prüfungsaufgaben Winter 2011/2012

Aufgabe 1

LPE 1.1 Neue Anforderungen in Beruf und Privatleben

1.1 Beschreibung:
Das Schaubild zeigt die Entwicklung der Arbeitslosenquote von unter 25-Jährigen im Zeitraum zwischen August 2009 und August 2010. Auffällig ist, dass sich nach Angaben der Agentur für Arbeit die Quote arbeitsloser Jugendlicher von August 2009 bis Dezember 2009 von 9,3 % auf 6,7 % verringert hat. Im darauffolgenden Jahr stieg sie im Januar 2010 auf 7,5 % und im Februar 2010 auf 7,9 %, bevor sie im Juni 2010 den bis dahin niedrigsten Jahresstand von 6,3 % erreichte. In den Monaten Juli und August 2010 nahm die Quote Arbeitsloser unter 25 Jahren allerdings wieder zu.

1.2 Z. B.
- Eintreten in Ausbildungsverhältnisse im September
- Weihnachtsgeschäft
- in den Frühsommermonaten: Anziehen der Konjunktur

2.
- Bereitstellung von Ausbildungsplätzen unterstützen, vor allem für Altbewerber
- Kompetenzanalyse von Schülern ab der 7. Klasse
- kontinuierliche individuelle Begleitung bildungsgefährdeter Jugendlicher durch Bildungslotsen bis zum Ausbildungsabschluss
- Einbeziehung neuer Zielgruppen (z. B Migranten, Altbewerber) zur Absicherung des Fachkräftenachwuchses für Deutschland

3. Z. B.
- Methodenkompetenz: Arbeitsmethodik, Lernfähigkeit, Kreativität
- Handlungskompetenz: Selbstständigkeit, Entscheidungsfähigkeit, Einsatzwillen und Engagement
- Sozialkompetenz: Kommunikations-, Kooperations-, Konflikt-, Kritik- und Teamfähigkeit

4. Z. B.
- Engagement in Vereinen und Organisationen
- Gruppenarbeit im Unterricht
- Übernahme von Verantwortung als Klassensprecher u. Ä.

5. Z. B.
- rascher technischer Fortschritt
- neue Anforderungen im Beruf

Aufgabe 2

LPE 1.2 Gesellschaft im Wandel

1.1 Entwicklung der Zahl der Erwerbstätigen: Gesamttendenz steigend (Ausnahme: 2000 bis 2003)
Veränderungen in den einzelnen Sektoren: Primärer Sektor nimmt kontinuierlich ab (von 3,9 % auf 2,1 %), auch sekundärer Sektor schrumpft (von 36,6 % auf 24,9 %), starke Zunahme im tertiären Sektor (von 59,5 % auf 73 %).

1.2 Z. B.
primär: Landwirt, Fischer
sekundär: Mechatroniker, Schreiner
tertiär: Bankkaufmann, Friseurin

1.3 Z. B.
- primärer Sektor: Produktionssteigerung durch Maschineneinsatz, Preisverfall auf dem Agrarmarkt
- sekundärer Sektor: Rationalisierungsprozesse, Verlagerung der Produktion in Billiglohnländer
- tertiärer Sektor: Arbeitsplatzzuwächse in der Freizeitindustrie und im Pflegesektor, Ausbau der Kommunikationstechnologie

1.4 Z. B.
- Zahl der Arbeitsplätze für Geringqualifizierte sinkt.
- Notwendigkeit lebenslangen Lernens
- Wegfall fester Arbeitszeiten (zeitliche und räumliche Flexibilität)
- neue Formen der Arbeit (Telearbeit)
- Erwerbsbiografien werden häufiger durchbrochen.
- Schlüsselqualifikationen werden immer wichtiger.
- Bedeutung der Bildung steigt.

1.5 Z. B.
Für die Forderung spricht
- Entlastung der kommunalen Finanzen,
- Beibehaltung der Arbeitshaltung, des Lebensrhythmus.

Gegen die Forderung spricht
- Unterbezahlung,
- Verlust von regulären Arbeitsverhältnissen.

Aufgabe 3

LPE 1.4 Gesellschaft unter dem Einfluss weltweiter wirtschaftlicher Vernetzung

1. Beschreibung:
Zu sehen ist ein sichtbar verärgerter kleiner Rettich, der zu zwei großen Rettichen aufblickt, die sich unterhalten und auf den kleinen Rettich hinabschauen. Auf die Frage, ob er gegen gentechnische Veränderungen sei, antwortet einer der beiden großen Rettiche: „Nee, ich nicht."
Interpretation:
Die Darstellung spielt darauf an, dass gentechnisch veränderte Lebensmittel oft viel größer und schöner aussehen als unbehandelte Ware. Die besser aussehende Ware wirkt auf den Kunden in der Regel attraktiver, zumal sie meist auch billiger ist. Der kleine Rettich wird vermutlich aufgrund seiner Größe nicht gekauft.

2. Unter Gentechnologie versteht man ein Verfahren, bei dem beispielsweise in der Pflanzenzucht die Erträge durch die Neukombination von Erbanlagen optimiert und gesteigert werden.

3. Mögliche Vorteile:
- Steigerung der Erträge; dadurch könnten mehr Menschen ernährt werden.
- preiswertere Angebote für den Kunden
- weniger „Ausschussware"
- Natürliche Ressourcen werden geschont.
- Veränderte Lebensmittel sind resistenter, brauchen weniger Schädlingsbekämpfungsmittel.
- Neue wirksamere Arzneimittel könnten entwickelt werden.

Mögliche Nachteile:
- Die Natur wird noch mehr ausgebeutet.
- Langzeitfolgen/Risiken sind nicht absehbar; das Erbgut der Menschen könnte sich verändern.
- Es könnten neue Allergien entstehen.
- Die Nahrungsmittelversorgung wird immer abhängiger von großen Unternehmen, welche Patente in der Gentechnologie besitzen.
- Die natürliche Artenvielfalt könnte stark eingeschränkt werden.

4. Mögliche Standortnachteile und Folgen:
   - Die Vorteile, die die Gentechnologie bietet, können von heimischen Erzeugern nicht genutzt werden.
   - Der Konkurrenzdruck durch ausländische, billigere Ware verringert die Gewinne heimischer Erzeuger, Arbeitsplätze gehen verloren.
   - Forschungsinstitute und F.+E.-Abteilungen führender Unternehmen werden ins Ausland abwandern, attraktive Arbeitsplätze in Deutschland gehen verloren.
   - Die verbreitete Angst vor der landwirtschaftlichen Gentechnik, die durch die strengen Reglementierungen eher gestärkt wird, bremst die Investitions- und Innovationsbereitschaft deutscher Unternehmen in diesem Sektor.

5. Alternativen und Chancen für die heimische Landwirtschaft:
   - Anbau von Nischenprodukten ohne Konkurrenz aus dem Gentechniksektor
   - Umstellung auf ökologische Landwirtschaft
   - Umstrukturierung des Betriebs: mehr Dienstleistungen, z. B. Ferien auf dem Bauernhof/Naherholungsangebote/Lehrangebote im Bereich Ökologie
   - Landschaftsschutz
   - Rationalisierung/Effizienzsteigerung durch Investitionen in neue Maschinen

Aufgabe 4

LPE 2.1 Willensbildung und Entscheidung in der parlamentarischen Demokratie

1.1 Demokratie bedeutet wörtlich Volksherrschaft.
Das Eigenschaftswort repräsentativ bedeutet, dass die wahlberechtigten Bürger Volksvertreter wählen, die dann die Interessen der Bürger als Mandatsträger und Mitglieder von Parteien vertreten und (zum Wohle der Allgemeinheit) über Gesetze entscheiden.

1.2 Die BRD ist kein Zentralstaat wie z. B. Frankreich, sondern ein Bundesstaat wie z. B. die USA. Die einzelnen Bundesländer („Gliedstaaten") haben in vielen Politikbereichen alleinige Rechte, z. B. im Schulbildungsbereich → vertikale Gewaltenteilung. Außerdem haben die Bundesländer erhebliche Mitentscheidungsrechte in Bundesangelegenheiten über den Bundesrat (in dem die Regierungen der 16 Bundesländer vertreten sind).

2. Horizontale Gewaltenteilung:
   - Legislative (gesetzgebende Gewalt): Bundestag, Bundesrat
   - Exekutive (ausübende Gewalt): Bundesregierung
   - Judikative (richterliche Gewalt): z. B. Bundesverfassungsgericht

3. Eine Menschengruppe strengt sich gemeinsam an, einen großen Ball mit der Aufschrift „Demokratie" im Gleichgewicht zu halten.
Interpretation:
Partizipation (Teilhabe und Teilnahme) ist eine Grundvoraussetzung der Demokratie. Demokratie lebt von der Beteiligung vieler, möglichst aller Menschen. Die Demokratie kann nur erhalten werden, wenn sich möglichst viele dafür engagieren.

4.1 Der Textauszug widerlegt die Aussage einer allgemeinen Politikverdrossenheit. Die Demonstrationen rund um „Stuttgart 21" können als Beweis für eine wachsende Bürgerbeteiligung im Jahr 2010 herangezogen werden. Laut Text hat sich die Anzahl der angemeldeten Demonstrationen, als einer Form der politischen Beteiligung, von 2009 auf 2010 mehr als verdoppelt; ebenso hat die Anzahl der spontanen Versammlungen im Jahr 2010 stark zugenommen.

4.2 Z. B.
- Teilnahme an Wahlen
- Parteimitgliedschaft
- Kandidatur bei Wahlen (bis zum 18. Lebensjahr im Jugendgemeinderat möglich)
- Teilnahme an Unterschriftenaktionen bei Petitionen
- Leserbrief schreiben
- Bürgersprechstunde nutzen
- Internet-Kommunikationsmöglichkeiten mit Abgeordneten nutzen

Aufgabe 5

LPE 2.1 Willensbildung und Entscheidung in der parlamentarischen Demokratie

1. Die Medien haben in der Demokratie folgende Aufgaben:
   - objektive Information durch Berichterstattung über innen- und weltpolitisch wichtige Tatsachen sowie Entscheidungen von Politikern
   - Mitwirkung an der Meinungsbildung der Bürger durch Auswahl, Analyse und Kommentierung (persönliche Bewertung) von Ereignissen
   - Kritik und damit Kontrolle der Politiker (Volksvertreter) in den Parlamenten und Regierungen

2. Der Begriff „vierte Gewalt im Staat" verdeutlicht, wie die Medien die öffentliche Meinung und damit letztendlich auch die staatlichen Entscheidungsträger und -prozesse beeinflussen und kontrollieren.
   Beispiele: Die Berichterstattung über Einsätze der Polizei mit Wasserwerfern in Stuttgart führte dazu, dass der Streit um das Bahnprojekt „Stuttgart 21" zu einem politischen Dauerthema für ein Jahr wurde und sogar erstmals zu einer Volksabstimmung in Baden-Württemberg führte.

3. Die Karikatur beschreibt die Situation vor und nach dem Auftreten der Aktivität der Webseite Wikileaks. Wie in der linken Hälfte der Zeichnung veranschaulicht, gab und gibt es immer wieder Befürchtungen, der Staat erfasse zu viele Daten. Der Bürger werde durch den „Blick unter die Bettdecke" bis in seine Privatsphäre hinein beobachtet und somit zum gläsernen Bürger. Durch Wikileaks müssen nun auch Staaten befürchten, dass ihre Geheimnisse nicht mehr länger vor den Bürgern verborgen bleiben.

4. Z. B.
   - Journalismus werde missbraucht.
   - Journalisten hinterfragten nicht mehr, sondern biederten sich an.
   - Investigativjournalismus sei aufgegeben worden.
   - Übernahme von einseitigem Quellenmaterial (z. B. der US-Armee, Unternehmen), das die Journalisten gratis bekommen

5. Z. B.
- Kollektive Verdächtigungen, z. B. aller US-Soldaten als Folterer, könnten die Folge sein; mit zusätzlichen politisch motivierten Attentaten muss dann gerechnet werden.
- Fehlinformationen können bilaterale und multilaterale Konflikte auslösen, Friedensverhandlungen erschweren.

Aufgabe 6

LPE 2.4 Chancen im wiedervereinten Deutschland

1.1 Mauerfall: 9. November 1989; Wiedervereinigung: 3. Oktober 1990

1.2
- Wirtschaftsunion: Einführung der sozialen Marktwirtschaft in der DDR (Privateigentum, freier Wettbewerb, freie Preisbildung, Freizügigkeit für Menschen, Güter, Kapital)
- Währungsunion: Bundesrepublik und DDR bilden ein einheitliches Währungsgebiet. DM als gemeinsame Währung
- Sozialunion: Einführung einer gegliederten Sozialversicherung (mit Renten-, Kranken-, Arbeitslosen- und Unfallversicherung) in der DDR

1.3 Z. B.
- März 1990: erste freie Wahlen in der DDR. Wahlergebnis = Dokumentation des Willens einer deutlichen Mehrheit der DDR zur Wiedervereinigung
- „Einigungsvertrag" (in Kraft: 01.10.): Rechtsangleichung, Übernahme des Rechts der BRD
- „Zwei-plus-Vier-Vertrag" (in Kraft: 03.10.) als Friedensvertrag zwischen den ehemaligen Siegermächten und den beiden deutschen Staaten

2.1 Nach knapp 20 Jahren (Datenstand 2009) ist die wirtschaftliche Kraft der beiden Landesteile immer noch nicht gleich groß, aber sie hat sich immerhin stark angenähert. 1991 war der Unterschied groß: Im Westen war das Bruttoinlandsprodukt pro Kopf mehr als doppelt so hoch wie im Osten (inkl. Berlin). In den ersten Jahren nach der Einheit erlebte die „Ost-Wirtschaft" ein starkes Wachstum und entsprechend stieg das BIP pro Kopf. Von 1995 bis 2001 stagnierte der Aufholprozess. Seit dem Jahr 2001 hat sich das BIP pro Kopf auf ca. $\frac{3}{4}$ des BIP in Westdeutschland angenähert.

2.2 Z. B.
- veraltete, unrentable Betriebe
- geringe Produktivität (ca. $\frac{1}{3}$ der westdeutschen Produktivität)
- schlechte Infrastruktur (Straßen, Telekommunikation)
- hohe Umweltschäden
- ungeklärte Eigentumsverhältnisse

2.3 Z. B.
- anhaltend höhere Arbeitslosigkeit als in Westdeutschland
- Verklärung der früheren gesellschaftlichen Verhältnisse („Ostalgie")

3 Prüfungsaufgaben Sommer 2012

Aufgabe 1

LPE 1.2 Gesellschaft im Wandel

1.1 Grundgesetz

1.2 Frau von der Leyen will bis 2013 eine gesetzliche Frauenquote für Führungspositionen erreichen, da der Frauenanteil in den Führungsetagen der Wirtschaft immer noch nur ca. 3 % beträgt. Frau Schröder will die Unternehmen zunächst nur zu einer Selbstverpflichtung innerhalb von 2 Jahren zwingen. Nur wenn dies scheitert, soll der Gesetzgeber aktiv werden.

2. Z. B.
- Unvereinbarkeit von Familie und Beruf
- Männer geben Machtpositionen ungern auf.

3. Z. B.
Argument für eine Frauenquote: In den unteren und mittleren Ebenen arbeiten schon viele Frauen. Die Chancen steigen zwangsläufig, dass mehr Frauen in Vorstandspositionen aufrücken können.
Dagegen: Die Qualität und Kompetenz einer Person ist entscheidend, nicht eine festgelegte Quote.

4. Z. B.
- Einrichtung von Betriebskindergärten
- flexible Arbeitszeiten
- Ermöglichung von Auszeiten

5. Z. B.
- weniger gemeinsame Mahlzeiten und Freizeitaktivitäten
- Kinder sind öfter alleine.
- Eventuell wird der Vater stärker in die Erziehung miteinbezogen.
- Für die Kinderbetreuung müssen i. d. R. ausreichend Kindertagesstätten und mehr Ganztagesschulen vorhanden sein.

Aufgabe 2

LPE 1.2 Gesellschaft im Wandel

1.1 Mit dem Begriff „demografischer Wandel“ wird die Veränderung der Altersstruktur einer Gesellschaft bezeichnet.

1.2 Die heutigen Rentner sind durch den Generationenvertrag gesichert, sodass ihre Renten von der jetzt arbeitenden Bevölkerung finanziert werden. Sie sitzen bequem im Sessel. Die zukünftige Generation kann und muss durch Eigenvorsorge ihre Rentenerwartung positiv beeinflussen. Der Drehstuhl ist höhenverstellbar, d. h., je nach Eigenleistung wird mehr oder weniger Rente möglich. Die jetzigen Arbeitnehmer sitzen zwischen den Stühlen, d. h., dass ihre Renten durch den Generationenvertrag nicht mehr so gesichert sind und es für die notwendige Eigenvorsorge evtl. zu spät ist.

1.3 Z. B.
- niedrige Geburtenrate (1,4 statt 2 oder mehr Kinder pro Frau)
- Menschen werden dank guter Ernährung und medizinischer Versorgung immer älter.

1.4 Z. B.
- Sozialsysteme sind immer schwerer zu finanzieren (v. a. Auszahlungen für Renten und Krankenversicherungsleistungen, Pflegedienstleistungen).
- Fachkräftemangel
- Pflegenotstand

2.1 Z. B.

• stufenweise Einführung der Rente mit 67:	Sozialsysteme entlasten
• Elterngeld:	Steigerung der Geburtenrate
• Bildungspaket:	Entgegenwirken dem Fachkräftemangel

2.2 Z. B.

Vorschlag 1: gut, da das Sozialsystem entlastet wird.
Vorschlag 2: wenig effektiv, da nur geringer Anstieg der Geburtenrate. Kindergartenplätze und gute Betreuungszeiten scheinen wichtiger zu sein.
Vorschlag 3: Gut. Hier kann evtl. ein Hinweis auf die wachsende Zahl der offenen Stellen erfolgen.

2.3 Z. B.
- gute Ausbildung und Weiterbildung (lebenslang) → besserer, gut bezahlter Job → Aufbau eines eigenen Vermögens leichter möglich
- Nach Beginn der Berufstätigkeit Abschluss eines Riesterrentensparvertrags: Förderung der privaten Altersvorsorge mithilfe staatlicher Unterstützung, da die Regelrente im Alter nicht ausreichen wird.

Aufgabe 3

LPE 1.3 Strukturmerkmale unserer Gesellschaft

1.1 Z. B.
- wirtschaftlich vorherrschender Bereich: produzierendes Gewerbe, v. a. Industrie
- klassische Trennung von Arbeit und Privatleben

1.2 Z. B.
- Einfache Tätigkeiten in der Produktion werden automatisiert (durch Maschinen wegrationalisiert) oder ins Ausland verlagert.
- Dienstleistungsberufe erfordern höhere Bildungsabschlüsse, mindestens eine abgeschlossene Berufsausbildung.
- Für Geringqualifizierte gibt es nur wenige Möglichkeiten, in andere Bereiche auszuweichen.

2.1
- Arbeitsleistung wird über deren Ergebnis bewertet.
- Arbeitszeit frei wählbar
- Ort der Arbeit frei wählbar
- Alle Mitarbeiter verfügen über notwendige technische Geräte.

2.2 Z. B.
- Grenze zwischen Arbeit und Privatleben verschwimmt.
- Vorgesetzte können Mitarbeiter evtl. unbeschränkt kontaktieren (sofern keine „Ruhezeiten" vereinbart werden).
- Persönliche Kommunikation leidet.
- Absprachen werden schwieriger.
- Technische Infrastruktur muss funktionieren.

2.3
- Dienstleistungsgesellschaft: Großer Anteil der Beschäftigten arbeitet im Bereich Verkauf, Verwaltung, Beratung, Pflege usw.
- Flexible Arbeitszeiten sind im Bereich Dienstleistung i. d. R. einfacher zu verwirklichen als bspw. in einem Industriebetrieb mit 2 oder 3 Schichtzeiten.

3. Z. B.
- hohe Eigenverantwortung
- hohe Flexibilität (fachlich und geografisch)
- Medienkompetenz
- Fortbildungsbereitschaft

Aufgabe 4

LPE 2.1 Willensbildung und Entscheidung in der parlamentarischen Demokratie

1.1 Alle vier Jahre

1.2 CDU, CSU, SPD, FDP, Bündnis 90/Die Grünen, Die Linke

1.3 CDU

2.1 Z. B.
- Schulwesen
- Polizei

2.2 Z. B.
Vorteile:
- zusätzliche Machtkontrolle
- bürgernahe Entscheidungen möglich
- Vielfalt von Problemlösungen

Nachteile:
- verzögerte Entscheidungen
- uneinheitliche Regelungen
- höhere Verwaltungskosten

3.1
- frühzeitige Einbeziehung der Bürger in Infrastrukturplanungen
- Erarbeiten eines Leitfadens zur Bürgerbeteiligung
- freier Zugang zu Informationen der öffentlichen Verwaltung
- Abbau von Hürden für Volksbegehren und Volksentscheide (Elemente der direkten Demokratie)

3.2 Mögliche Vorteile:
- Funktionsträger der Parteien können nicht mehr so selbstherrlich entscheiden, sondern müssen das Mehrheitsvotum der Bürger beachten.
- Abbau von Politikverdrossenheit möglich, da man nicht wie bei einer Parlamentswahl sein Stimmrecht für mehrere Jahre abgibt und die Entscheidungsmacht auf die Parlamentarier delegiert
- Einbeziehen des Sachverstandes einzelner Bürger
- Steigerung des politischen Engagements, Bürger machen die Staatsangelegenheiten zu ihrer Sache.

Mögliche Nachteile:
- verzögerte Entscheidungen
- mangelhafte Information bei den abstimmenden Bürgern, da die Zeit zur tief gehenden Informationssammlung vielen Berufstätigen nicht ausreichen wird
- Beeinflussung und sogar Agitation durch Interessenverbände
- Spaltung der Gesellschaft, keine Befriedung durch Volksentscheid (v. a. bei knappem Ausgang)

Aufgabe 5

LPE 2.2 Demokratie: Chancen, Entwicklung, Risiken

1.1 Nr. 1: 1945: Deutschland wird nach der bedingungslosen Kapitulation in vier Besatzungszonen eingeteilt. Die Besatzungsmächte waren USA, UdSSR, Großbritannien und Frankreich.

Nr. 2: 1949: Entstehung zweier deutscher Staaten, am 23. Mai 1949 entsteht die BRD und am 7. Oktober 1949 die DDR.

Nr. 3: 1990: Nach dem Fall der Mauer am 9. November 1989 wird bis zum 3.Oktober 1990 nach freien Wahlen und mit mehreren Verträgen die Wiedervereinigung erreicht.

1.2 Zu Nr. 2:
Besatzungspolitik der Alliierten führte zu Spannungen wegen unterschiedlicher Vorstellungen über das Wirtschaftssystem und das Demokratieverständnis bzw. Regierungssystem:

- Sowjetzone nach russischem Vorbild, nach dem Rätesystem unter der Führung der kommunistischen Partei, Planwirtschaft, kein Privateigentum, sondern Verstaatlichung von Betrieben
- In den westlichen Zonen parlamentarische Demokratie, Marktwirtschaft; Wunsch der Westalliierten (v. a. USA) nach Wiederherstellung eines starken Deutschlands, um den Vormarsch des Kommunismus in Europa zu stoppen. Folgerichtig Zusammenschluss von amerikanischer und britischer Zone zur Bizone, später mit französischer Zone zur Trizone, woraus dann die BRD entstanden ist; sowjetische Zone entwickelte sich zur DDR.

Zu Nr. 3:
Unzufriedenheit in der DDR-Bevölkerung bezügl. Reisefreiheit, Meinungsfreiheit, Lebensstandard, Wahlverfahren; dies führte zu Protesten und Demonstrationen in den großen Städten der DDR, friedlicher Protest entstand (Montagsdemonstrationen in Leipzig), Botschaftsbesetzungen im benachbarten Ausland; Sowjetunion sagte keine Unterstützung zur Niederschlagung der aufkommenden Proteste zu. Am 9. Nov. 1989 wurden Grenzübergänge in Berlin und damit die Mauer geöffnet.

2. Alleinvertretungsanspruch:
Nur die BRD sieht sich völkerrechtlich zur Vertretung von Deutschland im Ausland berechtigt. Die DDR als eigenständiger Staat wird nicht anerkannt (Sprachgebrauch in Westdeutschland über die DDR: „die Zone“).
Hallstein-Doktrin:
Jedes Land, welches die DDR als Staat anerkennt, muss mit Abbruch der diplomatischen Beziehungen zu Deutschland rechnen.

3.1 Beschreibung: In einem Klassenzimmer steht Bundeskanzler Helmut Kohl an der Tafel. Auf dieser Tafel steht die Rechnung: 2 + 4 (in Zahlen) = EINS (in Buchstaben). Vor Kohl steht der deutsche Michel in Kleidung und Größe eines Schülers. Helmut Kohl fragt: „Kapiert?“ Titel der Karikatur: Deutschdeutsche Lektion.
Interpretation: Die Karikatur spielt auf den 2 + 4-Vertrag zwischen den beiden deutschen Staaten einerseits und den USA, der UdSSR, Frankreich und Großbritannien andererseits an. Als Kanzler der Wiedervereinigung belehrt Kohl den deutschen Michel: Eine deutsche Einheit (symbolisiert durch die Eins) kann es nur geben, wenn F, GB, USA und UdSSR (= 4) zustimmen.

3.2 Z. B.:
- Deutschlands Außengrenzen werden endgültig festgelegt; v. a. die Oder-Neiße-Linie wird als endgültige Grenze Deutschlands zu Polen akzeptiert.
- keine Gebietsansprüche gegenüber weiteren Nachbarstaaten
- volle Souveränität Deutschlands, Wegfallen des alliierten Vorbehaltes
- Abzug der alliierten Besatzungstruppen (Sowjetarmee)
- Verzicht auf ABC-Waffen, aber Recht für Gesamtdeutschland auf Mitgliedschaft in der NATO

Aufgabe 6

LPE 2.4 Chancen im wiedervereinten Deutschland

1.1 Gründe für die Wiedervereinigung nach Art. 23:
- Das Grundgesetz hat sich bewährt.
- Die Wiedervereinigung wird vereinfacht.
- Außenpolitische Folgen werden vermieden.

Gründe gegen Art. 23:
- keine ausreichende demokratische Legitimation im Gegensatz zu der Möglichkeit des Art. 146
- wenig Mitwirkungsmöglichkeiten der DDR bei der Gestaltung des zukünftigen deutschen Staates
- Neue Rolle Deutschlands wird nicht berücksichtigt.

1.2 Neue Bundesländer und Hauptstädte:

Brandenburg:	Potsdam
Mecklenburg-Vorpommern:	Schwerin
Sachsen-Anhalt:	Magdeburg
Sachsen:	Dresden
Thüringen:	Erfurt

2.1 Politisch, d. h. formal-rechtlich, ist die deutsche Einheit vollzogen. Aber:
- Vorurteile von „Wessis“ und „Ossis“ müssen überwunden werden.
- Die gemeinsame sowie die getrennt gelebte Vergangenheit muss fair betrachtet werden.
- Die unterschiedlichen Lebensbedingungen (materiellen Standards) müssen sich durch gemeinsame Anstrengungen noch annähern.

2.2
- verschiedene Gesellschaftssysteme (SED-Vorherrschaft kontra Parteienpluralismus)
- unterschiedliche politische Erziehung (sozialistisch kontra pluralistisch)
- zu wenig persönliche Bindungen zwischen Ost und West
- Identitätsverlust
- unterschiedliche Einstellungen zu Fördermaßnahmen für den Osten (z. B. zum Solidaritätszuschlag)

3.1
- Beteiligung Deutschlands an internationalen Militäreinsätzen der UNO
- Stärkere diplomatisch-politische Beteiligung Deutschlands

3.2
- Wiedererlangung der politischen Souveränität 1990
- wirtschaftliche (und militärische) Stärke Deutschlands
- Deutschland ist eines der politischen Schwergewichte in der EU.
- Deutschland ist einer der größten Beitragszahler in der UNO.

4 Prüfungsaufgaben Winter 2012/2013

Aufgabe 1

LPE1.1 Neue Anforderungen in Beruf und Privatleben – Gesellschaft im Wandel

1.1
- Elterngeld
- Kindergeld
- Elternzeit
- BAföG

1.2
- Personensorge, z. B. Gesundheitsfürsorge, Erziehung
- Vermögenssorge, z. B. Verwaltung des vorhandenen Vermögens
- gesetzliche Vertretung, z. B. Unterzeichnen des Ausbildungsvertrags

2.1 Das Schaubild zeigt die Veränderung der Familie in den vergangenen 100 Jahren. Die durchschnittliche Personenzahl je Haushalt hat sich danach von 4,5 auf 2,1 reduziert. Die Großfamilie mit fünf und mehr Haushaltsmitgliedern, die um 1900 mit einem Anteil von 44 Prozent der Privathaushalte die größte Gruppe bildete, gibt es heute (vier Prozent) kaum noch. 2008 dominieren mit einem Anteil von 39 Prozent die Einpersonenhaushalte. Haushalte mit drei und vier Personen haben sich gering verändert. Die Zweipersonenhaushalte haben sich verdoppelt.

2.2
- Die jüngere Generation hat den Trend zu kleineren Haushalten verstärkt. Sie heiratet später, bekommt weniger Kinder und ist beruflich mobil.
- Der Anteil kinderloser Partnerschaften ist durch zunehmende Individualisierung gewachsen.
- Die Großfamilie hat durch die Industrialisierung und den anhaltenden Strukturwandel ihre Funktion als Produktions- und Hilfsgemeinschaft in der Not verloren.

3.1 Gewalt in der Familie ist die Hauptursache dafür, dass Jugendliche zu Straftätern werden. Kinder aus Gewaltfamilien üben zwei- bis dreimal häufiger Gewalt aus als Kinder aus gewaltfreien Familien. Häufig sind die Jugendlichen selbst Opfer ihrer Lebensumstände. Sozialer Status und Gewalt hängen eng zusammen.

3.2
- Gewalttätige Bestrafungen und seelische Verletzungen sind entwürdigende Maßnahmen (Würde des Kindes wird verletzt).
- Vermeidung von Gewalt in der Erziehung, denn Gewalt erzeugt Gegengewalt
- In der Familie werden Bedürfnisse nach Zuwendung und Lob berücksichtigt.
- Konflikte werden offen und im gegenseitigen Respekt ausgetragen.

Aufgabe 2

LPE 1.2 Gesellschaft im Wandel

1.
- Auszubildende/junge Arbeitnehmer im eigenen Unternehmen
- geringer qualifizierte Arbeitnehmer, die sich weiterbilden lassen
- Fachkräfte (Frauen) mit Kindern, für die Betreuungsangebote geschaffen werden
- ältere Arbeitnehmer
- ausländische Fachkräfte

2.1
- firmeneigene Kinderbetreuungsmöglichkeit
- Wiedereinsteigerprogramme
- Teilzeitarbeit, Jobsharing
- Flexibilität bei den Arbeitszeiten
- Telearbeitsplätze

2.2 Ein Mann sieht um sich herum mehrere Frauen und fragt sich, warum (von der Politik) „mehr Frauen in Vorstandsetagen“ gefordert werden. Die Frauen in der Karikatur sind jedoch alle Reinigungskräfte. Dies zeigt, dass Frauen in einfachen Tätigkeiten überrepräsentiert sind, in Führungsetagen (im Sinne der Unternehmenshierarchie) mit Leitungsfunktionen aber kaum arbeiten. Das Problem wird von den Verantwortlichen, d. h. den vorherrschenden Männern, arrogant ignoriert.

2.3
- Pro Quotenregelung:
  - Geschlechtergerechtigkeit in der Wirtschaft ohne eine Quote herzustellen zu können erscheint nach bisherigen Erfahrungen ein Wunschtraum für noch lange Zeit zu bleiben.
  - Vorgesetzte würden durch eine Quote gezwungen, Frauen aktiver zu fördern und ihre Arbeitsbedingungen zu verbessern.
  - In Nordeuropa ist der Frauenanteil beim Führungspersonal seit Jahren deutlich höher.
- Kontra Quotenregelung:
  - „Quotenfrauen“ kämen nur aufgrund des Geschlechts, nicht wegen ihrer Kompetenz in Führungspositionen.
  - Viele Frauen lehnen eine Quotenregelung ab, betonen, dass sie aufgrund ihrer Qualifikation Karriere machen möchten.
  - Starre Vorschriften machen flexible und sachgerechte Lösungen unmöglich.
  - Es ist unsicher, ob sich genügend Frauen um Top-Positionen bewerben.

3.1 Die deutsche Bevölkerung wird immer älter. Der Bevölkerungsanteil der unter 20-Jährigen ist seit 1871 kontinuierlich von 43 % auf heute ca. 19 % gefallen.
Gleichzeitig stieg der Anteil der über 65-Jährigen von 5 % auf über 21 %.
Der Anteil der über 80-Jährigen war 1871 bei 0 %, beträgt heute aber schon über 5 %.
Diese Trends setzen sich nach Prognosen auch bis 2040 stetig fort, ab 2040 bis 2060 sind dann nur noch minimale Veränderungen zu erwarten.

3.2
- Pro:
  - Der demografische Wandel erfordert Zuwanderung, da zu wenig junge und qualifizierte Arbeitskräfte aus Deutschland zur Verfügung stehen werden.
- Kontra:
  - Die Integrationskosten für Sprach- und Berufsausbildung sind hoch.
  - Einwanderer könnten Lohndumping verstärken (das Lohnniveau sinkt).
  - Einwanderung kann Folgeprobleme der soziale Entwurzelung schaffen.

Aufgabe 3

LPE 1.4 Gesellschaft unter dem Einfluss weltweiter wirtschaftlicher Vernetzung

1.1 Durch die intelligente Steuerung werden Hausgeräte (nur) in Betrieb genommen, wenn viel elektrische Energie vorhanden ist bzw. der Verbrauch insgesamt niedrig ist, z. B. zu den sonnigsten Tageszeiten (Fotovoltaikstrom) oder nachts.
Automotoren werden zunehmend abgasärmer, z. B. auch durch Hybridmotoren.
Windräder und Fotovoltaik erhöhen den Anteil CO_2-freier Stromproduktion.

1.2 Entwicklungs- und Schwellenländer möchten ihr Wohlstand- und Wirtschaftswachstum nicht einschränken. Klimaschutz verursacht aber zuerst Kosten, die die Nettolöhne i. d. R. senken. In den USA z. B. ist die erforderliche parlamentarische Mehrheit im Kongress nicht vorhanden, um entscheidende Schritte zum Klimaschutz zu beginnen. Bei internationalen Abkommen wie dem Kyoto-Protokoll und seiner Verlängerung beteiligen sich die USA bisher genauso wenig wie die VR China.

2.1 Z. B.
- Verschiebung der Klimazonen
- Ansteigen des Meeresspiegels
- Zunahme von Naturkatastrophen
- Verknappung des Trinkwassers

2.2 Z. B.
- Untätigkeit erhöht die Folgekosten einer möglichen Klimaveränderung.
- Umweltschutz kann Arbeitsplätze schaffen.

3. Z. B.
- Für Handys werden immer mehr Rohstoffe benötigt; beim Abbau wird die Umwelt geschädigt, weil giftige Stoffe eingesetzt werden.
- Giftiger Müll nimmt zu, weil die Nachfrage nach den stets neuesten Produkten steigt.
- Das Internet verbraucht viel Energie.

4. Z. B.
- Eingangstüren geschlossen halten
- Computer herunterfahren

Aufgabe 4

LPE 2.1 Willensbildung und Entscheidung in der parlamentarischen Demokratie

1.1 Z. B.:
- völkerrechtliche Vertretung der BRD
- Prüfung, Unterzeichnung und Verkündung der Bundesgesetze
- Vorschlag, Ernennung und Entlassung des Bundeskanzlers
- Ernennung und Entlassung der Bundesminister

1.2
- Alle fünf Jahre wird gewählt, sofern ein Bundespräsident nicht zurücktritt oder stirbt.
- Die Wahl findet – ohne vorherigen Wahlkampf – durch die Bundesversammlung statt, die aus allen Mitgliedern des Bundestages und genauso vielen Delegierten aus den 16 Bundesländern besteht. Im ersten Wahlgang ist die absolute Mehrheit nötig.

1.3 Der Bundespräsident steht als eine parteipolitisch unabhängige Person über dem politischen Tagesgeschäft der konstruktiven Auseinandersetzung und repräsentiert das Gemeinsame, indem er moralische Maßstäbe setzt, Ratschläge erteilt und Vertrauen in das politische System vermittelt.

1.4 Heuss, Lübke, Heinemann, Scheel, Carstens, von Weizsäcker, Herzog, Rau, Köhler, Wulff

2.1
- Informationen (möglichst umfassend, sachgerecht und verständlich) verbreiten
- Meinungsbildung: Bürgern soll es durch kommentierende Beiträge wie Leitartikel in Zeitungen, Kommentare in den ARD-Tagesthemen sowie weitere journalistische Formen erleichtert werden, sich zu politischen Ereignissen eine fundierte Meinung zu bilden.
- Kontrollfunktion: Die Entscheidungsträger in allen politischen Gremien sowie Unternehmen sollen mit ihren Handlungen und geplanten Entscheidungen sich stets bewusst sein, dass die Öffentlichkeit über (tatsächliche oder vermeintliche) Verstöße gegen das Gemeinwohl informiert wird.

2.2 Der Karikaturist Horst Haitzinger kritisiert die Strategie gewisser Vertreter der Massenmedien, immer neue Vorwürfe gegen Bundespräsident Wulff zu erheben, wenn die alten Vorwürfe (z. B. private Vorteilsnahme im Amt, Medienbeeinflussung) entweder entkräftet zu sein scheinen oder nicht zu einer Absetzung von Wulff als Bundespräsident geführt haben. Wobei der Karikaturist auch bemängelt, dass die neuen Vorwürfe immer mehr als konstruiert und in ihrer Nebensächlichkeit an den Haaren herbeigezogen zu sein scheinen.

2.3 Die Berichterstattung in den Medien muss Grenzen beachten: Verleumdung (Angriff auf die persönliche Ehre), Verstöße gegen das Jugendschutzgesetz und Strafgesetz sind nicht erlaubt.

Aufgabe 5

LPE 2.2 Demokratie: Chancen, Entwicklung, Risiken

1.1
- Das Land war verwüstet, viele Städte waren weitgehend zerstört, Wohnraum und Heizmaterial fehlte.
- Millionen Männer waren tot, Hunderttausende wurden vermisst, Familien waren auseinandergerissen.
- Die Lebensmittelproduktion langte für viele nicht zum Überleben.
- 10 bis 12 Millionen waren seit 1944 auf der Flucht bzw. wurden im Frühjahr 1945 aus den Ostgebieten vertrieben.

1.2 Z. B.
- Demilitarisierung durch Vernichtung der Militärwaffen und Verbot der Waffenproduktion
- Demontage durch Abbau von Industrieanlagen und Eisenbahnschienen
- Demokratisierung durch Zulassung demokratischer Parteien
- Dezentralisierung durch Zerschlagung deutscher Großkonzerne

2.1
- hohe Wachstumsraten im Zeitraum 1945–1970
- meist geringes Wachstum zwischen 1970 und 2000, nur kurzfristig vom „Wiedervereinigungsboom" ab 1990 abgelöst

2.2
- Die Investitionshilfen durch den Marshall-Plan (ab 1947) hatten eine Multiplikatorwirkung.
- Die Rahmenbedingungen in der jungen Bundesrepublik waren sehr wirtschaftsfreundlich und eine steigende Zahl gut ausgebildeter und motivierter Arbeitskräfte konnte zu geringen Lohnkosten beschäftigt werden.
- Der Konsumnachholbedarf war durch die Kriegs- und schweren Nachkriegsjahre Anfang der 1950er-Jahre riesengroß.

2.3
- Produktionssteigerung durch die Arbeitskräfte im „besten Schaffensalter"
- Steigerung der Lohnsteuereinnahmen und Sozialversicherungsbeiträge
- Die Einzahlungen der Ausländer in die Rentenkasse überstiegen die Rentenzahlungen an diese Gruppe.

Aufgabe 6

LPE 2.4 Chancen im wiedervereinten Deutschland

1.1 Z. B.
- wirtschaftliche Stagnation durch ineffiziente Planwirtschaft
- geringer Lebensstandard
- veraltete Technologien
- zu hohe Ausgaben für das Militär im Rüstungswettlauf mit den USA

1.2
- Perestroika: Umgestaltung der Wirtschaft
- Glasnost: Offenheit, Transparenz, Kritikfähigkeit

1.3 Wenn der Bedarf von Reformen in Staat und Gesellschaft von den Regierenden (in der DDR die obersten SED-Funktionäre) nicht wahrgenommen wird, führt dies zu zunehmender Unzufriedenheit in der Bevölkerung und gefährdet somit die Machtposition der Regierenden. Letztlich führt es zu ihrem Sturz, evtl. zum Untergang des ganzen Staatsgebildes.

2.
- Vorbehalte bezüglich einer möglichen Machtverschiebung in Europa, nämlich dass Deutschland eine wirtschaftliche und politische Großmacht wird
- Angst vor wieder erstarkendem Nationalismus und damit verbundenen Grenzverschiebungsabsichten, da es seit Kriegsende keinen Friedensvertrag gegeben hat und die ehemaligen deutschen Ostgebiete bis Königsberg reichten
- Deutschlands Verbleib in der NATO verschiebt die Militärblockgrenze nach Osten: Polen, die Tschechoslowakei, die UdSSR können sich militärisch gefährdeter als vorher fühlen.

3.1 Ostdeutsche sehen in hohem Maße die eigene Staatsvergangenheit positiv (57 %), während nur 18 % der Westdeutschen an der DDR überwiegend Positives sehen.
Mögliche Gründe:
- enttäuschende Erfahrungen mit dem neuen gesellschaftlichen und wirtschaftlichen System
- Wertschätzung von damaliger sozialer Sicherheit
- Ostalgie

3.2 Gesamtdeutsche Identität ist positiv erkennbar an
- weit fortgeschrittener Anpassung des Lebensstandards, teils bestmöglicher Infrastruktur in ostdeutschen Städten,
- problemloser Eingliederung von über 2 Mio. Ostdeutschen in Westdeutschland,
- großer Zustimmung zur Wiedervereinigung als historischem Glücksfall.

Gegen eine gesamtdeutsche Identität spricht:
- Benachteiligung beim Lohn und gleichzeitig höhere Arbeitslosigkeit in Ostdeutschland
- Eine nicht unerhebliche Anzahl der Ostdeutschen fühlt sich unterprivilegiert.
- Das Problem des Rechtsradikalismus ist in den ostdeutschen Landesteilen größer.
- Da der Aufbau Ost viel Geld gekostet hat, wird von einer zunehmenden Zahl der Westdeutschen ein Ende der finanziellen Unterstützung (z. B. die Abschaffung des Solidarzuschlags) gefordert.

5 Prüfungsaufgaben Sommer 2013

Aufgabe 1

LPE 1.1 Neue Anforderungen in Beruf und Privatleben

1.1 Z. B.
- ein größerer Teil ist fest verplant (längere Fahrt zur Arbeit)
- Freizeitstress (Freizeit als Lebensmittelpunkt)

1.2 Z. B.
- Finanzen
- Arbeitszeit
- Unterschied Stadt – Land
- Freundeskreis hat andere Interessen
- familiäre Verpflichtungen

2.1 Dargestellt ist die Zahl der Rauschgifttoten in Deutschland im Zeitraum von 1991 bis 2011 in einem Liniendiagramm und die Altersverteilung dieser Toten in einem Kreisdiagramm.
Insgesamt sinkt die Zahl der Rauschgifttoten mit einem Ausreißer im Jahr 2000. Im Laufe der letzten 20 Jahre hat sich die Zahl mehr als halbiert.
75,7 % der Verstorbenen waren 30 Jahre und älter. 21,9 % waren zwischen 21 und 29 Jahren alt und 1,9 % zwischen 14 und 20 Jahren.

2.2 Z. B.
- Bedeutung des sozialen Umfelds (Drogenmissbrauch in der Familie oder der Clique)
- Hoffnungslosigkeit, da z. B. keine Lehrstelle gefunden wurde
- Verharmlosung

3.1 Z. B.
- Eltern fehlt der Zugang zu ihren Kindern.
- Eltern haben Schwierigkeiten, ihre Schutz- und Fürsorgefunktion wahrzunehmen.
- Jugendliche verlieren ihre Eltern als Bezugsperson.

3.2 Z. B.
- weniger reale soziale Beziehungen
- Jugendliche geben zu viele Informationen über sich preis.
- Schriftbild und Ausdrucksweise verschlechtern sich.

3.3 Z. B.
- Medienkompetenz im Unterricht
- Internetschutzsoftware einsetzen
- Eltern aufklären

Aufgabe 2

LPE 1.2 Gesellschaft im Wandel

1.1 Wer ein Einkommen bezieht, das weniger als 60 Prozent des mittleren Einkommens beträgt

1.2
- Alleinerziehende: schwer für Alleinerziehende, sich um Kindererziehung zu kümmern und gleichzeitig einer geregelten Arbeit, insbesondere in Vollzeit, nachzugehen
- Mehrkindfamilien: zu geringes Einkommen in Familien mit mehreren Kindern, insbesondere wenn es nur einen Verdiener gibt, weil der andere Elternteil sich um die Kinder kümmern muss

- Familien mit Migrationshintergrund: niedriger oder kein Bildungsabschluss und damit verbunden nur eine gering bezahlte Beschäftigung bzw. Gefahr der Arbeitslosigkeit

2.1 Z. B.
- finanzielle Probleme
- soziale Ausgrenzung
- negative Auswirkungen auf die Gesundheit

2.2 Z. B.
- höhere Sozialausgaben
- höhere Kriminalitätsrate
- Unzufriedenheit mit dem politischen System

3.1 Flexiblere Arbeitszeiten, mehr Teilzeitstellen und ein Ausbau der Betreuungsangebote sollen die Vereinbarkeit von Familie und Beruf verbessern und damit die Möglichkeit erhöhen, dass beide Elternteile zum Familieneinkommen beitragen können.

3.2 Z. B.
- Einführung von Mindestlohn, um die Einkommenssituation der in gering bezahlten Berufen Beschäftigten zu verbessern
- gezieltere Förderung und mehr Bildungsangebote, um die Wahrscheinlichkeit eines erfolgreichen Schul- bzw. Ausbildungsabschlusses zu erhöhen
- bessere finanzielle (steuerliche) Förderung von Familien

4. Ein von absoluter Armut Betroffener muss täglich um das Überleben kämpfen, da er nicht einmal das grundlegend Nötigste zur Verfügung hat. Das kann in Deutschland prinzipiell nicht passieren, da das deutsche Sozialsystem durch finanzielle und materielle Unterstützungsleistungen zumindest das Existenzminimum garantiert. Deshalb ist normalerweise relative Armut gemeint, wenn in Deutschland von Armut gesprochen wird.

Aufgabe 3

LPE 1.4 Gesellschaft unter dem Einfluss weltweiter wirtschaftlicher Vernetzung

1.1 Zusammensetzung des Energieverbrauchs

1.2
- Abnahme des Energieverbrauchs um 5 % gegenüber 2010
- Mineralölanteil nahezu unverändert
- Erdgasanteil gesunken
- Braun- u. Steinkohleanteil gestiegen
- erneuerbarer Energieanteil gestiegen
- Kernenergieanteil gesunken
- sonstiger Energieanteil (z. B. Energieeinfuhren) gestiegen

1.3 Wind-, Wasser-, Sonnenenergie, Erdwärme, Biomasse (Biogas)

1.4 Z. B.
- Klimagefährdung durch Verbrennung fossiler Energieträger
- Katastrophe von Fukushima am 11.03.2011
- begrenzte Vorräte fossiler Brennstoffe
- Preisanstieg bei Erdöl und Erdgas

2.1
- fehlende Speicherkapazitäten für Sonnenstrom
- fehlende Stromleitungen
- steigende Strompreise durch erneuerbare Energien
- Erneuerbare Energie steht nicht ständig ausreichend zur Verfügung (ist nicht grundlastfähig).
- zu wenig Gas- und Kohlekraftwerke
- Bürgerproteste gegen Bau von Windanlagen und neuen Stromleitungen

2.2 Z. B.
- Standby-Modus vermeiden
- Wärmedämmung bei Gebäuden
- Solarzellen
- Hybridautos
- Kauf energieeffizienter Haushaltsgeräte

Aufgabe 4

LPE 2.1 Willensbildung und Entscheidung in der parlamentarischen Demokratie

1.1 Er muss vierzig Jahre alt sein.

1.2 Z. B.
für Altersbeschränkung auf mindestens 40 Jahre:
- mehr Lebenserfahrung
- mehr politische Erfahrung

gegen Altersbeschränkung auf mindestens 40 Jahre:
- Ausgrenzung jüngerer Kandidaten

2.
- 5 Jahre
- Wiederwahl ist nur einmal zulässig

3.1 Z. B.
- Die Wahl wäre ehrlicher.
- Die Kandidaten würden bekannter werden.
- Der gewählte Bundespräsident hätte mehr Rückhalt beim Volk.
- Er wäre überparteilich.

3.2 Z. B.
- direkt gewählter Bundespräsident muss mehr Verantwortung haben als bisher
- eine Direktwahl verändert das Amt, seine Autorität und Qualität
- wieder aufkommender Wunsch nach einem „Ersatzkaiser“

4. Joachim Gauck

5. Theodor Heuss (BP), Ludwig Erhard (BK), Willy Brandt (BK), Johannes Rau (BP), Roman Herzog (BP), Christian Wulff (BP), Helmut Kohl (BK), Horst Köhler (BP), Gerhard Schröder (BK), Konrad Adenauer (BK)

Aufgabe 5

LPE 2.2 Demokratie: Chancen, Entwicklung, Risiken

1.1 Beschreibung:
- drei Personen füttern Baby auf der linken Seite
- eine „Person“ kümmert sich um Baby auf der rechten Seite
- Babys mit Zipfelmützen sitzen im Hochstuhl und sind am Hinterteil zusammengewachsen
- Bildunterschrift „Ostzone – Westzonen: Die deutschen siamesischen Zwillinge“

Interpretation:
Die Karikatur beschreibt die zunehmende Auseinanderentwicklung der vier Besatzungszonen nach dem Ende des Zweiten Weltkrieges.
Hier links: USA (Uncle Sam), Frankreich (Marianne) und GB (mit Union Jack) als Vertreter der Westzonen, die „ihren Teil Deutschlands“ wohlwollend füttern, aber durchaus auch eigene Interessen verfolgen.

Hier rechts: Sowjetunion, die „ihren" ängstlich blickenden deutschen Zwilling aufmuntert, jedoch nicht füttert.

1.2 Z. B.
davor:
- Marshallplan
- Bizone

danach:
- Gründung der beiden deutschen Staaten

2.1 Bild 1: Mai 1955
Bild 2: 7. Dezember 1970
Bild 3: März 1990
Bild 4: 17. Juni 1953
Bild 5: 13. August 1961
Bild 6: 10. November 1989

2.2 <u>Bild 1: Mai 1955</u>
- Bild zeigt Bundeskanzler Konrad Adenauer mit Bundeswehrsoldaten
- 1955: Gründung der Bundeswehr und Wiederbewaffnung der BRD (1956 Einführung der allgemeinen Wehrpflicht in der BRD)
- Aufhebung des Besatzungsstatus: Die BRD wird eingeschränkt souverän.
- Beitritt zur NATO als Element der Westintegration der BRD

<u>Bild 2: 7. Dezember 1970</u>
- Bild zeigt Kniefall Willy Brandts vor dem Denkmal für die im Warschauer Ghetto Umgekommenen
- Kranzniederlegung fand im Zusammenhang mit der Unterzeichnung der Ostverträge (hier Vertrag mit Polen) statt

<u>Bild 3: März 1990</u>
- Bild zeigt (Montags-)Demonstration, bei der neben Volkssouveränität („Wir sind das Volk") die Wiedervereinigung („Wir sind ein Volk") gefordert wird
- Am 18. März 1990 fanden die ersten freien Wahlen in der DDR statt, aus denen die CDU als eindeutige Siegerin hervorging.

<u>Bild 4: 17. Juni 1953</u>
- Bild zeigt sowjetische Panzer, die die Aufstände gewaltsam niederschlagen
- Am 17. Juni protestierten Arbeiter in Berlin gegen die Maßnahmen der Regierung (z. B. Erhöhung der Arbeitsnormen, anhaltende Mangelwirtschaft, Bespitzelung und Unterdrückung).
- Die Proteste und Streiks weiteten sich landesweit aus.

<u>Bild 5: 13. August 1961</u>
- Bild zeigt Beginn des Mauerbaus zwischen Ost- und Westberlin
- Nachdem die DDR-Regierung jahrelang zusehen musste, dass immer mehr Bürgerinnen und Bürger der DDR über das „Fluchtloch" Berlin in den Westen fliehen, entschloss sie sich zur völligen Abriegelung der Grenzen.

<u>Bild 6: 10. November 1989</u>
- Bild zeigt Menschen auf der Mauer vor dem Brandenburger Tor nach der Grenzöffnung am 9. November 1989
- Grenze wurde nach Fluchtwelle (z. B. über Ungarn, Tschechoslowakei) und Montagsdemonstrationen (z. B. in Leipzig) im Sommer/Herbst 1989 von der DDR-Regierung „geöffnet", d. h., die Regierung erlaubte Auslandsreisen ohne besondere Genehmigung.

3.1 Z. B.
Rechtsradikalismus als Gefahr
- Autoritär organisierte rechtsradikale Parteien widersprechen demokratischen Strukturen.
- Gewaltbereitschaft gegenüber Schwächeren wird nicht nur geduldet, sondern gefördert.
- mögliche Beispiele: Republikaner, NPD
- Grundgesetz ermöglicht Parteienverbot nach Art. 21 Abs. 2, z. B. Verbot der SRP (Sozialistische Reichspartei) 1952

3.2 Z. B.
Argumente dagegen:
- Piratenpartei belebt den politischen Prozess, mehr Bürgerbeteiligung
- Piraten schwächen durch „Liquid Democracy“ die Macht der Lobbygruppen und stärken die Transparenz bei politischen Entscheidungen.
- Piraten sind nicht verfassungswidrig, keine Verfassungsfeinde.

Argumente dafür:
- Mehr Parteien in den Parlamenten machen Regierungsbildung immer schwieriger; stärkere Tendenz zu Großen Koalitionen und somit Kompromissen,
- „Liquid Democracy“ macht Positionierung der Partei schwierig; Piraten können keine nachhaltigen Lösungen für die Probleme unserer Gesellschaft formulieren.

Aufgabe 6

LPE 2.3 Partizipation in einem repräsentativ verfassten demokratischen und sozialen Bundesstaat

1.1 a) Bundeskanzler
b) Bundesregierung
c) Bundestag
d) Bundesversammlung
e) Bundespräsident
f) Bundesverfassungsgericht
g) Bundesrat
h) Landesregierungen

2.1 Fünf Wahlrechtsgrundsätze:
- Allgemeine Wahl: Alle Deutschen sind (bis auf wenige Ausnahmen) ab dem Mindestalter berechtigt zu wählen und gewählt zu werden.
- Unmittelbare Wahl: Keine Zwischenschaltung von Wahlfrauen und -männern zulässig.
- Freie Wahl: Eine Wahl ist frei, wenn der Wähler nicht auf eine bestimmte Wahlentscheidung festgelegt ist, sondern sich zwischen Alternativen entscheiden kann. Es besteht keine Wahlpflicht.
- Gleiche Wahl: Jede Stimme zählt gleich viel.
- Geheime Wahl: Die Stimmabgabe muss anonym (Wahlkabine) stattfinden.

2.2 Die sinkende Wahlbeteiligung ist negativ zu beurteilen, wenn sie Ausdruck von Desinteresse, Resignation oder Unzufriedenheit darstellt.
Jeder Nichtwähler stärkt den Einfluss radikaler Parteien, wenn diese ihre Anhänger stärker mobilisieren können, als es den demokratischen Parteien gelingt.
Eine sinkende Wahlbeteiligung kann auch als Anzeichen für Zufriedenheit mit dem politischen System gewertet werden.

3. Z. B.
Dafür:
Jugendliche mit 16 Jahren stehen oftmals bereits im Berufsleben und bezahlen Steuern. Sie sollten daher auch Mitsprache haben und bei Wahlen abstimmungsberechtigt sein.
Dagegen:
Jugendliche in diesem Alter verfolgen andere Interessen und lassen sich leichter beeinflussen.

4. Beschreibung:
Aus zwei löchrigen Eimern läuft Wasser heraus. Aus einem der Eimer ruft es: „Wir sind voller!!". Die Eimer tragen die Aufschriften „CDU" und „SPD". Der Titel lautet: „Mitgliederentwicklung".
Erklärung:
Der Karikaturist beschreibt die sinkenden Mitgliederzahlen bei den großen Volksparteien, die diese Entwicklung nicht wahrhaben wollen, insbesondere die CDU, die diesen Verlust schönredet.

6 Prüfungsaufgaben Winter 2013/2014

Aufgabe 1

LPE 1.1 Neue Anforderungen in Beruf und Privatleben

1.1 Das Balkendiagramm zeigt die Erwartungen der Bundesbürger an einen familienfreundlichen Betrieb. Die sieben Wünsche reichen von Gleitzeit (83 %) über Chancen zu Heimarbeit sowie erleichterter Kinderbetreuung bis zu größerer Akzeptanz des Erziehungsurlaubs für Väter (48 %).

1.2 Z. B.
- Sicherheitsbedürfnis
- Bedürfnis nach Kontakten
- Selbstverwirklichung

1.3 Z. B.
- Mann nicht mehr alleiniger Ernährer, Frauen verdienen dazu, übernehmen häufiger die Sicherung des Familienunterhalts
- Frauen in Führungspositionen
- berufliche Tätigkeit für Frauen selbstverständlich
- weniger typische Männer- und Frauenberufe

2.1 Z. B.
- qualifizierte Mitarbeiterinnen bleiben im Unternehmen
- Leistungssteigerung durch Mitarbeiterzufriedenheit
- Imagegewinn des Unternehmens

2.2 Z. B.
- zu geringe Mitarbeiterzahl und deshalb relativ hohe Zusatzkosten für Sozialleistungen
- Örtlichkeit ungeeignet, Raumangebot mangelhaft

3. Z. B.
- erweitertes Angebot von Krippen- und Kindergartenplätzen
- Ausbau des Angebots an Ganztagsschulen

4. Kürzere Erwerbspausen sowie die Möglichkeit, schneller in die Vollzeitbeschäftigung zurückzukehren, sorgen für längere und auch höhere Beitragszahlungen in die Rentenversicherung und mindern wegen der höheren Rentenbezüge dann das Risiko der Altersarmut.

Die Chancen, für das Alter private Vorsorge betreiben zu können, steigen bei ständiger und besser bezahlter Beschäftigung.

Aufgabe 2

LPE 1.2 Gesellschaft im Wandel

1.1 Die deutschen Arbeitnehmer sind über die Sozialversicherung abgesichert. Sie zahlen in Zeiten der Berufstätigkeit in die Rentenkasse ein und haben einen Anspruch auf Rentenzahlungen, wenn sie das gesetzliche Renteneintrittsalter erreicht haben.
Solidarität bedeutet in diesem Zusammenhang, dass die Menschen füreinander einstehen und sich gegenseitig unterstützen.
Generationenvertrag bedeutet im Sozialversicherungssystem, dass die jungen Erwerbstätigen die Rentenzahlungen für die (alten) Rentner finanzieren.

1.2
- Arbeitslosenversicherung
- Krankenversicherung
- Pflegeversicherung
- Unfallversicherung

2.1
- Die Vereinbarkeit von Beruf und Elternschaft ist schwierig.
- fehlende gesellschaftliche Anerkennung für berufstätige Mütter
- Verfolgung beruflicher Interessen
- Pflege von Freundschaften oder Hobbys hat höheren Stellenwert

2.2 Z. B.
- weniger Beitragszahler für die Sozialversicherung und daraus folgend höhere Belastungen für die arbeitende Bevölkerung
- Verschärfung des Generationenkonflikts
- Vergreisung der Gesellschaft
- Fachkräftemangel

3. Pro Erhöhung des RV-Beitragssatzes:
- Es stehen mehr Geldmittel zur Verfügung.

Kontra Erhöhung:
- Der Nettolohn der Arbeitnehmer sinkt, sie kaufen weniger: Nachfragerückgang.
- Die Unternehmerkosten steigen, dadurch sinkt die internationale Wettbewerbsfähigkeit.

Aufgabe 3

LPE 1.4 Gesellschaft unter dem Einfluss weltweiter wirtschaftlicher Vernetzung

1.1 Energiekonzept des Bundesumweltministeriums (beschlossen Ende Juni 2011):
Der stufenweise Ausstieg aus der Atomenergie soll durch eine höhere Energieeffizienz erleichtert und eine Balance zwischen erneuerbaren und fossilen Energien hergestellt werden, welche die Stromversorgung bei vertretbaren Preisen sichert.

1.2 Vor einem vierspännigen Planwagen mit der Aufschrift „Energiewende 2013“ schwingt ein Cowboy sein Lasso und versucht seine vier wilden und in unterschiedliche Richtungen laufenden Pferde (= Mustangs) einzufangen, um sie vor seinen Planwagen zu spannen. Auf den Pferden stehen die Bezeichnungen „Länder“, „Kabinett“, „Stromanbieter“ und „Wähler“. Die Karikatur trägt den Titel „Altmaier und die Mustangs“. Die Karikatur zeigt den Bundesumweltminister Peter Altmaier (CDU), der sich müht, die Länder, das Kabinett, die

Stromanbieter und die Wähler für seine Aufgabe, die Umsetzung der Energiewende für das Jahr 2013, zu gewinnen. Die Aufgabe erscheint deshalb schwierig, weil die Interessen der vier wichtigen Institutionen und Gruppen sehr unterschiedlich sind, bildlich ausgedrückt, in eine andere Richtung gehen. D. h., sie lassen sich nur ungern in das Konzept der Energiewende einbinden. Für ein Voranbringen der Energiewende müssten jedoch „alle an einem Karren ziehen".

1.3
- Kabinett: Befürchtung, dass Kosten für die Förderung der erneuerbaren Energien (v. a. Subventionen für Fotovoltaik und Windräder) zu hoch werden. Bei mangelndem Erfolg steigen die Chancen der Opposition, die Regierung abzulösen.
- Länder: Welche Kosten kommen auf die Länder zu, welche trägt der Bund? Die Landesregierungen fürchten den Unmut der Wähler wegen steigender Stromkosten oder wegen „Verschandelung" der Landschaft durch den Bau zahlreicher Windkrafträder.
- Wähler: Befürchtung, dass Energiewende nicht sozialverträglich durchgeführt wird, d. h., dass Bürger sich ängstigen vor ständig steigenden Stromkosten, welche arme Haushalte besonders stark treffen. Außerdem besteht die Angst vor Stromknappheit durch Wegfall des Atomstroms.
- Stromanbieter: Die Abschaltung von Atomkraftwerken bringt Einnahmeverluste und schmälert den Gewinn. Dazu kommt (atomare) Stromkonkurrenz aus EU-Nachbarstaaten. Folgekosten (Verpflichtung zur Mindestabnahme alternativ erzeugten Stroms, Bewältigung von Stromüberschuss oder Mangel) sind schwer abschätzbar.

2.1 Windenergie

2.2 Z. B.
- Holz (Hackschnitzelwerk)
- Erdwärme
- Wasserkraft
- Sonne (Fotovoltaikanlagen)

2.3 Die Reichen werden reicher auf Kosten der Armen bzw. der Normalbürger. Den Reichen hat sich eine weitere Kapitalanlage eröffnet, deren Rendite durch die Normalbürger „unten" mit einem höheren Strompreis finanziert wird.
Die Betreiber der Windkraftanlagen dürfen ihren produzierten Strom zu einem sehr attraktiven Preis ins Netz einspeisen, die Abnahme ist garantiert. Die Stromanbieter geben diesen Preis an die Kunden weiter.

2.4 Pro:
- Windräder sorgen für saubere Energie.
- Windrad-Industrie schafft Arbeitsplätze.
- Regenerative Energie als Zukunftstechnologie fördert den Wirtschaftsstandort BRD.

Kontra:
- Windräder verunstalten das Landschaftsbild.
- Windräder verursachen Lärm.
- Windräder haben noch zu geringe Effizienz (Stillstandzeiten sind hoch).

Aufgabe 4

LPE 2.1 Willensbildung und Entscheidung in der parlamentarischen Demokratie

1.1 Karikatur-Beschreibung:
oberer Abschnitt: Fernsehapparat, stellvertretend für die Medien, verfolgt einen Politiker, der flüchtet. Unterer Abschnitt: Die Situation ist genau umgekehrt: Derselbe Politiker verfolgt den Fernsehapparat, dieser „flüchtet".

Erläuterung und Interpretation:
Einerseits brauchen die Medien die Politiker für Stellungnahmen zu Themen von hohem Nachrichtenwert. Dabei stellen die Medienvertreter kritische Fragen. Politiker wollen sich zu manchen Themen und Ereignissen aber nicht äußern, weichen den Fragen aus, wollen ihre Meinung evtl. erst mit Parteikollegen absprechen, auf jeden Fall wollen sie kein negatives Image durch ihre Äußerungen erwerben.
Andererseits sind Politiker auf die Medien (z. B. Talkshows) angewiesen: Sie erhöhen den eigenen Bekanntheitsgrad und bieten die Möglichkeit, sich positiv darzustellen. Sie wollen „eine gute Presse". Die Medienleute versuchen aber, möglichst wenig Raum für diese Selbstdarstellung zu gewähren.

1.2 Z. B.
- Information der Bevölkerung durch sachliche Berichterstattung zu wichtigen Themen
- Mitwirkung an der Meinungsbildung durch Kommentare und Stellungnahmen
- Kritik und Kontrolle von Regierung, Abgeordneten und Parteien durch Durchleuchtung fragwürdiger Entscheidungsprozesse und Aufdeckung von Missständen

1.3.1
- Nachrichten werden nicht mehr gefiltert; alles ist immer verfügbar.
- Nachrichten müssen heutzutage vor allem Emotionen ansprechen und unterhalten.
- Nachrichtenmacher müssen (auf Kosten der Qualität) noch schneller arbeiten, um Medien-Auflage bzw. Quote zu halten und damit die Werbeeinnahmen zu sichern.

1.3.2 Z. B.
- Die Vernachlässigung sorgfältiger Recherche erschwert eine sachgerechte Beurteilung einer Situation/eines Themas.
- Komplexe Themen, die grundlegende Recherche voraussetzen, finden kaum Eingang in die Medien.
- Das Ansprechen von Gefühlen und die Betonung des Unterhaltungswertes führen zu einer Identifikation mit der dargestellten Meinung und erschweren die eigene Meinungsbildung.

2.
- Legislative = gesetzgebende Gewalt: Bundestag, Bundesrat
- Exekutive = ausführende (vollziehende) Gewalt: Bundesregierung
- Judikative = richterliche Gewalt: Bundesverfassungsgericht

3. Z. B.
- gegenseitige Kontrolle, d. h., dass Gesetzesvorhaben der Bundesregierung im Bundesrat kritisch hinterfragt bzw. abgelehnt werden können
- Ein Machtmissbrauch wird durch gegenseitige Abhängigkeit und insbesondere durch die Möglichkeit der Klage beim Bundesverfassungsgericht verhindert.

Aufgabe 5

LPE 2.2 Demokratie: Chancen, Entwicklung, Risiken

1.1 Z. B.
- bessere Lebens- und Arbeitsbedingungen im Westen Deutschlands (inkl. West-Berlin)
- fehlende Freiheiten bzw. Grundrechte (z. B. Reise- oder Meinungsfreiheit)
- Trennung von den in Westdeutschland lebenden Familienangehörigen
- SED-Machtmonopol statt freier Wahlen, Unterdrückung echter Opposition
- Verlust des Glaubens an den „Sieg des Sozialismus", an ein „Arbeiterparadies"

1.2.1 Zweck: Erleichterung des innerstädtischen Personenverkehrs
Regelungen:
- Besuchserlaubnis für Westberliner in Ost-Berlin
- Das Besuchsabkommen ist auf ein Jahr begrenzt.
- innerhalb eines Jahres Besuche nur in begrenztem Umfang
- Gültigkeit nur für Verwandte

1.2.2
- keine Änderung der unterschiedlichen politischen und rechtlichen Standpunkte
- keine Anerkennung der SED-Herrschaftsverhältnisse in Ost-Berlin
- Ostberliner Beamte besitzen keinerlei Hoheitsbefugnisse.
- des West-Berliner Senats bleiben unverändert in Bezug auf Freizügigkeit, Selbstbestimmung und Wiedervereinigung.

1.2.3 Schutzmächte von West-Berlin: USA, GB, F; Schutzmacht von Ost-Berlin: UdSSR

2.1 SPD und FDP

2.2
- Aufbau gutnachbarlicher Beziehungen auf Grundlage der Gleichberechtigung
- Streitfragen werden mit friedlichen Mitteln gelöst (keine Gewaltanwendung).
- Anerkennung der bestehenden Grenzen
- Achtung der jeweiligen territorialen Integrität
- Hoheitsgewalt beschränkt sich auf das jeweilige Staatsgebiet.
- gegenseitige Anerkennung der Unabhängigkeit und Selbstständigkeit in inneren und äußeren Angelegenheiten
- Austausch „ständiger Vertretungen" (anstelle von diplomatischen Botschaften)

2.3 UdSSR, Polen, Tschechoslowakei

Aufgabe 6

LPE 2.3 Partizipation in einem repräsentativ verfassten demokratischen und sozialen Bundesstaat

1.1 Ja, die Gemeinschaftsschule darf eingeführt werden, da die Gegner der Einführung das notwendige Quorum von 25 % nicht erreicht haben.

1.2
- Bürgerentscheide hätten eine größere Chance, erfolgreich zu sein.
- Die Anzahl der Bürgerentscheide würde steigen, da sie eine größere Erfolgschance hätten.

1.3 Pro:

- mehr Transparenz
- Bürger entdecken politisches Bewusstsein, wenn sie sich für eine bestimmte Sache einsetzen.
- mehr Mitwirkungsmöglichkeiten

Kontra:

- Überforderung aufgrund zu vieler Abstimmungen
- sachliche Überforderung
- langwierige Entscheidungsprozesse

1.4 Beschreibung der Karikatur: Ein Bürger steht ratlos an der Theke einer „Apotheke". Der Apotheker mit dem Bundesadler auf dem Kittel liest eine lange Liste vor, in welchen Fällen das Plebiszit nicht anzuwenden sei. Vor der Theke steht ein Ständer mit der Aufschrift „mehr Demokratie wagen", in dem Informationen zu demokratischer Beteiligung kostenlos angeboten werden.

Interpretation: Einerseits sollen die Bürger sich stärker in politische Entscheidungsprozesse einbringen. Andererseits wird ihnen auf Landes- und Kommunalebene bei vielen Themen aus unterschiedlichen Gründen eine aktive Beteiligung verweigert. Dadurch kann das „Medikament" Plebiszit kaum wirkungsvoll sein. (Auf Bundesebene sind Volksabstimmungen bisher nicht vorgesehen, als Ausnahme gemäß Art. 146 wäre eine Abstimmung über das für die Wiedervereinigung angepasste Grundgesetz möglich gewesen.)

2.1 Für Bundestagswahlen gilt ein „personalisiertes Verhältniswahlrecht":
Die Erststimme ist für einen Kandidaten aus dem Wahlkreis bestimmt. Sie wird nach dem relativen Mehrheitswahlrecht ausgezählt. Dadurch wird in jedem Wahlkreis der Kandidat in den Bundestag gewählt, der hier die meisten Stimmen gewonnen hat (Direktwahl).
Die Zweitstimme des Wählers zählt für die jeweilige Landesliste einer Partei. Alle abgegebenen Zweitstimmen werden nach dem Verhältniswahlrecht (mit speziellen Anrechnungsmethoden für die Zweitstimmen der 16 Länderlisten) ausgezählt.
Entsprechend den %-Sätzen der Zweitstimmen (Minimum: 5 % insgesamt, sonst sind die Stimmen ohne Wirkung für diese kleinen Parteien) werden die Bundestagsmandate aufgeteilt. Deshalb sind die Zweitstimmen von größerer Bedeutung.

2.2 Z. B.

- fehlendes politisches Interesse
- fehlende Kenntnisse
- Gefühl der Einflusslosigkeit

7 Prüfungsaufgaben Sommer 2014

Aufgabe 1

LPE 1.2 Gesellschaft im Wandel von der Industriegesellschaft zur Dienstleistungs- und Informationsgesellschaft

1.1 Die Sektoren Industrie, Bergbau und Energiewirtschaft tragen immer weniger zur Wertschöpfung der Wirtschaft bei. Ihr Anteil von über 40 Prozent (1970) geht im Jahr 2012 auf 26 Prozent zurück.
Der Anteil des Dienstleistungssektors nimmt im gleichen Zeitraum deutlich zu. Lag er 1970 noch bei 48,3 Prozent, liegt der Beitrag zur Wertschöpfung im Jahr 2012 schon bei 68,5 Prozent.

1.2 Z. B. Versicherungen, Banken, Handel, Verkehr, Logistik, Tourismus, Hotel- und Gaststättengewerbe

1.3 Z.B.
Viele Produktionsbereiche sind wegen hoher Arbeitskosten und/oder der Nähe zu neuen Absatzmärkten ins Ausland verlagert worden (z. B. Textilbranche, Schiffbau, Unterhaltungselektronik bzw. Teile der Automobilzuliefererindustrie).
Ehemalige Entwicklungsländer haben ihren Rückstand zu den Industrieländern verringert und produzieren eigene, qualitativ hochwertige Produkte.

2.1 Die Anforderungen an die Qualität der gewerblichen Arbeitnehmer haben sich rasant verändert. Vor 30 Jahren hat der Anteil der Facharbeiter an den gewerblichen Arbeitnehmern etwa 20 Prozent betragen. Ihre Aufgaben haben sich im Wesentlichen auf den Bereich Instandhaltung und Reparatur konzentriert. Die übrigen Prozent der Mitarbeiter hätten damals entweder eine industrieferne oder gar keine berufliche Erstausbildung vorweisen können und seien in oft jahrelangen Anlernprozessen für ihre jeweilige, sehr eng ausgelegte Tätigkeit ausgebildet worden. Diese Anteile hätten sich heute genau umgekehrt.

2.2 Er sollte seine Qualifikationen aktualisieren, da die in der Berufsausbildung vermittelten und während der Berufstätigkeit erworbenen Inhalte schnell an Wert verlieren.

2.3 Schlüsselqualifikationen bezeichnen Qualifikationen, die eine Person befähigen, in einer sich ständig wandelnden Arbeitswelt auf veränderte Anforderungen angemessen zu reagieren.
Beispiele: kommunikative Kompetenz, Belastbarkeit, Kooperationsfähigkeit

Aufgabe 2

LPE 1.2 Gesellschaft im Wandel von der Industriegesellschaft zur Dienstleistungs- und Informationsgesellschaft

1.1 Z. B. Name, Vorname und Geburtsdatum
Diese Daten können missbräuchlich verwendet werden, indem z. B. Bestellungen im Versandhaus etc. unter falschem Namen vorgenommen werden.
„Partyfotos" und andere ungünstige fotografische Eindrücke im Netz können bei Bewerbungen negativ auffallen, wenn der Arbeitgeber den Bewerbernamen „googelt".

1.2 Z. B.
Junge Menschen empfinden einen Gruppenzwang, Details ihres Lebens zu offenbaren. Sie fürchten, ausgeschlossen zu werden.
Viele unterschätzen die Gefahren und glauben nicht, dass andere ihre Daten jederzeit einsehen können.

2.1 In einem Liniendiagramm wird die Anzahl der polizeilich erfassten Fälle von Computerkriminalität in einem Zeitraum von 1996 bis 2008 dargestellt.
In diesem Zeitraum hat sich die Anzahl der erfassten Fälle fast verdoppelt. Im Jahr 2001 lag die Zahl deutlich höher als in den übrigen Jahren.
In einem Kreisdiagramm werden die Art der Delikte und deren Häufigkeit im Jahr 2008 dargestellt. Am häufigsten wurde Betrug mittels rechtswidrig erlangter Karten mit PIN erfasst.

2.2 Z. B.
- zunehmende Nutzung des Internets
- Weiterentwicklung der Technik und des entsprechenden Wissens (Sicherheitslücken werden ausgenutzt)

2.3 Z. B.
- aktuelle Antiviren-Software und Firewall benutzen
- keine Anhänge von unbekannten E-Mails öffnen

Aufgabe 3

LPE 1.3 Strukturmerkmale unserer Gesellschaft

1.1 Kein unter 25-Jähriger soll länger als vier Monate ohne Arbeit oder Ausbildung bleiben.

1.2 Z. B. Spanien, Griechenland

2.1 Die erste Schwelle ist der Übergang von der Schule zur Ausbildung, die zweite Schwelle ist der Übergang von der Ausbildung zum Beruf.

2.2 Z. B.
Die Aussage mag zwar der Realität entsprechen, beinhaltet aber eine resignative Grundtendenz, schon jungen Menschen keine Perspektive auf dem Arbeitsmarkt zu geben. Fehlende schulische Bildung beziehungsweise fehlende berufliche Qualifikationen und mangelnde Einsatzbereitschaft von Teilen der Jugendlichen halten Unternehmen davon ab, diesen Jugendlichen eine Beschäftigung anzubieten.

2.3 BA-Chef Weise glaubt, dass Deutschland gute Voraussetzungen hat, das Ziel der Jugendgarantie zu erreichen. Er glaubt, dass die Bundesagentur jedem Jugendlichen ein Angebot machen kann (Ausbildungsplatz bzw. weiterführende Maßnahme). Alle notwendigen Instrumente seien vorhanden. Der steigende Fachkräftebedarf verbessere die Startchancen der Jugendlichen.

3.1 Ein gutbürgerliches Ehepaar sitzt auf dem Sofa und hört als Antwort von seinen Kindern, dass Kinder-Bekommen nur in deren Armut führe und sie deshalb keine Kinder wollen. Die Kinder sind in schlaffer Körperhaltung mit lustloser Gestik und Mimik dargestellt.
Die Aussage der Karikatur ist, dass die Jugendlichen ihre Verantwortung gegenüber der Gesellschaft aus dem Generationenvertrag nicht übernehmen wollen und hierfür scheinheilige Gründe anführen.

3.2 Z. B.
- zunehmende Berufstätigkeit der Frauen ohne ausreichendes Betreuungsangebot
- unsichere wirtschaftliche Verhältnisse
- gestiegene Anforderungen der Wirtschaft an die Mobilität der Arbeitnehmer
- geringere Bereitschaft zur Einschränkung der persönlichen Freiheit

Aufgabe 4

LPE 2.1 Willensbildung und Entscheidung in der parlamentarischen Demokratie

1.1
- Wahlbeteiligung respektable 48,8 Prozent
- eindeutiges Wahlergebnis

1.2
- der Volksentscheid sollte vor allem einen Koalitionskonflikt auflösen
- viele Gegner des Projekts haben ihre Niederlage nicht akzeptiert
- Basis für den Entscheid war eine Kostenobergrenze, deren Einhaltung unklar bleibt
- Die Bahn betreibt eine intransparente Informationspolitik.

2.1 Z. B.
- Mittel gegen Politikverdrossenheit; wer abstimmen darf, interessiert sich auch mehr für Politik
- Die Regierung muss sich stärker an den Vorstellungen des Volkes orientieren.
- Jeder kann sich heutzutage informieren und auf eine Volksabstimmung vorbereiten.

2.2 Z. B.
- Unpopuläre Gesetze sind in einer direkten Demokratie schwer durchsetzbar.
- Dem Bürger fehlt das Fachwissen, um über komplizierte Sachverhalte abzustimmen.
- Gut organisierte Minderheiten könnten die öffentliche Meinung manipulieren und ihre Interessen auf Kosten der Mehrheit durchsetzen.

3. Z. B.
- Wahl der Bundeskanzlerin/des Bundeskanzlers
- Kontrolle der Bundesregierung
- Abstimmung über Gesetze

4. Im Grundgesetz steht, dass die Abgeordneten über ein freies Mandat verfügen, das heißt, dass sie bei tiefgreifenden Meinungsverschiedenheiten zwischen ihnen und der Fraktionsmehrheit ihrem Gewissen entsprechend abstimmen können.
In der Realität stimmen Abgeordnete meist, wie in den Fraktionssitzungen vorbereitet, einheitlich ab.
Ohne diese Fraktionsdisziplin wäre die Regierung handlungsunfähig. Außerdem sind die Abgeordneten von ihrer Partei abhängig, da diese bestimmt, ob sie erneut für sie kandidieren können.

Aufgabe 5

LPE 2.2 Demokratie: Chancen, Entwicklung, Risiken

1.1
- von 1950–1961 hohe Flüchtlingszahlen von bis zu 331.400 Flüchtlingen und Übersiedlern
- von 1962–1988 stark gesunkene Zahlen, aber immer noch über 10.000 Flüchtlinge und Übersiedler
- 1989 deutlich steigende Zahl auf über 340.000 Flüchtlinge und Übersiedler

1.2 Z. B.
- Volksaufstand vom 17. Juni 1953 entzündet sich an einer Heraufsetzung der Leistungsquoten, die Arbeiter zu erbringen haben. Der von Berlin ausgehende Aufstand verbreitet sich in schneller Geschwindigkeit über andere Großstädte der DDR. Im Zuge dessen werden auch Forderungen nach einer Demokratisierung laut.
  Die Niederschlagung des Aufstands durch die Sowjetarmee fordert über 50 Tote und hat eine Fluchtbewegung zur Folge.
- Der Bau der Berliner Mauer vom 13. August 1961: Die Flucht vor allem junger und gut ausgebildeter DDR-Bürger und -Bürgerinnen bedroht die Wirtschaft der DDR und destabilisiert sie auch politisch. Insbesondere von Ostberlin nach Westberlin war eine Ausreise recht einfach möglich.
  Die Abriegelung Westberlins verschloss diese letzte Möglichkeit, sodass seither die Zahlen rapide sanken.

1.3
- Einschränkung der Bildungsfreiheit
- Einschränkung der freien Wahl des Lebensortes
- keine Reisefreiheit
- keine freie Meinungsäußerung
- Überwachung durch den Staat
- keine Möglichkeiten zur Selbstverwirklichung

1.4 Unter Gorbatschow verzichtete die UdSSR auf den Führungsanspruch gegenüber den Ostblockstaaten. Er ließ zu, dass sich in der UdSSR demokratische Strukturen entwickeln konnten. Dies ermutigte die Oppositionsbewegung in der DDR.

2. Z. B.
Für den Ostteil der Bundesrepublik gilt:
- höhere Arbeitslosigkeit, weil die Produktivität der dortigen Betriebe noch nicht auf demselben Niveau wie im Westen ist
- bedeutend höherer Zweitstimmenanteil für die Partei Die Linke bei Bundestagswahlen
- geringere Wahlbeteiligung als Ausdruck einer Unzufriedenheit mit der parlamentarischen Demokratie, hervorgerufen u. a. durch enttäuschte Erwartungen

Aufgabe 6

LPE 2.3 Partizipation in einem repräsentativ verfassten demokratischen und sozialen Bundesstaat

1.1 Die Zweitstimme, da sie über die Zusammensetzung des Bundestages entscheidet

1.2 Z. B.
Pro Beibehaltung:
- einfachere Mehrheitsfindung im Parlament
- Verhinderung eines zu großen Einflusses von Splitterparteien

Pro Absenkung:
- Chancen für kleinere oder neue Parteien
- Wahlgrundsatz „Jede Stimme zählt gleich viel" wird eher umgesetzt

1.3 Eine Partei, die mindestens drei Direktmandate erworben hat, zieht entsprechend ihres Zweitstimmenanteils in den Bundestag ein, auch wenn sie weniger als 5 % der Zweitstimmen erreicht.

2. Parteien:
- sind ein Muster für die „sich ständig verbessernde Demokratie"
- müssen „das große Ganze im Blick behalten"
- können leichter unpopuläre, aber notwendige Maßnahmen durchsetzen

Bürgerinitiativen:
- vertreten Bürgerproteste und Partikularinteressen
- sind Ergänzung, aber kein Ersatz für Parteien

3.1 Beschreibung:
Man sieht drei grimmig schauende Kühe mit der Aufschrift Hessen, Baden-Württemberg und Bayern. Ein Mann trägt in der einen Hand einen riesigen, durchlöcherten Melkeimer mit der Aufschrift Berlin, in der anderen Hand zwölf kleine Eimer mit der Aufschrift der restlichen Bundesländer. Der Mann sagt „Guten Morgen". Das Bild trägt die Überschrift „Der Finanzausgleich ist wieder da".
Interpretation:
Der Karikaturist weist auf die Problematik des Länderfinanzausgleichs hin. Die Geberländer Bayern, Baden-Württemberg und Hessen werden „gemolken", um die ärmeren Nehmerländer mit Geld zu versorgen. Das meiste Geld bekommt das hoch verschuldete Berlin. Der Zeichner verdeutlicht, dass der Finanzausgleich in der jetzigen Form von den Geberländern als ungerecht empfunden wird.

3.2 Z. B.
Vorteil: Regionale Gegebenheiten können durch die Landesgesetzgebung berücksichtigt werden.
Nachteil: langwierige Entscheidungsfindung bei der Bundesgesetzgebung durch die Mitwirkung des Bundesrates

8 Prüfungsaufgaben Winter 2014/2015

Aufgabe 1

LPE 1.1 Neue Anforderungen in Beruf und Privatleben

1.1 Die Ausbildung findet an zwei Lernorten statt.
- Ausbildungsbetrieb mit überwiegend praktischer Ausbildung
- Berufsschule mit überwiegend theoretischer Fachausbildung sowie Allgemeinbildung

1.2 Vorteile:
- In den Ausbildungsbetrieben lernt man die notwendigen Fertigkeiten im Arbeitsalltag.
- Die Qualifikation durch die Berufsschule macht unabhängiger vom Ausbildungsbetrieb.

Nachteile:
- Ausbildungsplan wird z. T. wegen Arbeitsalltag nicht eingehalten.
- Die Berufsausbildung wird zu häufig abgebrochen wegen steigender Anforderungen oder mangelnder Leistungsbereitschaft und Flexibilität bei den Arbeitszeiten.

1.3.1 In einem Kuchendiagramm wird dargestellt, dass im Jahr 2011 fast 150.000 Ausbildungsverträge gelöst wurden, fast $\frac{2}{3}$ davon bereits in der Probezeit bzw. im 1. Ausbildungsjahr. Die restlichen Kuchenteile zeigen ca. 25 % Abbrüche im 2. und ca. 10 % im 3. Ausbildungsjahr. In einem darunter platzierten Balkendiagramm ist zu erkennen, dass die Trennungsquote im Handwerk mit 31 % am größten ist, in anderen Sektoren oft um 25 % schwankt und im öffentlichen Dienst mit 6 % am niedrigsten ist.

1.3.2
- Die Vorstellungen vom Wunschberuf weichen von der Alltagsrealität zu stark ab.
- Die eigenen Fähigkeiten wurden über- oder unterschätzt.
- Konflikte mit den Ausbildern ergaben sich aus unterschiedlicher Gewichtung von persönlichen Kompetenzen (wie z. B. Ausdauer, Belastbarkeit) oder sozialen Kompetenzen (wie Höflichkeit, Teamfähigkeit), was auch mit Generationen- oder Autoritätskonflikten im Zusammenhang stehen kann.

1.3.3
- sachliches Gespräch mit Ausbilder und Kollegen suchen
- Besprechung mit Ausbildungsberater der zuständigen Kammer als Schlichtungsstelle
- Einbeziehung des Vertrauenslehrers an der Berufsschule

2.1
- kaufmännisches Rechnen: fachliche Kompetenz
- Kommunikationsfähigkeit: soziale Kompetenz
- Selbstvertrauen: persönliche Kompetenz
- komplexe Aufgaben in Einzelschritte untergliedern: Methodenkompetenz

2.2 Individuelle Antwort (abhängig von der gewählten und erlebten Berufsausbildung), z. B.: Durch das Arbeiten in Gruppen lernen Auszubildende gezielt im Team zu arbeiten und erweitern dadurch ihre Sozialkompetenz.

Aufgabe 2

LPE 1.2 Gesellschaft im Wandel

1.1 Z. B.
- Einfache Verwaltungstätigkeiten werden wegrationalisiert und durch automatisierte Datenverarbeitung ersetzt (z. B. beim Onlinebanking, Selbstbedienungsterminals).
- Kunden übernehmen selbst Teile der früheren Unternehmensdienstleistungen (z. B. bei der Küchenplanung, Reisebuchung).
- Regelmäßige Software-Updates machen stetes Hinzulernen und Umdenken nötig.
- Kommunikationsmöglichkeiten der Unternehmen verbessern sich.
- Erschließung neuer Märkte, neuer Vertriebswege
- Möglichkeit des Home Office
- ständige Erreichbarkeit der Arbeitnehmer

1.2 Ein Mann sitzt in einem Lehnstuhl, ein geöffnetes Buch auf seinem Schoß, inmitten seiner Hausbibliothek. Voller Stolz weist er seinen Sohn darauf hin, dass er irgendwann alle diese Bücher, einen großen Wert, erben wird. Der Sohn ist jedoch gar nicht interessiert und beschäftigt sich mit seinem Tablet (evtl. E-Book-Reader).
Der Karikaturist möchte damit ausdrücken, dass Bücher für die junge Generation an Bedeutung verloren haben, selbst die Jüngsten nutzen mehr elektronische Medien als Bücher (v. a. für Spiele), und wenn überhaupt, dann werden Bücher in der digitalen Version gelesen. Bücher in gedruckter Form scheinen überflüssig zu werden.

1.3 Z. B.
Vorteile:
- schnelle Informationsgewinnung
- Kommunikation auch über weite Entfernung in Echtzeit möglich
- Einkaufsmöglichkeiten außerhalb der Öffnungszeiten der Geschäfte

Nachteile:
- sorgloser Umgang mit persönlichen Daten
- Aufbau von virtuellen Parallelwelten mit der Folge des Verlustes des Bezugs zur realen Welt
- Verkümmerung persönlicher Kontakte

2.1 Unter Cybermobbing versteht man verschiedene Formen der Belästigung, Bedrängung, Nötigung bzw. Diffamierung anderer Menschen oder Unternehmen mithilfe elektronischer Kommunikationsmittel über das Internet.

2.2 Z. B.
- Isolation
- Suizidgedanke als letzter Ausweg
- Verlust des Selbstwertgefühls
- Angstzustände/Depressionen

2.3 Z. B.
- sorgfältiger Umgang mit Passwörtern
- Vorsicht bei der Veröffentlichung persönlicher Daten
- gesundes Misstrauen
- Zivilcourage
- sofort Hilfe in Anspruch nehmen
- Sicherung von Beweismaterial
- keine Toleranz gegenüber Mobbern

Aufgabe 3

LPE 1.3 Strukturmerkmale unserer Gesellschaft

1. Eine Frau wird mit ihrem schreienden Kind im Arm und der Einkaufstüte in der anderen Hand abgebildet.
Aus dem Hintergrund fliegt ein Ball mit der Aufschrift „Gleiche Chancen im Beruf" auf sie zu. Die Frau wird, obwohl sie keine Hand frei hat, aufgefordert, den Ball zu fangen. Der Untertitel lautet „Frauen am Ball".
Interpretation: Frauen sind durch Kindererziehung und Führung des Haushalts so beansprucht, dass sie nicht die gleichen Chancen wie Männer haben, ihre beruflichen Ziele zu erreichen, auch wenn dies durch Gesetze formal gewährleistet ist. Von echter Chancengleichheit kann dabei also nicht gesprochen werden, da Frauen oft vor der Entscheidung „Karriere" oder „Mutter" stehen.

2.1 Für börsennotierte Unternehmen gilt ab 2016 eine fixe Frauenquote von mindestens 30 % im Aufsichtsrat.
Für Vorstände und das Top-Management gilt eine Flexi-Quote, d. h., Unternehmen können eigene Pflichtquoten festlegen.

2.2 Z. B.
Pro:
- Chancengleichheit in Führungspositionen gelingt nur durch gesetzlichen Druck.
- Ohne Quote können sich Frauen nicht gegen „Männerseilschaften" durchsetzen.

Kontra:
- Gefahr, dass alle weiblichen Führungskräfte als „Quotenfrauen" abgestempelt werden.
- Freiwillige Quoten brachten in der Vergangenheit nicht den erwünschten Erfolg.

3.1
- Sowohl in West- als auch in Ost-Deutschland erhalten die Männer im Durchschnitt höhere gesetzliche Renten als Frauen.
- Die Frauen im Osten beziehen im Durchschnitt höhere Renten als die Frauen im Westen.
- Über 60 % der Frauen im Westen erhalten weniger als 600,00 EUR Rente, im Osten sind es knapp 28 %.

3.2 Z. B.
- Frauen wählen häufiger Ausbildungsgänge bzw. Studiengänge, die zu schlechter bezahlten Berufen führen (z. B. innerhalb des Dienstleistungsbereichs wie Pflege).
- Frauen unterbrechen ihre Erwerbstätigkeit oder scheiden aus dem Berufsleben aus, wenn sie Kinder bekommen.

3.3 Z. B.
- weiterer Ausbau von Kindertagesstätten
- mehr Betriebskindergärten
- flexiblere Arbeitsplätze (Home Office)
- flexiblere Arbeitszeitgestaltung
- Karrierechancen auch bei Teilzeitarbeit

Aufgabe 4

LPE 2.1 Willensbildung und Entscheidung in der parlamentarischen Demokratie

1. Z. B.
Wirtschaft:
- IG Metall
- BDI

Umwelt:
- BUND
- Greenpeace Deutschland

2.1
- bessere Vereinbarkeit von Beruf und Familie
- bedarfsgerechte Betreuungsmöglichkeiten für Kinder und Pflegebedürftige
- mehr Frauen in Führungspositionen
- gerechte Besteuerung
- flächendeckender gesetzlicher Mindestlohn von 8,50 EUR je Stunde
- Reform der Mini-Jobs

2.2
- Kontakte zu Politikern suchen und pflegen, die ihrerseits Einfluss haben
- wichtige Posten in Regierung und Verwaltung besetzen wie Ministerin (Bsp. Frau Nahles/SPD) oder Staatssekretärin
- Wahlempfehlungen an die Mitglieder („Wahlprüfbausteine" herausgeben)
- Sachverständige können bei Anhörungen in zuständigen Ausschüssen ihre Argumente vortragen.

3. Positiver Beitrag für die Demokratie:
- wirksames „Frühwarnsystem" für die Politik
- Bürger und Bürgerinnen haben dadurch indirekte Partizipationsmöglichkeiten, eben auch zwischen den Wahlterminen.

Eventueller Schaden für die Demokratie:
- Abgeordnete fühlen sich ihren Verbänden verpflichtet, v. a. wenn sie diesen ihre Karriere mit zu verdanken haben.
- Die nicht vom Volk gewählten Verbandsvertreter nehmen starken Einfluss auf die Gesetzgebung und stellen damit den repräsentativen Charakter des Parlaments infrage.
- Nicht alle gesellschaftlichen Gruppen werden gleich stark vertreten, weil finanz- und mitgliederstarke Verbände größeren Einfluss ausüben können.

4. Verbände
- vertreten Partikularinteressen,
- haben eine feste, dauerhafte Organisation,
- nehmen nicht an Wahlen teil.

Parteien
- haben eine feste, dauerhafte Organisation,
- haben den Grundgesetzauftrag, an der Willensbildung mitzuwirken,
- müssen an Wahlen teilnehmen, um politische Verantwortung übernehmen zu können.

Bürgerinitiativen
- sind lose Zusammenschlüsse zur Durchsetzung gemeinsamer Interessen gegenüber politischen Entscheidungsträgern.
- Ihre Tätigkeit ist zeitlich, thematisch und räumlich begrenzt

5. Leserbrief, Petition, Demonstration

Aufgabe 5

LPE 2.2 Demokratie: Chancen, Entwicklung, Risiken

1.1 USA, Großbritannien, Sowjetunion

1.2 Z. B.
- Entnazifizierung: Verbot der NSDAP und aller Unterorganisationen, Aufklärung und Verurteilung von NS-Verbrechen, Umerziehung
- Entmilitarisierung: Abschaffung der Wehrmacht, Abtransport der Kriegswaffen
- Dezentralisierung: Aufteilung Deutschlands in vier Besatzungszonen, Entflechtung der wirtschaftlichen Kartelle und Monopole
- Gebietsabtretungen an UdSSR und Polen

1.3 Man sieht einen Soldaten, der sich zu den Deutschen hinwendet, die vor ihm Schlange stehen und für ihn ihre Hirnschalen zur Einsicht hochgeklappt haben.
Die Zeichnung kann als kritischer Kommentar zur Entnazifizierung gewertet werden. Dem Zeichner erscheint es fraglich, ob man denn tatsächlich in die Köpfe der Menschen schauen und ihre Gedanken und Gesinnung erkennen kann.

2.1 Währungsreform in den Westzonen und den Westsektoren Berlins

2.2 Die Alliierten entschieden sich dafür, die Westsektoren Berlins über eine Luftbrücke mit Lebensmitteln, Industriegütern, Heizmaterialien, Medikamenten usw. zu versorgen.

3.1 BRD: Bundesrepublik Deutschland; DDR: Deutsche Demokratische Republik

3.2 BRD orientiert sich am westlichen Modell von Marktwirtschaft und pluralistischer Demokratie.
DDR orientiert sich am östlichen Modell von sozialistischer Planwirtschaft in einer verschleierten „Einparteiendiktatur“, die sich selbst als „Volksdemokratie“ bezeichnet.

Aufgabe 6

LPE 2.3 Partizipation in einem repräsentativ verfassten demokratischen und sozialen Bundesstaat

1.1 Eine Koalition der beiden größten Fraktionen CDU/CSU und SPD

1.2 Die Große Koalition wird als Elefant, die Opposition als zwei Mäuse dargestellt. Der Elefant denkt sich, er werde eine gewisse Ausgewogenheit suggerieren, indem er sich heftig erschrecke, wenn die Mäuse „Buh" machten.
Der Karikaturist bringt hier zum Ausdruck, dass die Opposition in Wirklichkeit kaum Einfluss ausüben kann, aber dass ihr der Eindruck vermittelt werden soll, sie könne sich erfolgreich einbringen.

1.3 Z. B.

- „GroKo" gewährleistet in Krisenzeiten eine gewisse Stabilität.
- Es ist leichter, Gesetze zu verabschieden, die notwendig erscheinen, aber bei „wackeligen" Mehrheitsverhältnissen keine Umsetzungschance hätten.
- Sie ermöglicht großen Teilen der Bevölkerung Identifikation.

2.1 Der Bundestag hat mindestens doppelt so viele Abgeordnete, wie es Wahlkreise gibt.

2.2 Die Differenz kommt durch Überhangmandate und Ausgleichsmandate zustande.
Überhangmandate ergeben sich, wenn eine Partei in einem Bundesland mehr Wahlkreise gewinnt als ihr nach Zweitstimmen Sitze zustehen würden. Diese Sitze müssen ausgeglichen werden, bringen also den anderen Parteien entsprechend ihren Zweitstimmen-Prozenten zusätzliche Mandate.

2.3 Die FDP hat weniger als 5 % der gültigen Zweitstimmen erhalten und auch keine drei Wahlkreise direkt gewonnen, daher ist sie nicht im Bundestag vertreten.

2.4 Z. B. AfD, Piraten, ÖDP, Tierschutzpartei

1 Prüfungsaufgaben Verkauf und Marketing

Aufgabe 1

Phase des Verkaufsgesprächs	Beurteilung	Verbesserungsvorschlag gegebenenfalls in wörtlicher Rede
Kontaktaufnahme (Abschnitt 1)	Thomas begrüßt die Kundin, das ist gut. Er stellt jedoch eine geschlossene Frage; er sollte besser eine W–Frage stellen, damit er genauere Informationen erhält.	„Guten Tag. Wie kann ich Ihnen helfen?“
Bedarfsermittlung (Abschnitte 3 und 5)	Thomas verwendet einen Vertrauensauslöser, das ist gut. Ansonsten ist seine Bedarfsermittlung nicht gut. Er zeigt, ohne bedarfsermittelnde Fragen zu stellen, gleich Ware (Zeile 3). In Zeile 5 verwendet er eine geschlossene Frage.	„Wie alt ist Ihr Neffe?“ „Für welchen Zweck benötigt Ihr Neffe den Rucksack?“
Warenvorlage (Abschnitte 3 und 9)	Thomas sollte die Eigenschaften des Rucksacks an der Ware besser aufzeigen. Die Sinne des Kunden müssen angesprochen werden, z. B. Fühlen der Polsterung und des Gewichtes. Außerdem sollte er Ware zuerst in der mittleren Preislage vorlegen und nicht in der günstigsten. Außerdem sollte er ca. drei Artikel vorlegen, damit der Kunde eine gewisse Auswahl hat.	
Verkaufsargumentation (Abschnitte 7 und 11)	Die Argumentation ist nicht gut. 7: Thomas zählt lediglich zwei Eigenschaften auf, ohne Nutzen. Außerdem geht er nicht auf die Kundin ein. 11: Hier zählt er wieder nur die Eigenschaften auf. Er sollte den Nutzen für den Neffen erläutern und den Fachbegriff Airstripes-Rückenbelüftung erklären.	„Der Rucksack ist mit einer Airstripes-Rückenbelüftung ausgestattet, d. h., im Rückenteil befindet sich ein Luftkanal. Selbst wenn ihr Neffe lange unterwegs ist, hat er eine gute Rückenbelüftung, und er wird sich dadurch wohler fühlen.“
Einwandbehandlung (Abschnitt 9)	Auf den Kundeneinwand reagiert Thomas richtig mit der Vorlage einer Alternativware.	

Phase des Verkaufsgesprächs	Beurteilung	Verbesserungsvorschlag gegebenenfalls in wörtlicher Rede
Kaufabschluss (Abschnitt 13)	Diese Aussage entmutigt den Kunden. Spätestens hier sollte er gute Argumente formulieren und gegebenenfalls als Entscheidungshilfe der Kundin ein Rückgaberecht oder einen Gutschein anbieten.	„Ich weiß, bei Geschenken für Jugendliche ist man immer etwas unsicher. Sie können den Rucksack aber auch gerne umtauschen, falls er Ihrem Neffen nicht gefallen sollte."

Aufgabe 2

2.1 Der Preis im Werbeprospekt ist kein Angebot im Rechtssinn. Er ist eine Aufforderung zum Angebot (Anpreisung). Ein Kaufvertrag kommt erst an der Kasse durch zwei übereinstimmende Willenserklärungen zustande.
Es handelt sich um einen Irrtum in der Erklärung (§ 119 Abs. 1 BGB). Statt 99,00 EUR wurde versehentlich 9,90 EUR geschrieben.

2.2 Ich werde mich für das Verhalten von Frau Braun und die Unannehmlichkeiten bei Frau Möller entschuldigen. Danach werde ich einen Kassensturz durchführen. Sollte sich herausstellen, dass die Kundin recht hat, werde ich das Geld entsprechend auszahlen. Um die Kundin generell zu besänftigen, überreiche ich ihr ein kleines Präsent, z. B. einen Gutschein, Pralinen.

2.3 Schülerabhängige Lösung

Kassieranweisung Barzahlung

- Begrüßen Sie den Kunden.
- Scannen Sie alle Artikel einzeln.
- Ermitteln Sie den Gesamtbetrag.
- Sagen Sie dem Kunden den Betrag laut und deutlich.
- Nehmen Sie das Geld vom Kunden entgegen und nennen Sie den Betrag laut.
- Legen Sie das Geld auf die Kassenablage.
- Entnehmen Sie das Wechselgeld.
- Zählen Sie dem Kunden das Wechselgeld laut vor und übergeben Sie den Kassenbon.
- Legen Sie das empfangene Geld nun in die Kasse.
- Schließen Sie die Kassenschublade.
- Bedanken Sie sich beim Kunden und verabschieden Sie ihn freundlich.

2.4.1 Der Kunde ist mit 17 Jahren beschränkt geschäftsfähig. Er darf im Rahmen des Taschengeldparagrafen Kaufverträge abschließen. Davon ist in diesem Fall auszugehen.
Die Abgabe von Branntwein oder branntweinhaltigen Getränken ist aber an Kinder und Jugendliche lt. Jugendschutzgesetz verboten. Der 17-jährige Kunde darf deshalb die Flasche Wodka nicht kaufen. Die Abgabe von Bier ist ab 16 Jahren erlaubt.

2.4.2 Mit sechs Jahren ist ein Kind geschäftsunfähig. Kaufverträge wären in diesem Fall nichtig. Das Kind kann das Eis nicht kaufen.

2.5 Zunächst hat der Kunde ein Recht auf Nacherfüllung (Nachbesserung oder Lieferung einer mangelfreien Sache). Das Wahlrecht liegt beim Kunden. Der Verkäufer kann allerdings die Leistung verweigern, wenn die vom Kunden gewählte Art der Nacherfüllung für ihn nur mit unverhältnismäßigen Kosten verbunden ist. Ein Rücktritt vom Kaufvertrag ist erst möglich, wenn die Nacherfüllung als fehlgeschlagen gilt.

Aufgabe 3

3.1

Kriterium	Warenhaus	Discounterfiliale
Sortimentsstruktur	breit und tief	breit und flach
Verkaufsform	SB, Vorwahl, Vollbedienung	SB
Preisniveau	mittel	niedrig

3.2.1 Entwurf der Lebensmittelabteilung

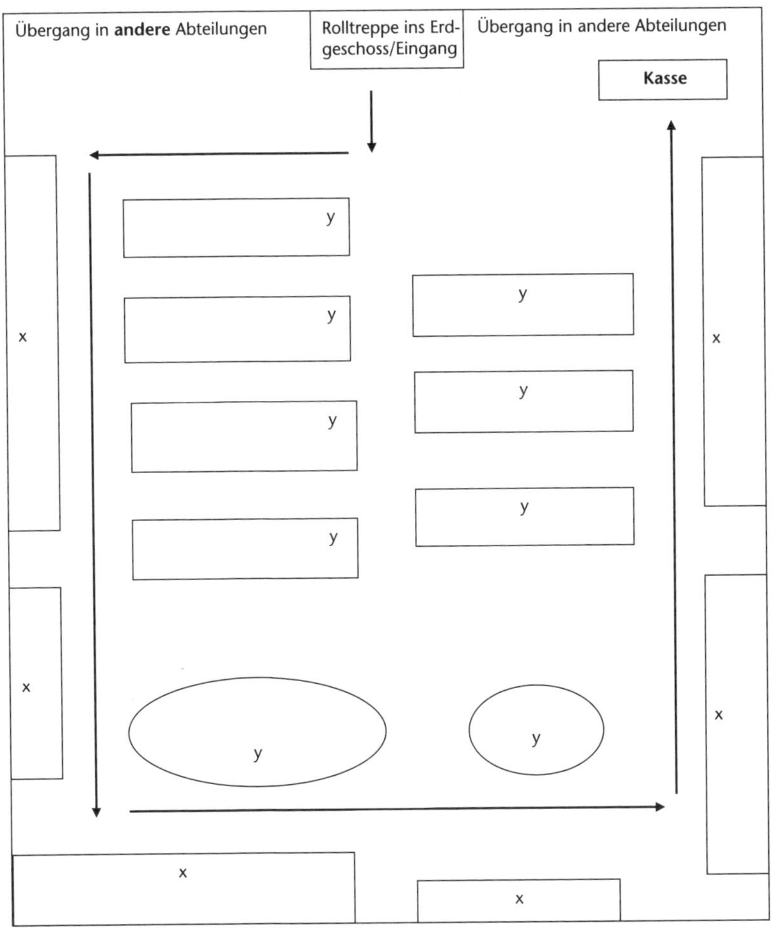

Legende:

——→ Kundenlauf

x: verkaufsstarke Zonen rechts in Kundenlaufrichtung (Rechtsdrall der Kunden), Außengänge

y: verkaufsschwache Zonen links in Kundenlaufrichtung, Eingangszone, Mittelgänge, Ecken

3.2.2 Zum Beispiel Impulsartikel; Artikel, die der Kunde spontan kauft, wenn der Kunde sie sieht

3.2.3 Zum Beispiel Waren des täglichen Bedarfs, die geplant gekauft werden

3.3.5 Regalskizze für Warengruppe Kaffee

Kaffee Classico **verkaufsschwache Reckzone** leichte Artikel mit niedriger Gewinnspanne
Kaffee Royal **verkaufsstarke Sichtzone** Artikel mit hoher Gewinnspanne
Kaffee Barrista **verkaufsstarke Greifzone** Artikel mit mittlerer Gewinnspanne
Kaffee Feinbohne **verkaufsschwache Bückzone** Artikel mit niedriger Gewinnspanne, schwere Artikel

2 Prüfungsaufgaben Warenwirtschaft und Rechnungswesen

Aufgabe 1: Buchführung

1.1 Permanente Inventur: Mithilfe des Warenwirtschaftssystems (WWS) werden die Bestände dauernd erfasst und fortgeschrieben.

Begründung:
- Die Inventurarbeiten können über das Geschäftsjahr verteilt werden.
- Einzelne Artikel können erfasst werden, wenn sie einen niedrigen Bestand aufweisen.
- Der Bestand kann zu jeder Zeit in den Büchern festgestellt werden.
- Am Geschäftsjahresende können die bis dahin fortgeschriebenen Bestände ohne zusätzliche Abschlussarbeiten in die Inventur übernommen werden.

1.2 **Aktiva** — **Bilanz zum 30.04.2015** Limit 3000 GmbH in EUR — **Passiva**

Aktiva		Passiva	
I. Anlagevermögen		Eigenkapital	**241.170,00**
Grundstücke	335.500,00	Fremdkapital	
Fuhrpark	52.840,00	Bankdarlehen	226.700,00
Geschäftsausstattung	25.300,00	Verbindlichkeiten a. LL.	7.230,00
II. Umlaufvermögen			
Waren	35.910,00		
Forderungen a. LL.	5.680,00		
Bank	16.150,00		
Kasse	3.720,00		
	475.100,00		475.100,00

1.3.1 Kauf von Waren auf Ziel im Wert von 4.590,00 EUR

1.3.2 Der Kunde bezahlt seine Rechnung bar in Höhe von 125,00 EUR.

1.4 Anlage 2

Waren	75,00	an	Kasse	75,00

Anlage 3

BGA	455,00	an	Verbindlichkeiten a. LL.	455,00

1.5.1

Rechnungsbetrag	455,00 EUR
– 25 % Preisnachlass	–113,75 EUR
neuer Rechnungsbetrag	341,25 EUR

1.5.2

Verbindlichkeiten a. LL.	341,25	an	Bank	341,25

Aufgabe 2: Zinsrechnung – Durchschnittsrechnung – Prozentrechnung – Dreisatz

2.1 $$\text{Zinsen} = \frac{k \cdot p \cdot t}{100 \cdot 360} = \frac{5.500{,}00\ \text{EUR} \cdot 4{,}5\,\% \cdot 90\ \text{Tage}}{100 \cdot 360} = 61{,}88\ \text{EUR}$$

Rückzahlungsbetrag: 5.561,88 EUR

2.2

20 · 11,95 EUR	=	239,00 EUR
15 · 16,95 EUR	=	254,25 EUR
25 · 5,95 EUR	=	148,75 EUR
60 Paar	=	642,00 EUR
642,00 EUR : 60 Paar	=	10,70 EUR

Der Preis beträgt 10,70 EUR.

2.3.1 6 Mitarbeiter benötigen 8 Stunden.
4 Mitarbeiter benötigen x Stunden.

$x = 6 \cdot 8 : 4 = 12$ Stunden

2.3.2 100 % = 12,40 EUR/Stunde
130 % = x

$x = 130 \cdot 12{,}40 : 100 = 16{,}12$ EUR/Stunde

2.4

Verkaufspreis	379,00 EUR
– 15 % Rabatt	– 56,85 EUR
=	322,15 EUR

Der Kunde muss 322,15 EUR (bar) bezahlen.

Aufgabe 3: Beschaffung und Kalkulation

3.1 Bezugsquellen:
- Internet
- Lieferantendatei
- Fachzeitschriften
- Kataloge/Prospekte
- ... (individuelle Schülerlösung)

3.2

		Country GmbH	
		für je einen Rucksack	für 40 Rucksäcke
Listeneinkaufspreis		55,00 EUR	2.200,00 EUR
– Liefererrabatt	5 %	2,75 EUR	110,00 EUR
Zieleinkaufspreis		52,25 EUR	2.090,00 EUR
– Liefererskonto	1,5 %	0,78 EUR	31,35 EUR
Bareinkaufspreis		51,47 EUR	2.058,65 EUR
+ Bezugskosten		1,50 EUR	60,00 EUR
Bezugspreis		52,97 EUR	2.118,65 EUR

		Malte Sports Group AG	
		für je einen Rucksack	für 40 Rucksäcke
Listeneinkaufspreis		59,00 EUR	2.360,00 EUR
– Liefererrabatt		5,50 EUR	220,00 EUR
Zieleinkaufspreis		53,50 EUR	2.140,00 EUR
– Liefererskonto		–	–
Bareinkaufspreis		53,50 EUR	2.140,00 EUR
+ Bezugskosten		1,80 EUR	72,00 EUR
Bezugspreis		55,30 EUR	2.212,00 EUR

Die Limit 3000 GmbH soll sich für das Angebot der Country GmbH entscheiden.

3.3

Bezugspreis		53,40 EUR
+ Handlungskosten	20 %	10,68 EUR
Selbstkostenpreis		64,08 EUR
+ Gewinn	25 %	16,02 EUR
Barverkaufspreis		80,10 EUR
+ Skonto	2 %	1,63 EUR
Zielverkaufspreis		81,73 EUR
+ Rabatt	12 %	11,15 EUR
Nettoverkaufspreis		92,88 EUR
+ Umsatzsteuer	19 %	17,65 EUR
Bruttoverkaufspreis		110,53 EUR

Der Bruttoverkaufspreis für den Tennisverein Rot-Weiß Baden-Baden e. V. beträgt 110,53 EUR.

3.4 119 % = 79,00 EUR
100 % = 66,39 EUR Netto-VK

(66,39 – 35,50) · 100 : 66,39 = 46,53 %

3 Prüfungsaufgaben Wirtschafts- und Sozialkunde

Aufgabe 1

1.1 Er muss kündigen. Die Kündigung erfolgt nach der Probezeit und muss daher schriftlich und unter Angabe der Kündigungsgründe erfolgen.
Da er sich für eine andere Berufstätigkeit ausbilden lassen will, muss eine Kündigungsfrist von vier Wochen eingehalten werden.
§ 22 BBiG

1.2 27 Tage sind richtig, da Axel zu Beginn des Kalenderjahres noch nicht 17 Jahre alt ist.
§ 19 JArbSchG
Hinweis: Tariflich gebundene Unternehmen gewähren altersunabhängig 36 Werktage (= 30 Arbeitstage).

1.3 Martina ist noch keine 18 Jahre alt. Laut JArbSchG darf sie maximal 8 Stunden bzw. 8,5 Stunden (maximal 40 Stunden in der Woche) beschäftigt werden.
Bei einer Arbeitszeit von mehr als sechs Stunden muss eine Ruhepause von mindestens 60 Minuten gewährt werden.
Der Jugendliche darf an Tagen, an denen der Unterricht vor 9:00 Uhr beginnt, nicht beschäftigt werden.
§§ 8, 9, 11 JArbSchG

1.4 Die Dauer der Beschäftigung fehlt.
Das Zeugnis enthält keine Angaben über erworbene Fertigkeiten, Kenntnisse und Fähigkeiten. Angaben über Verhalten und Leistung fehlen (falls vom Auszubildenden verlangt).
§ 16 BBiG

1.5 Eine fristlose Kündigung aus wichtigem Grund ist jederzeit möglich, auch nach der Probezeit.
§ 22 BBiG

1.6 Der Ausbildende hat den Auszubildenden zum Führen eines Ausbildungsnachweises anzuhalten und diesen durchzusehen.
§ 14 BBiG

Aufgabe 2

2.1

Säule der Sozialversicherung	Träger	Leistungen z. B.
Krankenversicherung	Krankenkassen	teilweise Kostenübernahme für • Arztbesuche • Arzneimittel • Therapiemaßnahmen
Rentenversicherung	Deutsche Rentenversicherung	• Rentenzahlung

Säule der Sozialversicherung	Träger	Leistungen z. B.
Arbeitslosenversicherung	Bundesagentur für Arbeit	• Zahlung von Arbeitslosengeld • Beratung und Stellenvermittlung
Pflegeversicherung	Pflegekasse bei den Krankenkassen	• Grundsicherung im Pflegefall
Unfallversicherung	Berufsgenossenschaft	Übernahme der Kosten für die medizinische Behandlung und die Wiedereingliederung ins Arbeitsleben nach einem Arbeitsunfall oder bei Berufskrankheiten

2.2 Krankenversicherung: 7,3 % von 2.600,00 = 189,80 EUR

Rentenversicherung: 9,35 % von 2.600,00 = 243,10 EUR

Arbeitslosenversicherung: 1,5 % von 2.600,00 = 39,00 EUR

Pflegeversicherung: 1,175 % von 2.600,00 = 30,55 EUR

2.3 Im Jahr 2010 wurde ein Rentner von drei Beitragszahlern finanziert. Laut Grafik wird im Jahr 2030 ein Rentner von zwei Beitragszahlern, im Jahr 2060 nur noch von 1,16 Beitragszahlern finanziert.
Die Finanzierung des Generationenvertrages gerät dadurch in Gefahr.

5 Prüfungsaufgaben Gemeinschaftskunde

LPE 1.1 Neue Anforderungen in Beruf und Privatleben

1.1 Der Anteil der Einpersonenhaushalte stieg von 1972 bis 2011 stark an (von 26,2 % auf 40,4 %). Dafür sank der Anteil an Mehrpersonenhaushalten (von 73,8 % 1972 auf 59,6 % 2011).
Die Gesamtzahl der Mehrpersonenhaushalte ist gestiegen, vor allem die Anzahl der Mehrpersonenhaushalte ohne Kinder.

1.2 Zum Beispiel
- Es gibt immer mehr ältere Menschen, die entweder alleine leben (Tod des Partners) oder zu zweit ohne Kinder.
- Es gibt immer mehr Singles, die sich nicht binden möchten oder den geeigneten Partner nicht finden.
- Es gibt mehr Scheidungen als früher, dadurch mehr Einpersonenhaushalte.

2. Früher lebten die meisten Menschen in einer traditionellen Familie: Vater – Mutter – Kinder. Heute gibt es daneben verschiedene Formen von Familie wie alleinerziehende Eltern oder Patchworkfamilien.
Früher lebten oft mehrere Generationen zusammen, heute lebt zum Großteil nur eine Generation unter einem Dach (Singles, Paare) oder zwei (Eltern[teile] mit Kindern).
Früher lebten meist nur verheiratete Paare miteinander und hatten Kinder, heute wohnen viele Unverheiratete zusammen und haben Kinder.

2.1 Unternehmen können Stellen nicht besetzen, weil qualifizierte Arbeitskräfte fehlen.

2.2 Im Zentrum der Karikatur steht ein gut gekleideter Mann mit abgedunkelter Brille und Blindenzeichen am rechten Arm. Er streckt die Arme aus und sagt: „Weit und breit keine Fachkräfte!!!". Umgeben wird der Mann von zahlreichen grimmig blickenden Frauen, die Dokumente, beschriftet mit „Master", „Diplom" und „Meisterbrief, vor ihren Körper halten. Die Karikatur verdeutlicht, dass die Unternehmen, repräsentiert durch den Mann mit Blindenzeichen, gut ausgebildete Frauen (Diplomzeugnisse u. a.) als potenzielle Fachkräfte nicht sehen wollen.

3.3 Zum Beispiel
- Betriebe bilden nicht genügend aus.
- demografischer Wandel

3.4 Zum Beispiel
- Fachkräfte müssen aus dem Ausland angeworben werden.
- Qualität der Produktion und der Dienstleistungen der Unternehmen leidet.

LPE 1.2 Gesellschaft im Wandel

1.1 American & Efird (A&E), USA

1.2 Gütermann sei „eine Weltklassefirma mit hoher Markenbekanntheit und einem ungewöhnlichen Ruf unter Konsumenten". Die Zusammenarbeit werde Erfolg und Wachstum im globalen Markt beschleunigen.

1.3 A&E sei in Amerika und Asien gut vertreten, mache in Europa bislang kaum Geschäfte, Gütermann sei in Europa gut aufgestellt, aber in den USA und Asien nicht.
Das bedeutet, die beiden Unternehmen ergänzen sich auf dem Weltmarkt ideal.

1.4 Deutschland (Gutach), Indien, China

1.5 Gütermann: Es werden keine Arbeitsplätze abgebaut.
A&E: fünfjährige Standortgarantie für Gutach

2.1 Deutschland: 36,98 EUR, China: 3,97 EUR, USA: 25,87 EUR

2.2 Zum Beispiel
Da die Arbeitskosten in Deutschland um ein Vielfaches höher sind als in China, lässt sich Folgendes vermuten:
1. Nach fünf Jahren könnte der Standort Gutach aufgegeben werden.
2. Schon vorher könnten Arbeitsplätze in Gutach abgebaut werden (Standortgarantie sichert nicht automatisch alle Arbeitsplätze).

2.3 Zum Beispiel: Rohstoffvorkommen, Energieversorgung, Qualifikation der Arbeitskräfte, Absatzmarkt

LPE 1.4 Gesellschaft unter dem Einfluss weltweiter wirtschaftlicher Vernetzung

1. Ein Paar in Badekleidung liegt unter Palmen am Ostseestrand (Rügen) und unterhält sich darüber, dass man nicht mit dem umweltschädlichen Flugzeug in den Süden fliegen müsse, da es in Deutschland auch schön sei.
Die Karikatur zeigt die Problematik des Klimawandels durch die fortschreitende Erderwärmung sowie die Verschiebung der Klimazonen auf.

2. Zum Beispiel
- Die Verbrennung fossiler Energieträger (Kohle, Gas, Öl) für Heizung, Strom oder Mobilität führt zu einem höheren Kohlendioxidgehalt der Atmosphäre.
- Der gestiegene weltweite Fleischkonsum führt zu bedeutend größeren Viehbeständen und dadurch zu einem Anstieg der Verdauungsgase bei der Viehhaltung.

3. Zum Beispiel
Privat:
- bei der Neuanschaffung von Geräten auf die Energieeffizienzklasse achten
- öffentliche Verkehrsmittel benutzen
- Carsharing, Fahrgemeinschaften bilden

Unternehmen:
- Bewegungsmelder installieren
- bei der Neuanschaffung von Maschinen auf die Energieeffizienzklasse achten
- Beleuchtung auf LED-Lampen umstellen
- Zeitschaltuhren sinnvoll einrichten

4. Erneuerbare Energien sind natürliche Energiequellen. Sie stehen unendlich lange zur Verfügung, z. B. Solarenergie oder Windenergie. Ihre Nutzung verbraucht wenige Rohstoffe und sie verursachen nur geringe Schadstoffemissionen.
Fossile Brennstoffe sind in ihrem Vorkommen hingegen begrenzt, z. B. Kohle, Gas oder Erdöl.

5. Zum Beispiel
- Kostenersparnis durch gesunkenen Energieverbrauch
- Imagegewinn und dadurch erhöhter Umsatz

6. Zum Beispiel
- Ingenieure für Umwelttechnik
- Energieberater
- Berufe im Bereich Recycling, Wasseraufbereitung
- Berufe im Bereich Gebäudedämmung, Architekten, Landschaftsplaner
- ökologische Logistik

LPE 2.1 Willensbildung und Entscheidung in der parlamentarischen Demokratie

1. Gleich: Jede Stimme zählt gleich viel.
Geheim: Die Wahl ist anonym.
Unmittelbar: Die Abgeordneten werden direkt gewählt.

2.1 Zum Beispiel
- Jugendliche können ihre Interessen vertreten.
- Die Motivation, sich für politische Fragen zu interessieren, könnte bei Jugendlichen zunehmen.

2.2 Zum Beispiel
- Den Jugendlichen fehlt die Reife für diese Art der Entscheidung.
- Der erhoffte Anstieg von Engagement ist eine Illusion.

3.1 CDU, CSU und SPD

3.2 Bündnis 90/Die Grünen, Die Linke

3.3 Sie ist an der Fünfprozenthürde gescheitert und hat keine drei Wahlkreise mit der Erststimme gewonnen. Es können nur Parteien im Bundestag vertreten sein, die eines dieser Kriterien erfüllen.

3.4 Zum Beispiel
- Bei einer Übereinkunft innerhalb der Großen Koalition ist die Umsetzung von Gesetzesvorlagen weitgehend gesichert, da Abweichlerinnen und Abweichler in den eigenen Reihen weniger Einfluss haben.
- schnellere Entscheidungsfindung

3.5 Beschreibung:

Die Karikatur besteht aus neun identischen Einzelbildern, die jeweils einen Redner vor dem Plenum des Bundestages zeigen. Nur die Sprechblase ist individuell gestaltet, beinhaltet aber in acht von neun Bildern den identischen Text: „Wir von der Koalition sind der Meinung ...!" Lediglich das sechste Bild zeigt den Text: „Wir von der Opposition sind der Meinung ...!"

Interpretation:

Bei einer sehr großen Übermacht einer Regierungskoalition ist das Gewicht der Beiträge der Opposition so gering, dass sie bei einer Debatte unterzugehen drohen. Die Meinung der Opposition kommt bei dieser Zusammensetzung des Parlaments kaum mehr zur Geltung.

LPE 2.1 Willensbildung und Entscheidung in der parlamentarischen Demokratie

1.1 Die horizontale Gewaltenteilung ist die Aufteilung der Macht im Staat zwischen Legislative, Exekutive und Judikative.

Die Legislative ist für die Gesetzgebung, die Exekutive für die Ausführung und die Judikative für die Rechtsprechung zuständig.

1.2 Die Karikatur stellt die drei Säulen Kommunen, Länder und Bund dar, die den Staat tragen. Die Säule der Kommunen wird von einer höheren Anzahl von Menschen gebildet als die Säule der Länder. Die dritte Säule des Bundes ist als Steinsäule dargestellt.

Die Karikatur stellt die vertikale Gewaltenteilung dar, d. h. die Aufteilung der Macht zwischen unterschiedlichen Ebenen der Politik, also in Deutschland zwischen Bund, Ländern und Kommunen. In der Karikatur sind Bund, Länder und Kommunen als gleichwertige Partner dargestellt, die den Staat bilden. So soll eine zentrale Machtausübung des Bundes verhindert werden. Trägt eine der drei Säulen nicht mehr ausreichend, ist die politische Stabilität des Staates gefährdet.

Für die Stabilität des Staates ist folglich eine Zusammenarbeit aller drei Säulen Voraussetzung. Hierbei spielt die politische Beteiligung der Bürger auf kommunaler und Länderebene eine wichtige Rolle. Dies wird durch die Darstellung dieser beiden Säulen als „Menschenturm" verdeutlicht.

1.3 Verhinderung bzw. eine Erschwerung einer Willkürherrschaft:

Es übt nicht nur ein Einzelner oder ein einzelnes Staatsorgan die Staatsgewalt aus, wodurch sich die Gefahr verringert, dass Machtmissbrauch stattfindet.

Zweck der Gewaltenteilung ist, die Ausübung staatlicher Gewalt in ihren Grundfunktionen organisatorisch und personell zu trennen.

Durch die Verteilung der Macht auf verschiedene Gewalten findet eine gegenseitige Kontrolle statt.

2.1 Bundestag, Bundesrat, Bundesregierung, Bundespräsident

2.2 Zustimmungsgesetze:

Kommen nur zustande, wenn der Bundesrat mit der Mehrheit seiner Stimmen zustimmt.

Einspruchsgesetze:

Der Bundesrat kann seine abweichende Meinung dadurch zum Ausdruck bringen, dass er Einspruch gegen das Gesetz einlegt. Der Einspruch des Bundesrates kann durch den Deutschen Bundestag überstimmt werden. Der Einspruch hat somit nur eine aufschiebende Wirkung.

2.3 Zum Beispiel

Pro-Argument:

Mit dieser weiteren Partizipationsmöglichkeit könnte vielleicht der Politikverdrossenheit entgegengewirkt werden.

Kontra-Argument:

Eine solche Mitbestimmung setzt politischen Sachverstand und Urteilsvermögen voraus, was Bürgerinnen und Bürger überfordern könnte.

LPE 2.3 Partizipation in einem repräsentativ verfassten demokratischen und sozialen Bundesstaat

1.1 Zum Beispiel

Sachliche Information, Beitrag zur Willensbildung, Kontrolle, Kritik

1.2 Bei Filmen gibt es Altersbeschränkungen, sodass bestimmte Inhalte, z. B. Gewalt- oder Horrorfilme, in Kino, Videothek etc. nicht für alle Altersgruppen zugänglich sind. Begründet wird das mit der fehlenden Reife von Kindern und Jugendlichen, die diese Inhalte noch nicht einordnen und daher Schaden in ihrer Entwicklung nehmen können.

2.1 Trotz der im Internet weltweit verfügbaren Informationen sind nicht alle wichtigen Inhalte leicht zu finden. Der Bürger muss die für ihn interessanten Informationen selbst zusammensuchen. Die verfügbaren Quellen nehmen beständig zu, dabei droht die Gefahr, in der Menge das Wichtige zu übersehen (Untergang im Informationsmüll), weil mehr Quantität nicht automatisch mehr Qualität bedeutet.

2.2 Zum Beispiel

- Hintergrundinformationen über die Quelle einholen und auf ihre Seriosität überprüfen.
- Vergleich der Informationen mit anderen Quellen im Internet oder in anderen Medien.

2.3 Zum Beispiel

Pro:

Aufgrund des immer schneller werdenden Informationsflusses, der keiner redaktionellen Kontrolle unterliegt, ist eine Überprüfung der Inhalte durch eine neutrale Instanz notwendig.

Kontra:

Aufgrund der bestehenden Meinungs- und Informationsfreiheit darf der Staat eine Kontrolle der Inhalte nicht vornehmen.

3. Die Medien erfüllen eine Kontrollfunktion, indem sie auf möglichen Machtmissbrauch bzw. politische Missstände aufmerksam machen bzw. diese aufdecken.

Beispiel:

Misshandlung von Asylbewerbern im September 2014 durch Angestellte von privaten Sicherheitsdiensten